U0124337

　　本书为四川省哲学社会科学重点研究基地"四川思想家研究中心"重点项目《民国学者李源澄编年事辑》(编号 SXJZX2008—003)结题成果,并得到"四川师范大学学术著作出版基金"的资助,以及四川省重点建设项目学科——中国近现代史的支持。

王川撰

李源澄先生年谱长编

（一九〇九—一九五八）

中华书局

图书在版编目(CIP)数据

李源澄先生年谱长编:1909~1958/王川撰. –北京：
中华书局,2012.11
ISBN 978-7-101-08969-1

Ⅰ.李…　Ⅱ.王…　Ⅲ.李源澄(1909~1958)–年谱
Ⅳ.K825.81

中国版本图书馆 CIP 数据核字(2012)第 243715 号

书　　名	李源澄先生年谱长编(1909—1958)
撰　　者	王　川
责任编辑	柳　宪　李　静
出版发行	中华书局
	(北京市丰台区太平桥西里38号　100073)
	http://www.zhbc.com.cn
	E-mail: zhbc@zhbc.com.cn
印　　刷	北京市白帆印务有限公司
版　　次	2012 年 11 月北京第 1 版
	2012 年 11 月北京第 1 次印刷
规　　格	开本/787×1092 毫米　1/16
	印张 13　插页 4　字数 200 千字
印　　数	1-2000 册
国际书号	ISBN 978-7-101-08969-1
定　　价	46.00 元

李源澄先生

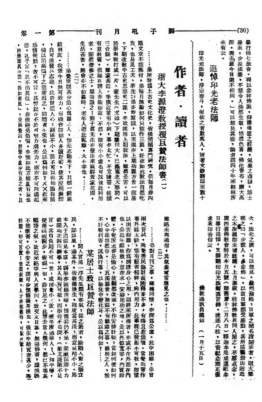

李源澄复巨赞法师书（《狮子吼》第1卷）

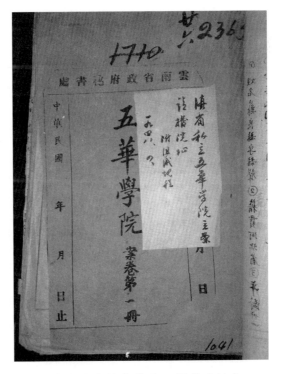

云南省档案馆收藏的五华学院档案

谢无量题"灵岩书院"（王国平先生摄赠）

四川灵岩寺近照

目　录

李源澄的生平事迹及其学术成就（代序）

先后受业于近现代著名学者蒙文通（1894—1968）、廖平（1852—1932）、欧阳渐（1871—1943）、章太炎（1869—1936）的近现代学者李源澄（1909—1958），是一位尚未受到当今学术界应有重视的学人。

目前所见的公开出版的李源澄传记仅二种：第一种，四川省犍为县志编纂委员会编纂《犍为县志》之《李源澄传》（以下简称为《先生传》），篇幅为五六千字①，中有某些语焉不详或者误记之处，如对先生生年的误记；第二种，为李源澄知交、学者赖高翔（1907—1993）所撰《李源澄传》②，虽仅二千字，却堪称字字珠玑，二者内容有某些相似或相近之处。此外，在文章中对李源澄的生平稍有涉及的还有二种：第一种，蒙文通《廖季平先生传》③；第二种，蒙默的《蜀学后劲——李源澄先生》等论文④。事实上，李源澄生前曾有"自述"等珍贵文献，可惜已经不存人间。根据李源澄好友吴宓《吴宓日记续编》的记载，在1957年被打成右派后，李源澄迫于形势，曾自撰"检讨书"，未写完就于次年去世。李源澄在该"检讨书"中自述"少年之生活及读书、寻师、著作、访友、任教之详细经历"，可惜这一珍贵文献于今不知去向（《吴宓日记续编》第5册，第120页）；1958年5月4日李源澄去世后，家人迫于形势，多次销毁先生的遗物，如在1964年"社会主义教育运动"时，将先生所遗物品"照像、信札、著述等，全部焚毁无余"，以至于长女李知勉"并其

---

① 四川省《犍为县志》编纂委员会编纂：《犍为县志》之《李源澄传》，四川人民出版社，1991年版，第717—718页。

② 赖高翔先生为蜀地名宿林思进先生（1873—1953，字山腴）高弟，从20世纪80年代出任四川省文史馆馆员至去世，参见赖氏门生张学渊：《赖高翔先生传》。赖高翔先生所著遗稿，十年浩劫中付炬者甚多，幸喜有《李源澄传》、《蜀贤张真如先生传》、《忆唐君毅教授》等多种今尚幸存而较完整，收入张学渊主编《赖高翔文史杂论》，全二册，"川成新出内字［二〇〇三］第七七二号"，2004年6月"内部出版"。其中，《李源澄传》载于下册，第355—359页。

③ 蒙文通：《廖季平先生传》，载廖幼平编《廖季平年谱》，巴蜀书社，1985年版。

④ 蒙默：《蜀学后劲——李源澄先生》，发表于西华大学、四川省文史馆主编《蜀学》特刊第2辑，巴蜀书社，2007年版，第42—52页；胡昭曦：《李源澄与灌县灵岩书院》，载胡昭曦《四川书院史》附录（三），四川大学出版社，2006年版。

父之生年月日皆不知云"(《吴宓日记续编》第 7 册,第 334 页)①。

在这种情况下,本年谱拟根据《吴宓日记》等史料文献,尽可能勾勒出李源澄生平事迹之轮廓,复原其学术研究历程,并简述其对学术之贡献。

一　李源澄的生平事迹

李源澄出生于宣统元年夏历五月二十日(1909 年 7 月 7 日),去世于 1958 年 5 月 4 日,差两个月满 50 岁。简要回顾李源澄半百阳寿的一生,大致可以划分为三个时期:

第一时期,早年,1909 年 7 月(出生)—1936 年 6 月(章太炎去世),系求学、论学、研学时期

第二时期,盛年,1936 年 7 月—1949 年 11 月(重庆解放),系教学、治学、办学时期

第三时期,后期,1949 年 12 月—1958 年 5 月(去世),系教学、从政、被定为右派到去世时期。

兹依据以上的分期,概括性介绍李源澄的生平事迹如下。

(一)1909 年 7 月—1936 年 6 月,求学、论学、研学时期

先言李源澄之"求学"。

李源澄于清末宣统元年(1909)出生于四川省犍为县一个深受传统文化影响的知识家庭。祖父富春,晚清秀才,授教于乡里;父亲昌绪,能文善书。昌绪育有子女三人,李源澄居长。李源澄幼年聪颖,跟随祖父学习,故深得喜爱;祖父的国学素养,家庭的氛围,对于李源澄的成长,起了良好的作用。李源澄早年入学于荣县县立中学校。该校由近代著名国学大师、文学家、书法家赵熙(1867—1948)主持。李源澄在校学习成绩优异,为诸师所重。1923 年,李源澄参加荣县县立中学校会考,成绩名列第一,约四年后毕业。

此后,李源澄的学业基础,依次受学于蒙文通、廖平、欧阳渐、邵瑞彭(1887—1937)、章太炎等先生,尤其是蒙文通、廖平、章太炎等三先生对于李源澄的影响尤深。

---

① 《吴宓日记》,即 1949 年之前部分,共 10 册,记录了吴宓先生 1910 年至 1948 年"个人际遇和在学术界的活动与交往",三联书店 1998 年 3 月出版;《吴宓日记续编》,即 1949 年之后部分,亦 10 册,记录了吴宓先生 1950 年至 1973 年 12 月 31 日吴宓先生"在西南二十余年的执教生涯",三联书店 2006 年 3 月"内部出版"。在《吴宓日记续编》中,吴宓一般简称李源澄先生为"澄",有时简称为"澄公"(如 1951 年 2 月 14 日,见《吴宓日记续编》第 1 册,第 62 页等)。

1928 年,李源澄考进四川国学专门学校,与蒙文通、伍非百(1890—1965)缔结师生缘。时蒙文通以《经学抉要》为讲章,大力提倡廖平经学,李源澄"得侍讲席,甚为相得";文通先生"固倡廖氏之学者,澄源先生得闻其绪论而羡之"①。故蒙文通的引导激发了李源澄对廖平经学的兴趣。1929年,蒙文通介绍李源澄到井研县向廖平求学。8 月中旬,李源澄往井研县廖平先生宅,登门学经约二月。时廖平年纪 78 岁,在右瘫病中,不辞辛劳,悉心指教。10 月,李源澄辞别廖平②。

廖平哲嗣幼平(1908—1994)曾说:

> 源澄先生到我家时,我正停学在家代父亲照顾家务。因之我接待过他,并为他们安排过学习的地点和时间。但对他们请教的内容,却一无所知。可是,从表面上看来,父亲不是系统地讲经,而是解答疑难。他们在井研住了一两月就走了。几年后,父亲去世了。③

就这样,李源澄在廖平处学习了约两个月,成了廖平的关门弟子。

伍非百先生说:"李君源澄,为吾蜀廖平大经师入室弟子";时河南大学教授卢前(字冀野)说,李君源澄"请益于井研廖先生"④。蒙文通《廖季平先生传》说:

> 先生弟子遍蜀中,……犍为李源澄俊卿于及门中为最少,精熟先生三《传》之学,亦解言礼。……能明廖师之义而宏其传者,俊卿其人也。……是能论廖氏之学者,傥在俊卿也。⑤

蒙默先生《蜀学后劲——李源澄先生》说:

> 时廖氏已老病不能讲授,唯解惑答疑而已,前后略有数月,故源澄先生亦得及门廖氏。逾二年,廖氏卒,而源澄先生遂为廖氏关门弟子焉。⑥

可见,所谓"而源澄先生遂为廖氏关门弟子"之说,得到了公认。

此外,李源澄还曾就学于伍非百先生。李源澄如是讲述在四川国学专门学校与伍非百先生所缔结之师生缘:

① 蒙文通哲嗣蒙默(1926—)语,见蒙默:《蜀学后劲——李源澄先生》,《蜀学》特刊第 2 辑,第 43 页。

② 廖宗泽编:《六译先生年谱》卷 2,载《廖季平年谱》,第 82 页。

③ 张学渊主编:《赖高翔文史杂论》下册,第 359 页。

④ 李源澄:《诸子概论》之"伍非百序"、"卢前序",上海:开明书店,1936 年版,卷首。

⑤ 蒙文通:《廖季平先生传》,载廖幼平:《廖季平年谱》,第 105—106 页。

⑥ 蒙默:《蜀学后劲——李源澄先生》,载《蜀学》特刊第 2 辑,第 43 页。

澄闻先生之教于民国十七年，先生旋有金陵之游，未毕其说。澄毕业后，淹留成都者一年而东行，复由北而南，爰止于秣陵，于今倏三年矣。过从既密，相知益深，然澄之知先生，固不自此。

澄初治《春秋传》，颇明于义例，凡经文之脱误，传家之讹传，胥能以经例为进退。汉儒所称无达辞之书，至此而井然有序，井研廖季平先生实启其端，而澄踵其业者也。时年方弱冠，不知学问之大，颇以此自喜，及读先生所为《墨经解诂》者，操术既同，而难又倍之，因而亟欲知先生之为人。①

李源澄在四川国学专门学校攻读，与诸学友随侍诸蒙文通、伍非百等名师，奋发潜研，得窥经学奥堂。

1932年，李源澄到南京入支那内学院，追随欧阳渐学习佛学。

在求学之余，李源澄开始了"研学"，即研究学术。李源澄的学术成果也以论文、论著的形式，在全国各大报刊、出版社问世。

1932年12月，李源澄在《河南国民日报》之《庠声》副刊第七期发表《戴记余论》一文。这是目前笔者所见李源澄最早发表的学术论文。此后，李源澄在《河南图书馆馆刊》、上海《学艺杂志》、南京《国风半月刊》次第发表了《毛诗征文》、《古文大师刘师培先生与两汉古文学质疑》、《公羊穀梁微序例》等论文，引起了学术界的关注，得以崭露头角。

1936年2月，李源澄第一部专著《诸子概论》一书由上海开明书店出版，该书共130页，书前有伍非百和卢前撰写的序。《诸子概论》一书研究了先秦儒、道、墨、法诸家思想及其根源，并评论《论语》、《孟子》、《荀子》、《道德经》、《庄子》、《墨子》、《商君书》、《韩非子》等书的意义及价值。

在求学、研学的同时，李源澄为了追求学术真理，展开了与师友、名流的"论学"。

李源澄"论学"的师友、名流中，有师辈的章太炎、蒙文通、柳翼谋（字诒徵，1880—1956）等人，名流中的胡适，以及友辈的陈柱、钱穆等人。

1935年3月，李源澄致函章太炎，就《春秋公羊传》涉及的古、今文经学相询，章太炎复函；之后，李源澄又函，章太炎再复。在复函中，章太炎虽然维护《左传》，但并不薄《公羊》，主要以董仲舒等汉代经师和后代今文学家为攻驳对象。10月，李源澄又致函章太炎，探讨清儒戴震《孟子字义疏证》一书的利病，章太炎复函。一年之中，李源澄得与著名学者三通函，深受太炎器重，李源澄遂到苏州，参加"章氏国学讲习会"。讲习会以"以研究固有

---

① 李源澄：《伍非百先生名学丛著序》，《学术世界》第1卷第6期，1935年11月，第98页。

文化、造就因学人才为宗旨"①,章氏门人朱希祖、诸祖耿(1899—1989)、徐复等充任讲师协助教学;同时,出版《制言》半月刊,提倡"国学"研究,提倡读经救国,一时社会影响很大,从者甚众,可称得上"盛况空前"②。

又如前蒙文通《廖季平先生传》所述,"丹徒柳翼谋反复与论学,称其能传师门之义"。所谓"丹徒柳翼谋反复与论学,称其能传师门之义",指30年代李源澄与在南京主编的文史杂志《国风》的柳翼谋先生论学,并得到其褒扬。李源澄亦有多篇论文在《国风》发表。

在30年代中,李源澄亦与老师蒙文通先生互通信函,讨论北宋变法、南宋和战的学术问题③。

1935年12月、1936年5月,李源澄先后发表《与陈柱尊教授论学书》、《与陈柱尊教授论诸子书》二文,与友人陈柱讨论诸子之学。1936年1月,发表《论老子非晚出书——并质钱宾四先生》,与钱穆讨论《老子》一书的成书年代。

1936年6月,章太炎去世。之后,李源澄应江苏无锡国学专修学校校长唐文治之邀,任教于该校,讲授诸子,从此开始了教学生涯。

在李源澄的求学时期,学业受蒙文通、廖平、章太炎三先生的影响最深。如学者赖高翔所说:"君(李源澄)之为学,是根柢于蒙文通先生,遇廖氏而深邃,经章氏而广大。"④

(二)1936年7月—1949年11月,教学、治学、办学时期

这一时期,李源澄处于盛年,精力旺盛,学缘广泛,交游面宽,先后执教于无锡国学专修学校、蜀华中学、四川大学、浙江大学、民族文化书院、云南大学、四川教育学院,甚至参加或自办书院、学院(西山书院、灵岩、五华、勉仁),足履无锡、北平、开封、遵义、昆明等地,与吴宓、唐君毅、竺可桢、巨赞法师、钱穆等交游,发表了《白虎通义五经异义辩证》、《老子政治哲学》等论文、时论文章共计103篇(参加附录一《李源澄著述目录》),是先生一生中发表文章数量最多的时期;而且出版了《经学通论》、《秦汉史》等两部专著,并第一次将自己的学术论文结集为《李源澄学术论著初编》出版,基本奠定

① 《章氏国学讲习会简章》,见《章太炎年谱长编》,中华书局,1979年版,第960页。

② 参见沈延国:《章太炎先生在苏州》,以及汤炳正:《忆太炎先生》,二文皆载陈平原、杜玲玲主编:《追忆章太炎》,中国广播电视出版社,1997年1月版。

③ 蒙文通:《与李源澄论北宋变法与南宋和战书》,原载《论学》第5期,1937年5月江苏无锡印行,兹据整理本,即《蒙文通文集》第五卷《古史甄微》,巴蜀书社,1999年版,第399—401页。

④ 赖高翔:《李源澄传》,载《赖高翔文史杂论》下册,第356页。

了在学术界的地位。因而,这一时期堪称是李源澄一生的黄金时代。

先言李源澄的教学。

李源澄在无锡国学专修学校的教学生涯,从1936年到次年7月,约一年整。

在无锡国学专修学校从教之余,1937年1月,李源澄在无锡,以个人在无锡国学专修学校薪资所入,创办了生平的第一种纯学术期刊《论学》。第1期有《发刊辞》和论文5篇,李源澄除撰《发刊辞》外,还撰写了《周秦儒学史论》《新儒学派发微》两篇论文。在7月出版了第8期后,《论学》因抗战军兴之故停办,李源澄辗转返回四川。

《论学》共发行了8期,得到李源澄的同门师兄弟,如吕洪年、陈兆年、沈延国、汤炳正、姚奠中等的支持;此外,蒙文通、欧阳渐、邵瑞彭、张森楷、伍非百、唐君毅等先生均有鸿文在该刊发表。此外,《论学》还尽力收集张森楷等先贤遗著,整理学术成果,在当时条件下,推动了学术的发展。

李源澄以个人之力,独自创办学术刊物《论学》,揭开了李源澄主编报刊活动的序幕,为他以后创办《灵岩学报》、主编《重光月刊》、参编《史学季刊》等刊物等积累了经验。

1937年12月,为了对民众积极宣教抗战救亡意识,李源澄与友人韩文畦(1895—1983,字孟钧)、成都华西协和大学讲师唐君毅、周辅成(1911—2009,四川省江津县人)诸先生,在成都创办了《重光月刊》(Chung-kuang Monthly Journal)。李源澄在第1期发表了时论文章、学术论文各一篇,即《全面抗战之根本问题》(第8—10页)、《淮南子发微〈上〉》(第33—39页)。

蒙文通、唐君毅、龚道耕等先生为《重光月刊》撰写了多篇论文。如蒙文通先生的《周代学术发展之三时段》《尚书之传与体例》二文,发表于《重光月刊》第4、5期合刊。

4月22日,李源澄在川南宜宾的"叙属联中",完成了《高中国文刍议》一文的撰写,6月发表于《重光月刊》第6期。李源澄自述撰写此文的原因,系在中学国文教学中,根据自己对"诸子"中老子政治思想的理解,有所得而成,正所谓"教学相得"。吴宓先生对于李源澄评价治学说:"窃念澄之为学,夙为宓所钦佩。惟有才而不能下人,喜独树一帜。"(《吴宓日记续编》,第3册,第282—283页)。此文之撰写,或为一例。

《重光月刊》共版出六期,发表时论文章、学术论文共83篇。其中,李源澄一人在每期都发表1—2篇文章,发表时论、论文10篇,系该在刊物发表文章最多的一位作者。他对于此刊投入之精力、心血,亦由此可见。

此外,《重光月刊》还发表了唐君毅论文、文章7篇(系在该刊物发表文章数量第二多的作者）；周辅成6篇，罗运贤[①]5篇，龚道耕4篇，蒙文通、姜蕴刚[②]、马浮（1883—1967，即马一浮，名浮，字一浮，号湛翁）各3篇，熊东明（？—2002，后任勉仁文学院院长）3篇，熊十力、叶秉诚[③]各2篇。此外，章太炎、欧阳渐、王恩洋、邓少琴（1897—1990，原名作楷，字绍勤）等均在该刊发表论文。

《重光月刊》对去世学者遗著的整理、发表，尤值称道。如为了纪念先师章太炎先生，李源澄在第6期发表了太炎先生遗文《蜀语》。李源澄对叶秉诚先生二篇遗文的征集，也是如此[④]，他在叶秉诚遗文《复宋芸子论国学学校书》卷首说明道：

> 叶先生讲学之态度，则反对抱残守缺之国学，而提倡科学化之国学。叶先生讲学之精神，则提倡有体有用之学问，而反对以学问为装饰品……叶先生所提倡科学化之国学，乃是以治学之精神治理国学，以兴学有关之科学辅助国学，并非如现在一般所标榜之以科学方法整理国学。叶先生所谓为学问而修学，与梁任公所谓为学问而学问之意，亦不尽同。

李源澄这一说明，显然不赞成胡适先生的科学方法"整理国故"。同时，叶秉诚对"国学"的意见，代表了当时四川学界尤其是传统儒学或者国学研究者的某种呼声，值得现今相关研究者思考。

《重光月刊》共出版了六期，其历史价值有二：

其一，在针砭时弊，积极宣传抗战救亡、激发民众意识方面，具有一定的作用。

《重光月刊》在创刊号及多期的卷首，均在"启事之一"清楚地说明了该刊的创办宗旨：

> 本社同人一晌[向]从事于各种专门事业学问，兴趣并不尽相同，然当此严重困难之期，均有共同之信念，即中国民族当前所遭之厄运，乃数十年来政治文化腐败之必然结果。今日严重之困难，一方正有决疣溃痈

---

① 罗运贤（1904—1969）字孔昭，成都人，唐迪风之学生，1928年即在出版《老子余义》，著述颇丰。1925年3月在《学衡》第39期发表《与人论治国故书》。

② 姜蕴刚（1900—1982），四川彭山县人，40年代曾任青年党四川省委主席、华西协和大学社会系教授，抗战结束至1949年主持华西协和大学哲学史学系。

③ 叶秉诚（？—1938），早年晚清举人，保路运动时为同志会的九位领袖之一，20世纪20年代为成都大学教务长、史学系主任。

④ 叶秉诚遗著：《复宋芸子论国学学校书》，载《重光月刊》第2期，1938年1月15日，第47—49页。

之作用,同时深信中国民族本其过去历史文化之光荣与古圣哲之垂训,必能昭示来者以复兴民族之途径,同人深愿本主忠信之意,各贡献其对于民族复习之意见,以供社会人士之参证,又以同人深信挽救今日国家于垂危,虽以直截[接]之抗敌御侮工作为先,然学术之研究,乃所以奠定中国未来文化之基础,故于中国学术之整理及西方学术之介绍,同人皆愿竭其绵薄。

《重光月刊》所刊发的时论文章,除了李源澄《全面抗战之根本问题》、《所望于全国同胞者》、唐君毅《宣传民众者应有之认识——再论抗战之意义》等,还有多篇谈中外处理国难、佛教救亡抗战、改造政治的①,都富有宣传抗战救亡,激发民众意识的涵义。

其二,振奋民族精神,学术救国。该刊发表了多位当时中国知名学者的研究成果,如唐君毅、周辅成、龚道耕、蒙文通等;号称为现代新儒家的早期代表人物“现代三圣”中两位即马一浮、熊十力(另一位为梁漱溟),亦有多篇论文见刊,对于推动学术研究、弘扬学术文化精神,具有重要意义;此外,《全面抗战之根本问题》、《中国教育应有之改革》、《抗战之意义》等时论,涉及抗战、基础教育等方面,吴宓先生有“盖此为抗战以来所出杂志之最佳者”之赞誉(《吴宓日记》第6册,第357页)。

唐君毅在是年5月16日的一封信函中说:“至于我对于国家民族,我想在文化与教育上贡献我的力量,关于这点说来话长,以后再说。在最近我能作的事,只是办《重光月刊》,办此刊贴钱贴精神不少,也算我对国家民族所尽的一些责任。”(致廷光第一封书)

周辅成先生晚年所撰《二十世纪断想》一文回忆道:

> 年纪较长的师友,要自办一个刊物,名《重光》,是适应形势的,也约了我,但按“有钱出钱,有力出力”原则,蒙文通、熊东明等是出钱出力之类,我和唐君毅、李源澄等则属于仅仅出力,写文章之类。刊物也出了很多期,在国学界范围内,也不能说没有一点影响。②

---

① 如韩文畦《救时弊论》(载《重光月刊》,1938年1月15日,第2期,第1—3页)、谢乐岑《抗战与日常生活》(第2期,第18—19页)、邓少琴《川政改造刍议》(第4、5期合刊,第1—3页)、周辅成《西洋史上之国难时吾人之教训》(第4、5期合刊,第9—15页)、释万均《佛教之救亡抗战论》(第4、5期合刊,第20—21页)、张定宇《如何抗日救国》(第4、5期合刊,第21—22页)、唐尧衢《欧洲战时之粮食统制》第6期,第18—22页)等文章。

② 周辅成:《二十世纪断想》,载许明主编:《我与中国20世纪》,河南人民出版社,1994年版,第268页。

1946 年 10 月，李源澄创办了学术刊物《灵岩学报》，这一半年刊只出版了创刊号。由于有办刊的丰富经验，在经费有着落的前提下，李源澄一人办《灵岩学报》显得游刃有余。

该刊创刊号共 32 页，刊发了 6 篇学术论文，均为对传统文化的研究之作。除了李源澄亲撰《天人合一说探源》（第 13—17 页）一文之外，还有蒙文通撰《黄老考》（第 4—13 页）、《杨朱考》（第 1—4 页），王树椒的遗著《论两汉魏晋用人标准之不同》（第 17—22 页），唐君毅撰《佛学时代之来临》（第 23—27 页）和张德钧撰《胡子知言发微》（第 27—32 页）。这些作者除了王树椒英年早逝之外，其余的都是当时有一定影响的学者。蒙文通先生《黄老考》、《杨朱考》二文主旨正如文题，唐君毅先生《佛学时代之来临》则论述由魏晋玄学时代至佛学时代之"客观精神之转化"，李源澄论文《天人合一说探源》则指出儒家"言天人合一者，所以使人与天不冲突，使春秋战国以来，人本之思想与古代神道思想相调合"（第 17 页）。

1937 年底李源澄返回四川后，在成都任教于蜀华中学及四川大学。此后，李源澄依此执教于四川大学、浙江大学、民族文化书院、云南大学、四川教育学院等校，以及参加或自办书院、学院（灵岩、五华、勉仁）。

李源澄在高校主要教授上古文化史、中古史（含秦汉史、魏晋南北朝史等）、思想史、经学通论等经史课程①，《经学通论》、《秦汉史》等专著，即在他研究、授课基础上产生：他 40 年代初在四川大学讲授经学，因有《经学通论》之作，其治经要义皆集于此，虽全编不过四万言，而其议论则颇精湛且与时贤不同；40 年代中期他在灵岩山的书院教学之余，潜心撰述的古代史研究专著《秦汉史》，得到了好友、曾在北大教过秦汉史的钱穆的高度评价，称赞李源澄"殆今之所谓善读史耶"，该书"则亦章氏所谓圆而神之类也"，以非常尊崇的章实斋所认为的史学研究的最高境界——"圆而神"来推崇《秦汉史》研究的精深宏卓，可谓评价甚高。

再言李源澄之办学。

李源澄的一生，主要贡献在于国学研究及教育事业，因而，他在办学上颇有作为，不仅积极参与五华、勉仁等书院的创办，而且亲自创办了"灵岩书院"。

1945 年春，李源澄从西山书院辞教职返回成都后，于四川灌县城外北灵岩山，借助住持释能清（1893—1964，郫县金龙寺隆印和尚之弟子）、传西法师（欧阳竟无先生的弟子）之力，于灵岩寺创办"灵岩书院"。直到 1947

---

① 参见李源澄先生《复巨赞法师书》，原题为《浙大教授李源澄复巨赞法师书》，载《狮子吼》月刊第 1 卷第 2 期，第 31 页，1941 年 1 月。

年秋,因经费匮乏而难以为继停办。①

在两年多的办学期间,为了教育好学生,李源澄特别注重师资,邀请了章太炎弟子、傅平骧(?—2004)等人任教。

首批学生约有十名,后渐增加到数十人。学费为大米一石。书院授学程度从初中到大学,主要讲经、子、史及文选。蒙文通先生不仅非常欣赏学生的学识,而且积极支持书院的事业,亦送哲嗣蒙默入书院就读。李源澄并让胞妹培华、胞弟源委,傅平骧也让自己的子女一同到书院读书。李源澄继续讲授在四川大学执教就已讲授的经学通论,以及主讲《论语》、《孟子》、《荀子》、《礼记》等儒家经典。

对学生,李源澄爱若子女。灵岩书院崇庆县籍学生钟元灵,家境清贫而好学,李源澄不仅免去钟的学费,还以自己所得稿费,资助其伙食。

除了定期办学之外,为了让更多的人有机会到书院学习,李源澄还在1946年夏季开办了"灵岩书院暑期讲习会"。"讲习会"学习期为暑假的2个月时间。报名来"讲习会"的学生,约有20余人。李源澄邀请当时的一些著名学者来"灵岩书院暑期讲习会"作短期讲学,使书院学生在笃学传统文化之外,更得博闻百科之学,广知全世界人类文化的精神财富。如当时哲学家、哲学史家唐君毅(1909—1978)为内迁重庆的中央大学哲学系教授、系主任,应邀前来讲学十余天。应邀前来讲学的还有潘重规(1908—2003)、赖高翔、饶孟侃(1902—1967)、牟宗三、谢文炳(1900—1989)、朱自清(1898—1948)、钱穆、张敷荣(1904—1998)、周辅成、秦佩珩(1914—1989)、罗念生(1904—1990)、刘盛亚(1915—1960)等。暑期讲习会延请的学者虽学派有异,却彼此尊重,灵岩书院的这种做法,大抵与李源澄所秉承的章氏论学态度有关。

这一时间,书院还创办学术刊物,影响日益扩大,进入了鼎盛时期。

随着1947年6月内战的全面爆发,在渡过了鼎盛时期,开办了两年多的书院步入了困境,并于1947年秋停办。

灵岩书院办学虽不足三年,但是在社会影响、人才培养等领域的贡献与影响,得到了当时及后世的称道。

如灵岩书院清新的办学理念、自由的讲学风气,为造访者所赞赏。创办明道工读学校的湖北知名人士张铭,后来回忆道:当时,有一股"办书院的热潮,如同学大师马一浮先生在峨眉山上立书院,听他讲学的人都是大学毕业生。川大教授李源澄在灌县青城山设书院,我亲自去青城山访问过,觉得他

---

① 四川省灌县志编撰委员会:《灌县志》第十七篇《教育·科技》第一章《教育》,四川人民出版社,1991年版。

们那里没有国民党团的干扰,讲学自由风气好。所以,1946年我自四川归来后,就做植桐办学的准备,开始打算叫明道书院"①。

在人才培养上,在灵岩书院追随李源澄的学生,后来成名成家的有多人,可谓是为西南地区培养了一批人才,如王德宗(1924—　)、屈仲樵(1924—1997)、王家佑(1926—2009)等。此外,书院的其他学生,也成为了大学教辅人员(如李源委,1949年后任西南师范学院图书馆职员)、中小学教师(如前面提到的李源澄资助过的钟元灵,"家境清贫而好学",毕业后回崇庆县教书到20世纪60年代去世)等各行业对社会的有用人才。

李源澄从1947年秋与傅平骧到达云南昆明,在云南大学执教。任史学教授,并兼钱穆主持"私立五华文理学院"的教授。

从1948年到1949年11月30日重庆解放,李源澄主要在重庆私立勉仁文学院、四川省立教育学院二高校执教。

约1948年2月,李源澄已经从昆明回到了成都。并协助梁漱溟在重庆北碚温泉松林坡勉仁国学专科学校(1946年8月创设)的基础上,创办私立勉仁文学院,任教务长和历史系教授。

李源澄在勉仁文学院执教及担任教务长,积极主张兼收博览,因此除了梁漱溟思想体系外,还积极建议延聘吴宓等著名学者,并在本年亲自延聘了吴玄讲西方美学,傅平骧、罗庸(1900—1950)讲中国文学。傅平骧系从贵阳师范学院延聘而来。兼课教师又有方敬(1914—1996)等人。李源澄在勉仁文学院教授的学生后来成才者有多人,如灵岩书院弟子王德宗,也来勉仁文学院就读;1948年就读于文学院历史系的张拱卿(1926—　),后来成为了重庆图书馆古籍鉴定专家②。

1949年,李源澄兼任重庆四川省立教育学院史地系主任。吴宓约李源澄等筹备在江津吴芳吉(碧柳,1896—1932)旧游之地创建"白屋书院",不过,11月30日重庆解放,"白屋书院"因而未得成立。李源澄作为民盟的一员,在重庆积极迎接解放。

(三)1949年12月—1958年5月,教学、从政、被定为右派时期

重庆解放后,李源澄仍任教于四川教育学院,直到1950年8月四川教育学院、女子师范学院合并成为"西南师范学院"(后改名西南师范大学,今

---

① 张铭:《我和明道工读学校》,载湖北省蒲圻市政协文史资料研究委员会编《蒲圻文史资料》第3辑,1987年,第74页。

② 《梁漱溟全集·书信卷》收录有梁漱溟致张拱卿的3封书信;又可参仇峥:《张拱卿60年看书20万册还嫌少》,《重庆晨报》2006年11月20日。

西南大学），李源澄就任西南师范学院史地系教授兼系主任之职，同时被任命为副教务长，直到1957年，并在该校工作到去世。吴宓等人亦成为西南师范学院教授。

解放之初，李源澄工作热情甚高。

据李源澄的学生石琼生回忆："李源澄先生随校迁北碚后，政治热情高，工作积极，讲话言简意赅，领受学生欢迎，和当年上第一堂课对我们讲话时的情景完全两样，且早就参加了民盟。"①

临近解放时，李源澄已经接触到辩证唯物主义与唯物史观，并开始阅读一些理论书籍，如《法兰西内战》等，常至深夜，兴趣盎然。解放后，李源澄在形势的推动下，学习马克思主义理论、毛泽东思想书籍的积极性更高，并于1951年在《成都工商导报》发表了撰写的《学习〈实践论〉后对历史学的体会》一文②，这是中华人民共和国成立后李源澄发表的第一篇文章，也是唯一一篇有些学术研讨性质的论文。

在新中国时期，李源澄未得以发表专业的学术论文，只是对自己在魏晋南北朝史等研究的成果进行了整理，不能不说是一大遗憾。而这一时期，李源澄的主要工作可以归纳为二点：教学、从政（包括了1957年被定为右派）。

以教学而言，李源澄以史地系教授兼系主任之职，在学校讲授中国古代史等课程；同时，就任为学校的副教务长，直到1957年。

李源澄谙悉儒经，素有济世、入世之心，密友、知交赖高翔先生说："君本怀济世之志，时时欲有所为。予尝讽以徐孺子所言，以为大厦将倾，非一木所能持，何为栖栖不遑宁处。君怫然谓此乃玩世不恭，非圣贤忧世饥溺之意。"③这是李源澄从政的思想基础。

李源澄从政表现在：第一，加入了中国共产党，并于1955年当选为中国人民政治协商会议重庆市第一届委员会委员；第二，担任了行政职务，因而经常劝说同事，这在"思想改造运动"时吴宓有记载。

1952年春，大规模的"思想改造运动"，在全国文化界、教育界、思想界迅速兴起。西南师范学院的教师"思想改造运动"，在5月开始逐渐推开。李源澄与吴宓谈，勉励吴多读新书。7月发表的吴宓总结"思想改造"的长文——《改造思想，坚定立场，勉为人民教师》，专门谈到了李源澄对自己的

①　石琼生：《跋磁器口纪事》，见张紫葛《心香泪酒祭吴宓》，广州出版社，1997年版，第448页。

②　李源澄：《学习〈实践论〉后对历史学的体会》，《成都工商导报》1951年8月26日的《学林》第16期。

③　赖高翔：《李源澄传》，《赖高翔文史杂论》下册，第358页。

帮助，《光明日报》转载了该文。吴宓在文中说："到了一九五一年经过参加各种运动学习，尤其是批判《武训传》的学习，又得李源澄先生之一贯督促由与中国旧学之比较而推动新思想，并力劝多读新书，方敬先生之随机启发如指明弗吉尔死在耶稣基督诞生之前，又希腊某某两神话可解释为劳动创造世界及人民智慧等，我的思想方才渐渐地转变，提高了不少。我发现我的情形是如此：在事实与行动方面，我能很容易而且很快明白地认识，诚心地服从，并负责地实行。"[1]

李源澄从政的第三个表现是担任民盟领导。

1952年9月，西师"民盟小组"已有40多位盟员，李源澄为负责人，积极关心民盟事务。1953年3月1日，民盟北碚分部委员会成立。这是全国第二个建立的市民盟辖区级地方组织，李源澄当选为委员。当时西师已有盟员54人。12月，随着民盟组织在北碚陆续发展，分部在西师区、西农区、西南俄专等分别成立，"民盟师范学院小组"改组为"民盟师范学院总支"，第一届主任委员（简称主委）为耿振华，李源澄为副主任委员，委员有黎涤玄、郭豫才等人。

李源澄担任副主任委员一直到1957年1月，任第四届主任委员。

1956年12月，李源澄在西师会议厅，主持欢迎民盟中央副主席罗隆基（1898—1965，字努生）之民盟座谈会。

总之，在1957年"反右"之前，李源澄全身心投入教育等事业，积极努力。

1957年7月，李源澄被错划为"右派"而受到处分，被降级降薪，撤销了行政职务及民盟内的主要职务，只保留下教授头衔，受到了精神上的摧残和身体上多种疾病（高血压、肝病、盲肠炎、精神病等）的双重打击。被打成"右派"后，迫于形势，李源澄曾自撰"检讨书"，未写完就因疾病发作，于次年5月4日去世，时年50岁。

李源澄去世后，吴宓作为老友，在资助、监护李源澄就读初中的长女李知勉（按月支付费用）、处理遗物、藏书等事务上，有过比较重要的作用。尤其是在监护李知勉上，作用更大。

1981年，随着平反落实政策，李源澄的冤案得以昭雪，恢复了名誉，重还清白。

---

① 吴宓:《改造思想，坚定立场，勉为人民教师》，《新华日报》1952年7月8日。

二　李源澄的学术成就

　　李源澄之治学，务求充分占有材料，言必有据。他的学术发展轨迹，由经到子，由子到史，尤以经史为主，考订源流，辨别同异；他的文章著述，则遍及经史子集四部，发表的学术报刊杂志则涉及全国各地，如苏、沪、川、豫、渝等省市。台湾中央研究院文哲研究所林庆彰收集编写有《李源澄著作目录》①，基本收录了李源澄撰述之主要著述，包括了论文104篇、学术专著6种，可见李源澄学术之博大精深。本文拟分经、史学，简述其学术成就。

（一）经学研究（含子学）②

　　20世纪初，传统的国学面临西学的冲击，作为国学最重要组成部分的经学亦走向终结。在这一情况下，李源澄先后师从廖平、章太炎，解晓古、今文经学，提倡读经，提倡"国学"研究，并身体力行地进行研究，发表了一系列的成果，在当时社会产生了一定的影响。

　　1934年11月，胡适在《中央研究院史语所集刊》发表长文《说儒》，对在中国最早产生且为秦汉以来历代传承的儒家学派，从儒家和儒学的产生、演变的过程，均作了一番全面地追根溯源探索，其主旨是要想证明"儒"本是殷民族的奴性宗教，古已有之。这篇胡适的"得意"之作，在学术界引起较大的反响，一时响应赞同者有之，反驳者如钱穆、贺次君、李源澄、江绍原、郭沫若等亦众，批评胡适主观武断。胡适的大弟子顾颉刚也不赞同胡适的立论。钱穆写了《驳胡适之〈说儒〉》一文、贺次君写了《〈说儒〉质疑》一文、郭沫若先后写了《驳〈说儒〉》、《论儒家的发生》等文反驳，冯友兰则持"儒出于官守说"，也不赞同胡适提出的"最初儒皆殷人，皆殷遗民"的儒起源说。李源澄则于次年2月发表了《评胡适〈说儒〉》一文，对胡适《说儒》提出了"比较中和"的批评③，认为孔子建立儒家学派是推翻不了的；他还在《尊孔论》

　　①　林庆彰：《李源澄著作目录》，刊台湾"中央研究院中国文哲研究所"《中国文哲研究通讯》，2007年12月，第17卷第4期，第61—74页。

　　②　新近的研究之作，可参蔡长林：《李源澄经学初探》，载林庆彰、蒋秋华主编，黄智明、袁明嵘编辑：《李源澄著作集》，第4册，台北"中央研究院中国文哲研究所"，2008年版，第2045—2066页。

　　③　台湾"中华民国史料研究中心"主编：《中国现代史专题研究报告》，台湾"中华民国史料研究中心"，1982年版，第2辑，第84页。李源澄先生文原载《国风》半月刊第6卷第3、4期，1935年2月，第24—35页。

一文中表达了同样的看法①。

　　1935 年 8 月,李源澄发表的《读易志疑》一文,强调了《史记》中文王演《易经》的学说,认为《易经》中所记自洪荒草昧以至游牧农事都能从中考查而知。而《郑注〈周礼〉易字举例》(1943 年 12 月《图书集刊》第五期)一文中,李源澄则对郑玄《注》存故书、今书之例考辨甚详②。

　　李源澄的《经学通论》一书,系他 40 年代初在四川大学讲授经学时,因课堂教学笔记而作,该书虽不过四万言,但他治经的要义皆集于该书,议论颇精湛,而且与时贤有所不同。

　　李源澄的《论经学之范围性质及治经之途径》,专门指出了经学的范围性质及治经的途径。

　　在上世纪 20—30 年代的国学研究中,在经学研究渐趋低落之时,子学研究勃兴,李源澄及其友人陈柱、钱穆等人,亦顺应潮流,加强了子学的讲述与研究。

　　30 年代中期,李源澄在无锡国学专门学校,就讲述过诸子之学③,并发表《与陈柱尊教授论诸子书》、《论老子非晚出书——并质钱宾四先生》等文,与友人陈柱、钱穆讨论诸子之学。李源澄与陈柱等人,亦均出版了《诸子概论》一书。李源澄《诸子概论》出版于 1936 年;陈柱编著的《诸子概论》由上海商务印书馆 1930、1932 年两次印刷,钱穆在无锡为学生讲《国学概论》,其第二章为“先秦诸子”,在 20—30 年代出版过多种研究子学的专著如《墨子》、《先秦诸子系年》等。

　　与李源澄《诸子概论》大约同时代的同名之作,还有罗根泽撰本(北平国立北平师范大学印本),以及类似的高维昌编著《周秦诸子概论》一书(上海商务印书馆,1930 年版)。李源澄《诸子概论》一书,90 年代仍被视为“二十世纪关于诸子通论及考证等研究”的重要著作④。

　　在当时的子学研究中,最为热门的是墨学。其时,诸子学勃兴,追究其根本原因,应是民主思潮在学术研究领域延伸的结果。李源澄友人伍非百著《墨经解诂》,可谓真正能站在哲学、科学的高度来观察《墨经》,是近代将全部《墨经》作为“有系统”的整体来进行研究者的第一人。李源澄在墨学

①　载《新亚细亚月刊》第 10 卷 2 期,1935 年 8 月,第 95—98 页。

②　李源澄:《读易志疑》,《学术世界》第 1 卷 3 期,第 24—29 页,1935 年 8 月;李源澄:《郑注〈周礼〉易字举例》,《图书集刊》第 5 期,1943 年 12 月。

③　张尊五:《三十年代的无锡国专》,载江苏省暨南京政协文史资料委员会:《江苏文史资料选辑》第 19 辑,江苏人民出版社,1987 年版,第 158 页。

④　郭齐勇、吴根友等撰:《中华文化通志》之《学术典·诸子学志》,上海人民出版社,1998 年版,第 45 页。

研究方面也用力颇深,发表了《儒道墨法四家学术之比较》、《儒墨关系考》、《墨学新论》等论著。《墨学新论》一文,侧重儒墨二家的比较,论证了墨子的反对贵族政治,而儒家却主张贵族政治,至孟子犹言世臣,荀子犹言"贤齐则其亲者先贵";其后公羊家言讥世卿,虽稍进于孔孟,但终不若法墨二家,为时论所赞同。

唐君毅在《略论作中国哲学史应持之态度及其分期》一文中专门指出:"友人李源澄有文论此",所谓"论此"即指李源澄论诸子"其阳德阴刑德刑相辅之说则以儒统法,其言阴阳五行则阴阳家说,言天多墨家天志之义"①,说明当时学者重视李源澄关于诸子研究的观点。同样,李源澄关于诸子研究的一些观点,也得到了后人的重视。如 1984 年,台湾学者赖明德在专著《司马迁之学术思想》中,论述"司马迁之生长的时代和社会"时,直接引用了李源澄关于诸子的观点②。

(二)史学研究

1. 秦汉史研究

李源澄在秦汉史研究的贡献,体现在他的一部研究专著《秦汉史》,以及《汉代赋役考》、《汉魏两晋之论师及其名论》、《西汉思想之发展》等十几篇论文。

在 1949 年之前,国内出版了一些秦汉史研究著作,如钱穆《秦汉史》、吕思勉《秦汉史》等,李源澄《秦汉史》是同类专著中的一部。

李源澄的《秦汉史》约作于 1946 年。当时,李源澄在灵岩书院教学之余,潜心撰述这一古代史研究专著,1947 年 4 月由商务印书馆出版。李源澄是书,体裁与吕思勉《秦汉史》有所不同,但在叙事惯例上则沿用断代,将秦汉社会作为一个整体,置于宏观的中国古代社会中加以分析。

李源澄在《秦汉史》自序中说:

> 六年前,在浙江大学授课,有《秦汉史》及《魏晋南北史》之纂录,《魏晋南北史》多单篇发表。后在四川大学又讲授《秦汉史》一次,其时为学兴趣不在此,未有所增损。近年深感秦汉一段在国史上之重要,昔所纂录犹有助于初学读秦汉历史,因缮理旧稿以成此编,较之初稿文字为简约矣。初撰此书,原在便利学生,使之明了秦汉大事,再进而求之秦汉历史。

---

① 唐君毅:《略论作中国哲学史应持之态度及其分期》,转自韦政通编《中国思想史方法论文选集》,台北:大林出版社,1981 年版,第 115 页。

② 赖明德直接引用的先生关于诸子的一些观点,来自先生所著《秦汉史》一书。见赖明德著:《司马迁之学术思想》,台湾:洪氏出版社,1983 年版,第 11、13 页。

故人人所知者则不复言,即其关系甚大不能不言者,言之亦从简略。若所关甚大而为人所忽者,则言之从详。其中引用原书处,多是人所忽略处,乃以为征信也。若人异义,则直言之。是若吾书各篇虽颇具经纬,属辞则有愧撰著体裁。吾书所措意者,封建、郡县、儒术三事,秦汉为封建变为郡县之历史,封建制度消灭,郡县封建完成,儒术与君主结合,三者实秦汉历史之中心。秦汉以后之历史,则君主与儒生互让之历史,其利弊得失皆可于此中见之,窃愿读者勿忘斯意。又念吾纂辑此书之时,平心读书而已,未敢有他志,殊不料所得与常论不同如此。吾于马、班、范书犹病未能精熟,足见古人之蕴未经人道者甚多,帝王家谱之说殆不其然,学者亦当知所先务也。

曾在北大教过秦汉史的好友钱穆,应邀在1946年2月做序。钱穆在序言中略疏清代学者章学诚(实斋)记注、撰述、方智、圆神之义后,称赞读过《秦汉史》后见该书"有幸与鄙见相合者,有鄙见所未及者,私自付之,浚清其殆今之所谓善读史耶,其书则亦章氏所谓圆而神之类也"。钱穆的序言,以自己非常尊崇的章实斋所认为的史学研究的最高境界——"圆而神"来推崇李源澄《秦汉史》研究的精深宏卓,评价甚高。

李源澄《秦汉史》得到了时贤的称誉,且对之后的秦汉史专著如翦伯赞《秦汉史》、马非百《秦集史》、林剑鸣《秦史稿》、《秦汉史》等,产生了积极影响,也获得了后代学者的高度评价。秦汉史研究的中外知名学者,多次指出了李源澄《秦汉史》一书的学术价值。

国内秦汉史的著名学者张传玺、林剑鸣认为,该书是"秦汉史研究的拓荒时期"的产物,"较为有影响","解放前影响较大"[①]。台湾出版的叶瑞忠编著《秦汉工艺史》,也以《秦汉史》为参考书(该书第281页)。

李源澄秦汉史研究论文《西汉思想之发展》等的学术价值,也受到了重视[②]。这里主要分析一下《西汉思想之发展》一文,以见一斑。西汉初期的名士陆贾,不被视为儒家,但是李源澄根据《新语·无为》篇的记载:"秦禁

---

① 如张传玺在西安回顾20世纪以来90年的研究历程时指出:李源澄《秦汉史》是"秦汉史研究的拓荒时期"的产物(张传玺:《秦汉史研究九十年评述》,第3页);林剑鸣先生多次指出了李源澄《秦汉史》一书的学术价值,如他在《秦汉史》在总结研究史时,认为李源澄《秦汉史》、吕思勉《秦汉史》等是当时"出现的综合政治、经济、思想、文化以新体例写的秦汉史著作,较为有影响的四部"(上册,第36页);又说:"解放前影响较大的尚有李源澄著的《秦汉史》。"(林剑鸣:《怎样学习秦汉史》,载《书林》杂志编辑部编:《怎样学习中国历史》,"《书林》丛书",上海人民出版社,1984年版,第45页)

② 李源澄:《西汉思想之发展》,《图书集刊》第2期,第53—76页,1942年6月。

文学,焚诗书,而陆贾有经艺;秦重诈力,而陆贾言仁义;秦尚刑罚,而陆贾言教化;秦农兴作,而陆贾言无为,皆一反于秦者。"认为,汉初议论以反秦为主,举凡秦之所施行者无一善,而与相反者无不减,陆贾用以反秦的主要是儒术,间杂以道家思想。由此断定,陆贾为西汉初儒家思想复兴的始作俑者。这一结论,令人信服,现在学者也认为是"有道理的"①。

此外,李源澄对于汉代法吏与法律等问题,也有《汉代法吏与法律》等研究论文②,后来学者在回顾上世纪汉代法制史研究时,认为当时的"一些学者亦曾撰写研究论文,比较细致地探讨了汉代一些具体的法律制度",就专门提到了《汉代法吏与法律》一文③。

2.魏晋南北朝史研究

20世纪三四十年代,当时学者在继承我国传统优秀学术成果和借鉴西方近代社会科学研究方法的基础上,不断提出新的课题和开拓新的研究领域,在魏晋南北朝史学界呈现出繁荣景象,涌现了一些成就卓著的学者,李源澄正是其中之一。

李源澄活跃于魏晋南北朝史研究的多个领域,对汉魏以降的经济变动、社会性质、政治特点、民族关系和文化构成等多个方面都有更为深刻和全面的认识。从他发表的《两晋南朝之军户及补兵》、《元魏之统制诸夏与诸夷》、《汉末魏晋思想之转变》、《北朝南化考》等代表性的论文,可见他在民族社会史、经济史、政治史、民族史、思想史和社会文化史等方面都取得了令人瞩目的成就,他在这方面的研究成果,堪与同时代的周一良、谷霁光、严耕望、姚薇元等著名学者相提并论。

李源澄在魏晋南北朝民族社会史研究上,发表了《元魏前期之制度及其习俗》等文,被社会史学者视为是当时"对少数民族社会史的研究""作了很好的研究"的论著之一④;他研究北朝对南朝文物制度及文人风度的倾慕与模仿的论文《北朝南化考》,至今仍为海峡对岸的学界所重⑤。

这一时期的社会结构,具有阶级层次增多、社会人口等级化、阶级关系繁杂化等突出特点,李源澄《两晋南朝之军户及补兵》一文,论述魏晋南北朝属于"军户"的地位和负担,是研究当时社会下层人口的代表性成果之一。

---

① 王锦民:《古学经子:十一朝学术史新证》,华夏出版社,1996年版,第204—205页。

② 曾宪文、郑定:《中国法律制度史研究通览》,天津教育出版社,1989年版,第158页。

③ (日)五井直弘、鹤间和幸、横山宽厚著,高明士译,见高明士主编:《中国史研究指南》的第一部《总论·上古史·秦汉史》,台北:联经出版事业公司,1990年版,第354页。

④ 冯尔康等编著:《中国社会史研究概述》,"学术研究指南丛书"之一种,天津教育出版社,1988年版,第194页。

⑤ 高明士主编:《中国史研究指南》的第二部《魏晋南北朝史·隋唐五代史》第32页。

此外,李源澄对于茂才孝廉、汉末魏晋政治思想之转变、魏武帝之政治与汉代士风之关系、东晋南朝之学风、六朝之奢风、魏末北齐之清谈名理、尚书中书之起源及其变化、两晋南朝租调制度史实疏证、北周职官、北周之文化与政治等问题,也有精深的研究,其结论引起了蒙文通等人的重视①,相信至今对于专门研究的学者仍有启发性。

李源澄在解放后发表的文章很少,曾将自己研究中国魏晋南北朝史的成果编为《魏晋南北朝史》一书,而且清缮完毕,后不知所终;李源澄未刊之遗稿,亦皆散失。可见,李源澄生前有出版《魏晋南北朝史》一书的打算。这也是在李源澄学术中,魏晋南北朝史研究占有一席之地的原因。

3.其它历史问题的研究

此外,李源澄对于初唐政治家崔敦礼的政治思想、清代"浙东史学"的远源、章学诚的学术思想等问题,均进行过一定程度的研究②。

这些问题涉及到中国历史上唐宋、明清等多个时期的历史文化研究,表明李源澄的学问广博,治学领域较广。

三　昔贤及时贤的评价

李源澄求学之经历,自蜀(成都、井研)至宁,由宁而苏,所拜廖平、蒙文通、欧阳渐、章太炎均为名重一时的国内名师,友人钱穆、唐君毅等也是知名学者;所执教之序庠学堂,则由无锡国专、浙江大学、四川大学、云南大学、四川教育学院而西南师范学院,甚至于参加或自办书院、学院,如民族文化、灵岩、勉仁等,足履无锡、北平、开封、遵义、昆明等地。广泛的师友人脉关系,宽阔的学术视野,融通中西的学术路径,全国范围内执教研究的经历,教学相长的互动,求充分占有材料、言必有据的学术态度,为李源澄学术研究的发展,奠定了良好基础。

李源澄学术之发展轨迹,由经到子,由子到史,尤以经史为主,这一路数,与其师蒙文通完全一致,而师从章太炎时间虽短,但是却使李源澄之经学兼有古、今之优点;李源澄之文章著述成果颇丰,遍及经史子集四部,发表的学术报刊杂志则涉及全国各地,如苏、京、沪、川、豫、渝等省市。台湾中央

---

① 参见蒙文通著:《蒙文通文集》第五卷《古史甄微》,第337页。

② 高明士主编《中国史研究指南》回顾魏晋南北朝史研究成果时,专门介绍了李源澄的《崔敦礼之政治思想》一文(《中国史研究指南》第二部《魏晋南北朝史·隋唐五代史》,第14页)。

研究院中国文哲研究所研究员林庆彰先生最近出版《李源澄著作目录》①，基本收录了李源澄撰述之主要著述，包括了论文 104 篇、学术专著 6 种。在这些著作中，李源澄考订源流，辨别同异，其学术之广博，可见一斑；其学术之成就，可谓精深；其学术之影响，可谓深远，为留下了比较丰富的精神财富。因此可以说，李源澄在中国近现代学术史上占有一席之地。

在蜀学上，李源澄可谓是重要人物之一，他绍承了晚清彪炳华夏史册的刘光第、骆成骧等巴蜀人物治学途径，以及老师廖平、蒙文通等学者的蜀学传统，与古今、新旧、老辈与同辈学者均有广泛的师承及交游关系，因而，他的学术得到了古今、新旧、老辈与同辈学者的赞扬。

古文经学家章太炎以"井研高第"相推重（《与李源澄论公羊书》第一通）；经史名宿蒙文通则在《廖季平先生传》称赞李源澄说：

> 先生（指廖平先生）弟子遍蜀中，……犍为李源澄俊卿于及门中为最少，精熟先生三《传》之学，亦解言礼。淳安邵瑞彭（次公）见而叹曰："李生年少，而学如百尺之塔，仰之不见其际。"丹徒柳翼谋反复与论学，称其能传师门之义……能明廖师之义而宏其传者，俊卿其人也。②

在《廖季平先生传》结尾，蒙文通说"是能论廖氏之学者，傥在俊卿也"，可见他对于李源澄期待之高。

所谓"淳安邵瑞彭（次公）"指前辈学者、河南大学中文系名教授邵瑞彭（1887—1937，一名寿篯，字次公），李源澄一度在开封河南大学短期停留，并跟从邵瑞彭学习过历算。而所谓"丹徒柳翼谋反复与论学，称其能传师门之义"，指 30 年代李源澄与在南京主编的文史杂志《国风》的前辈学者、国学家柳翼谋（字诒徵，1880—1956）论学，并得到其褒扬。

老辈学者、蜀学代表性人物之一的林思进（1873—1953），1944 年在《李源澄惠〈学术论著初编〉，郑异材亦以新诗见投，作歌赠李，兼用酬郑》一诗中，有"李生积学久更真，使我文章坐夺气"、"爱君经史读烂熟，推隐钩沉抉奥义"、"漫拟謷嗟托后契"之语③，并以"托后契"语对李源澄寄予了厚望。北大及燕京大学教授张孟劬（原名采田，后改尔田，1874—1945）对于李源澄的学问，颇为称赞，曾说：李源澄之学，"如开封铁塔，不假辅翼，直上干霄"④。

---

① 林庆彰：《李源澄著作目录》，《中国文哲研究通讯》，2007 年 12 月，第 17 卷第 4 期，第 61—74 页。

② 蒙文通：《廖季平先生传》，载《廖季平年谱》，第 105—106 页。

③ 林思进：《清寂堂诗续录》卷七，见《清寂堂集》，巴蜀书社，1989 年版，第 515 — 516 页。

④ 《赖高翔文史杂论》下册，第 356 页。

　　同辈学者如钱穆、唐君毅等人的称赞之语，已见前述。李源澄的知交、同辈学者赖高翔说："君（先生）锐思深入，发挥旁通。其所论述，涛涛汩汩，一泻千里。"①知交、同辈学者吴宓说"不可不谓有志之士，特立而独行者"②，"重读李源澄遗著《秦汉史》，以政治之眼光读史，持论明通，极佩"；"读李源澄《秦汉史》，深佩其论政理及史事之明达"③。

　　当然，出生于晚清，学术成长于民国中期的李源澄，在1949年前未曾到过延安等中国共产党领导的地区，未曾接触过马列著作，只是他本人倾向进步，加入了"中国民主同盟"，因此，在这一时期的学术研究中未能自觉以马克思主义为指导，也没有运用马列主义理论，这成为他研究的局限性所在。在改革开放后有学者批评李源澄在解放前的研究，如《魏晋南北朝阶级结构试析》等论文所指出的：魏晋南北朝时期，社会结构具有阶级层次增多、阶级关系繁杂化的特点，因而进行研究，"按关于阶级结构的研究，在理论上必须遵循列宁的指示。否则，难于得出符合历史实际的正确结论。如李源澄《两晋南朝社会阶级考》即一例（《文史杂志》第五卷第五、六期）"④。临近重庆解放时，李源澄开始接触马列著作，并尝试着分析历史问题，对于这些历史现象，21世纪的学者当不必苛求。

四　本年谱长编的几点说明

　　章学诚指出："年谱者，一人之史也"。梁启超在《中国历史研究法》中特别列出了五种"人的专史"，而"年谱在人的专史中，位置极为重要"。因此，本书拟采取年谱（也类似"编年事辑"，如蒋天枢先生《陈寅恪先生编年事辑》、严耕望先生《钱穆宾四先生行谊述略》等书）这一形式来反映李源澄一生之历史及其时代。

　　本年谱长编力争复原李源澄之生平事迹，初步整理李源澄之学术贡献。因此，在立足于基本史料及积极采纳学术界的相关研究成果的基础上，本稿力争将传统年谱与著作目录结合起来，在辑录李源澄生平事迹时，将李源澄之个人重要学术著述亦按照发表时间先后，分别系于相关各年月，因而，本

---

①　赖高翔：《李源澄传》，载《赖高翔文史杂论》下册，第355页。

②　《吴宓日记续编》，第3册，第282页。

③　《吴宓日记续编》，第5册，第385、402页。

④　中国魏晋南北朝史学会编：《魏晋南北朝史研究》，四川省社会科学院出版社，1986年版，第41—42页。

年谱长编带有李源澄"学术编年"之性质,成为了"传统年谱"、"学术年谱"、"著作年谱"兼具之文献辑录。

鉴于已有林庆彰先生《李源澄著作目录》发表,本文只在相关年月简要注明李源澄先生有代表性的比较重要著作的背景及内容,并在篇末的"附录(一)"附《李源澄著作目录》。

(一)本年谱长编所依据的基本史料

本年谱长编所依据的基本史料,除了公开出版的二种李源澄的传记资料之外,主要有两类:

第一类,李源澄一生所完成之撰述,这些著述的按语、文末,往往有作者自己近期情况的说明文字。因此,李源澄之撰述,不仅是研究他学术思想的主要资料,还是研究他人生的重要史料,堪称研究李源澄学术与人生最主要之史料。

台湾中央研究院中国文哲研究所研究员林庆彰研究员,于2007年完成了《李源澄著作目录》,可以参阅;笔者也收集了李源澄的著作,完成了《李源澄著作目录》,可参阅。

2008年11月,林庆彰研究员与蒋秋华先生主编,黄智明、袁明嵘先生编辑的《李源澄著作集》,也正式出版。全集共四册,凡1920页,这是目前所见李源澄著作的最完整的集子,必将推动李源澄学术及蜀学、经学及近代学术史的研究。

笔者2007年1月与四川大学出版社签订合同,开始编辑李源澄儒学的论著,得多位师友之帮助,得以编成《李源澄儒学论著》,全书约83万字,由四川大学出版社2008年排版成初稿,2010年4月正式出版。是书受套书"二十世纪儒学大师文库"体裁之限,只是选取了李源澄研究儒学的论著。

第二类,为中华民国时期以及中华人民共和国时期的相关史料,如20世纪上半叶之《重光》等报刊杂志、《文史资料选辑》等,以及民国文人日记等史料。尤其是李源澄的友人,如吴宓先生、竺可桢先生[1](1890—1974,字藕舫,又名绍荣、兆熊、烈祖)之日记。

与李源澄文化观念接近相同的吴宓先生,自从1937年与李源澄订交后,二位先生成为了多年好友:李源澄生前,吴宓先生自认为与李源澄"交久谊深"(《宓续》,第3册,第184页);李源澄临终,以弱妻幼女相托,二位先

---

① 据《竺可桢全集》卷首(上海科技教育出版社,2004年版)的公告,《竺可桢全集》计划出版共20卷,已经出版了多卷,竺可桢先生之日记见于《竺可桢全集》第6—19卷,这14卷(册)日记达1000万字,目前大部分已经面世。

生相知之深,于斯可见一斑。吴宓先生在所撰《吴宓日记》中,对李源澄记载甚多,尤其是李源澄生命最后之二十一年,成为研究李源澄事迹及学术最重要文献之一。可以说,若无《吴宓日记》及《吴宓日记续编》,则一部李源澄年谱之编撰简直无从谈起。《吴宓日记》有从 1937 年以来 20 多年对李源澄之多处记载(记载李源澄的亲属的事迹,则几乎延续到日记结束,与吴宓先生在李源澄去世后对李源澄家人慷慨救助相始终),但是,记载李源澄在 1949 到 1958 年共事重庆高校之日记,尤其是处于新旧社会交替之 1949—1950 年部分,却恰恰被毁,只残存下了极少不完整者(1949 年全年《吴宓日记》仅残存有 4 天、1950 年仅有 5 天之记载)。1949 年后,二位先生在重庆共事之记载,要么由于"文化大革命"被抄后全部丢失①;要么由于某种原因,吴宓先生未作日记②;保留至今者又经过吴宓先生多次不自愿修改,历史真相更需考证且更难考证。即使如此,作为珍贵史料,《吴宓日记》及《吴宓日记续编》之重要性不容忽视。

(二)本年谱长编所依据的学术研究成果

本年谱长编所依据的学术研究成果,主要有两类:

第一类,从儒学、经学、蜀学角度进行的研究。

四川大学胡昭曦教授、舒大刚教授等专业工作者,以及儒学研究者、台湾中央研究院中国文哲研究所研究员林庆彰先生、蒋秋华研究员共同主持之"民国以来经学之研究计划"及其相关研究成果③,颇便学界之研究。

蒙文通先生哲嗣蒙默先生,从"蜀学"角度进行之相关研究,如蒙默先生《蜀学后劲——李源澄先生》④,以及多次的公开学术演讲。

第二类,从国学、文化学、历史学以及其他角度,进行研究的相关研究成

---

① 《吴宓日记续编》被毁部分系吴宓先生托付代藏人陈新尼先生(1888—1972,名嗣煌,重庆人)惧祸,不得已私自为之,致使《吴宓日记》1949、1950 两年的日记只剩下寥寥十余页。陈新尼先生曾任广州大元帅府咨议、重庆川东边防军总司令部秘书、重庆警士学校校长、四川仁寿县县长、四川教育学院中文系教授,时任西南师范学院中文系教授。在当时特殊时代,作为西南师范学院教授,李源澄先生也曾劝吴宓先生烧毁日记;李源澄胞弟李源委先生更两次劝吴宓先生烧毁日记,吴宓先生"虽感其意而不能遵从"(《吴宓日记续编》第 1 册,第 111 页)。而 1949 年后《吴宓日记续编》由于"文化大革命"被抄后全部丢失,其记载可能涉及到李源澄先生处甚多。

② 参见吴学昭在《吴宓日记续编》第 2 册第 418、425 页,以及第 3 册第 53 页等处的"注释"。

③ 民国经学家的相关研究成果甚多,不能一一列举。如林庆彰先生"以四川经学家李源澄为例",说明"研究民国时期经学的检索困难",并提出了"应对之道",见林庆彰:《研究民国时期经学的检索困难及应对之道》(载《河南社会科学》2007 年第 1 期,第 21—24 页)等论文。

④ 蒙默:《蜀学后劲——李源澄先生》,载《蜀学》特刊第 2 辑,第 42—52 页。

果,也为本研究提供了可资比的文献资料。

如四川省社会科学界谢桃坊、谭继和、蔡方鹿、黄修明、吴达德、杨永明、潘殊闲、刘开军、王承军等先生,以及笔者之研究成果①。

(三)本年谱长编的编撰原则及结构

由于李源澄一生,历经清朝、中华民国、中华人民共和国等三个历史时期,为了便于读者阅读,本年谱长编除特别注明之外,悉用公元纪年,在清、中华民国时期,则另外增添清帝年号、中华民国纪年。至于年谱中的记事,悉用公历。

本年谱长编之编撰原则,总体而言,力求遵循业师蔡鸿生先生撰述之一贯主张:"详人之所略,略人之所详。"②但由于李源澄生平史料较少,而其早年史料尤其匮乏,因而本年谱对于史料的甄别、选择上,只要与李源澄生平事迹有关,即使间接相关,亦一并取而用之,不限芜杂,惟恐遗漏,伏望读者诸君见谅;为了获得更多的资料,作者访问了李源澄之弟子李守之先生、李源澄友人之婿陈国勇先生等人,以"附录(六)《李守之访谈录》"或者页下注等形式,出现于本书稿,以期便于读者诸君了解先生之某一侧面。同时,出于这一目的,收入"附录"的,还有"附录(四)《〈吴宓日记续编〉所载李源澄遗物处理简况》"。此外,李守之先生在新浪网站开通了博客,发表了五篇回忆李源澄的纪念文章,颇珍贵,亦一并采用。

如同本书前述,李源澄一生,大致可以划分为三个时期:第一时期,早年,1909 年 7 月(出生)—1936 年 6 月(章太炎去世),系李源澄求学、论学、研学时期;第二时期,中年,1936 年 7 月—1949 年 11 月(重庆解放),系李源澄教学、治学、办学时期;第三时期,后期,1949 年 12 月—1958 年 5 月(去世),系李源澄教学、从政、被定为右派到去世时期。

兹大致据此分期,本年谱长编分为以下上、中、下三卷:

上卷:即"早年篇",1909 年 7 月 7 日(出生)—1936 年 6 月(章太炎去

---

① 谢桃坊:《四川国学运动述略》,载《文史杂志》2009 年第 1 期,第 4—8 页。王川:《李源澄先生学术年谱简编》,载台湾"中央研究院中国文哲研究所"《中国文哲研究通讯》,2008 年 9 月,第 18 卷第 3 期,第 39—110 页;王川:《李源澄先生经史成就述论》,《齐鲁学刊》2009 年第 3 期,第 29—33 页;王川:《近代学者李源澄的生平事迹及其学术成就》,《历史教学》(高校版)2008 年第 11 期,第 25—31 页;王川编:《李源澄儒学论集》,四川大学出版社,2010 年 4 月版,全书共 631 页;王川:《民国学者李源澄及其办刊实践》,张宪文先生主编《民国研究》总第 20 辑,社会科学文献出版社,2011 年 11 月,第 90—103 页。王承军:《善读史者,惊服其博洽——〈李源澄著作集〉读后》,《书品》2010 年第 2 期,第 50—59 页。

② 蔡鸿生:《俄罗斯馆纪事》,广东人民出版社,1994 年版,《前言》。

世），系求学、论学、研学时期。

中卷：即"中年篇"，1936 年 7 月—1949 年 11 月（重庆解放），系教学、治学、办学时期。

下卷：即"后期篇"，1949 年 12 月—1958 年 5 月 4 日（去世），系教学、从政、被定为右派到去世时期。

此外，还有"谱后"一卷，即"篇后余编"，李源澄去世到以后平反、学术界相关研究。梁启超《中国历史研究法》指出，撰述年谱，在"谱主死后，一般的年谱多半就没有记载了。其实不对"，"若谱主是大学者，他的学风一定不致跟他的生命而衰歇"，因此，应该做"谱后"。本年谱长编兹取法其意，撰"谱后"一卷。

本年谱长编因资料难全，兼之李源澄在世，疏于记载个人事务，致使涉及李源澄生平之某些史料，难于确定具体时间。因而，本年谱长编根据各方资料判断，将此类史料编辑入某年之四季、年末或者其它适当位置。

著者虽勉力而为，但仍受档案、史料等多种局限之影响。因而本年谱长编中不确及不妥之处，敬俟博闻君子正之。

李源澄先生年谱长编

（1909—1958）

早年篇（1909—1936）

公元 1909 年（宣统元年，己酉） 先生出生

夏历五月二十日，即公历 7 月 7 日，先生出生于四川省犍为县之龙孔场之"李家扁"。

案：《犍为县志》之《李源澄传》将先生出生之年系于清光绪三十三年（1907 年），误[1]。先生的知交赖高翔、吴宓等先生，均无此记载。而根据赖高翔、吴宓等多先生的记载，以及先生自己在所撰的多种文献，可以证明先生出生于宣统元年（1909 年）。

学者赖高翔说："君（先生）死时才四十八。"[2]若从先生 1909 年 7 月 7 日出生，1958 年 5 月 4 日去世计，则先生实享阳寿 48 岁，将及 49 岁，赖先生所言正好相符；1958 年先生去世后不久，吴宓曾感慨道：先生"'五十之年'，与王静安先生自沉之寿（五十一）略等"（《吴宓日记续编》第 3 册，第 283 页）。

案：王国维出生于光绪三年十月二十九日（1877 年 12 月 3 日），去世于 1927 年 6 月 2 日，则实享阳寿 49 岁，将及 50 岁，吴宓计为"寿五十一"，这实际上是传统的虚岁纪年。1937 年 6 月 16 日，先生与吴宓缔交于清华大学时，吴宓在日记中记道："李君"（即先生）"现年二十八九岁"（《吴宓日记》第 6 册，第 148 页）。按照吴先生使用的传统虚岁纪年法计算，1958 年去世、享"五十之年"的先生，正应出生于本（1909）年。

---

[1] 见四川省犍为县志编纂委员会编纂：《犍为县志》，四川人民出版社，1991 年版，第 717—719 页。这是目前公开出版的仅有两篇先生生平的简传之一。以下是文简称为《李源澄传》。

[2] 赖高翔：《李源澄传》，载《赖高翔文史杂论》下册，第 357 页。

　　再有,先生生前认为,民国十八年(1929)自己向廖季平先生求学之年为"弱冠"之年①,由此上溯,则先生亦应出生于1909年。

　　此外,类似的说法还有一些,如先生弟子所云"先生秉性刚烈,1957年被错划为右派,打击太大,翌年患肝硬化逝世,时年不过五十"等②,从1958年上溯,大致均可认定先生系出生于1909年。

　　先生在文章中亦曾表示,民国三年(1914),自己为五岁③,则根据先生此意,1909年(宣统元年)为先生出生之年,次年(1910年,宣统二年)为一岁,以下顺推。本书既为先生年谱,当遵"谱从主人"之旨,从先生之意。即根据先生自己的岁数说法,来编排年序。

　　又据《吴宓日记》、《吴宓日记续编》,先生的夏历生日为五月二十日,如《吴宓日记续编》多处记载表明,先生在多个不同年份庆祝生日④,借助工具书上的中西历法对照,可知先生出生于1909年7月7日。

　　犍为县位于四川省南部,龙孔场位于犍为县境东南。龙孔场一地,在清朝中叶名环龙场,1935年更隶为龙孔乡,1958年改名龙孔公社,1984年复名龙孔乡,属龙孔区;1992年龙华乡并入龙孔区后新置为龙孔镇⑤。今该地属龙孔镇,与宜宾市、荣县邻近。

　　赖高翔《李源澄传》:"君世居场述之李家扁","李家扁"今属龙孔镇茂盛村15组。

先生名源澄,字俊清,又作"俊卿"、"浚清"。世人多称"犍为李俊清(源澄)"(《李源澄传》,第717页),亦称"犍为李俊卿"。在本年谱中,以"先生"一词专指李源澄先生。

公元1910年(宣统二年,庚戌)　一岁

先生祖父名富春,字镜蓉,晚清秀才,授教于乡里;祖母杜氏。(赖高翔《李源澄传》:"祖富春,入县学,以文行,教于乡里。")

富春先生育子女多人,长男昌绪,能文善书(《李源澄传》,第717页)。昌

---

　　①　参见本年谱长编之"公元1928年"条。

　　②　蒙默:《我和南方民族史研究》,载张世林编:《家学与师承:著名学者谈治学门径》第3卷,广西师范大学出版社,2007年版,第70页。

　　③　参见本年谱长编之"公元1914年(民国三年)"条。

　　④　如见《吴宓日记续编》第1册,第162页等处。

　　⑤　戴均良、刘保全、邹逸麟、王文楚等主编:《中国古今地名大词典》,上海辞书出版社,2005年版,上册,第734页。

绪先生即先生之父;富春先生次女素芬(约出生于 1904 年—1935)
　　即先生之姑母,"幼而敏慧,明习诗礼,仁孝婉顺,率德不愆"①。三子
　　〔即李源善(字待考,? —2003)之父亲〕之名待考。

昌绪先生育有子女三人,先生居长,下有同胞弟妹二人:二弟源委(字端
　　深,1917—1990);妹忍兰(字培华,生年待考)。

先生祖父及父亲时,在龙孔场,家境应尚可。这可能是 50 年代讲究"出
　　身"时,先生家的成分被确定为"地主"(《吴宓日记续编》第 7 册,第
　　351 页)的原因之一。

先生幼而聪颖,深得祖父喜爱,跟随秀才祖父学习,教以识字念书,常能过目
　　不忘;秀才祖父的国学素养,对于先生的成长,起了良好的作用。

公元 1911 年(宣统三年,辛亥)　　二岁

清朝灭亡,中华民国建立,孙中山任"临时大总统"。旋辞职,袁世凯
　　继任。

　　　　同年,先生的老师蒙文通先生(1894—1968,名尔达,字文通,四
　　川盐亭县人)本年被选拔入四川存古学堂读书。该校在 1913 年改
　　为"四川国学院",办学宗旨是"保存国学,尊重蜀贤",时"监督"(即
　　校长)为学者、书法家谢无量②,教员阵容甚为可观,有经学家廖平③、
　　吴之英④、宋育仁⑤、刘师培⑥、曾学传⑦等先生。

　　　　蒙先生的同学,则有彭举⑧、杨永浚⑨、向宗鲁⑩、杨润六⑪(字正
　　芳)、李珩等人。蒙先生传承经史诸大师之教泽,受今文经学大师廖
　　季平先生之训诲尤深,学业由此日益精进。

---

① 李源澄:《张氏姑墓志铭》,载《学术世界》第 2 卷第 3 期《文苑》栏,1937 年 1 月,第 104 页。
② 谢无量(1884—1964),字名蒙,又字大澄,号希范,后易名沉,字无量,别署啬,四川乐至县人。
③ 廖平(1852—1932),原名登廷,后改名平,字季平,四川井研县人。
④ 吴之英(1857—1918),字伯朅,号蒙阳渔者,四川名山县人。
⑤ 宋育仁(1857—1931),字芸子,四川富顺县人。
⑥ 刘师培(1884—1919),字申叔,又名光汉,别号左盦,江苏仪征人。
⑦ 曾学传(1858—1930),又名绍新,字习之,晚年自号"皂江逸叟",四川温江县(今成都市温江区)人。
⑧ 彭举(1887—1966),字云生,名举,别号芸生,笔名芸村,芸苏,四川崇庆县(今崇州市)人。
⑨ 杨永浚(1894—1960),字叔明,号菽庵,四川崇州县(今崇州市)人。
⑩ 向宗鲁(1895—1941),原名永年,学名承周,字宗鲁,四川巴县(今重庆市)人。
⑪ 李珩(1898—1989),字晓舫,四川成都人。

民主革命家、国学大师章太炎(炳麟,1869—1936)先生本年44岁。24年后成为先生的导师。

公元 1914 年(民国三年,甲寅)　五岁

先生祖母杜氏病,竟月,姑母李素芬随侍左右,先生虽幼,"时方五岁",但是,对此家事已有所记忆:

> 民国三年,王母杜孺人卧病累月,姑年未及笄,侍寝问疾,一如成人,达旦不寐,率以为常。族党皆称孝焉。澄时方五岁,犹如记其仿佛。[1]

公元 1917 年(民国六年,丁巳)　八岁

先生二弟源委(字端深,1917—1990)出生。

源委先生随同先生,40年代在四川南充西山书院、灌县灵岩书院、重庆勉仁书院肄业,并随先生前往云南大学,在该校中文系旁听、进修。

公元 1918 年(民国七年,戊午)　九岁

本年,我国近现代著名的哲学家、佛学教育家、唯识宗代表人物欧阳渐[2],与古文经学大师、民主革命家章太炎[3]、近代诗人陈三立[4]等人,在南京金陵刻经处筹建"支那内学院"。

约本年,先生入学荣县县立中学校。该校由近代著名国学大师、文学家、书法家赵熙先生主持[5]。先生在校学习成绩优异,为诸师所重。

公元 1919 年(民国八年,己未)　十岁

6月15日,在李劼人主持下[6],"少年中国学会成都分会"在《川报》社址宣告成立。出席成立会议除了李劼人之外,其余的成员还有彭举、李思纯[7]等九人,李劼人被公推为书记。

---

① 李源澄:《张氏姑墓志铭》,载《学术世界》第2卷第3期《文苑》栏,1937年1月,第104页。
② 欧阳渐(1871—1943),字竟无,江西宜黄县人。
③ 章太炎(1869—1936),初名学乘,字枚叔,后更名绛,号太炎,后又改名炳麟,浙江余杭人。
④ 陈三立(1852—1937),字伯严,号散原,江西修水人。
⑤ 赵熙(1867—1948),字尧生,号香宋,四川荣县人。
⑥ 李劼人(1891—1962),原名家祥,四川成都人。
⑦ 李思纯(1893—1960),字哲生,四川成都人。

公元 1921 年(民国十年,辛酉) 十二岁

本年,蒙文通到达重庆,任教于重庆联中和省二女师等校,向学生讲授宋明理学等课程。同事有彭举、唐迪风①、邓少琴②等,以及后来成为中国共产党领袖的张闻天、恽代英、萧楚女等人。唐君毅(1909—1978)等在该校就学。

唐君毅先生在《〈孟子大义〉重刊记及先父行述》一文回忆说:他在重庆联中读书时,"国文则蒙文通先生更为讲授宋明儒学之义。吾父遂购孙夏峰《理学宗传》一书,供吾自学之资,使吾竟得年十五而亦志于学"③。这是唐先生自述他学习、研究宋明儒学,是从阅读《理学宗传》开始的。蒙文通先生以后教授先生学习、研究宋明儒学,当亦同此。

公元 1922 年(民国十一年,壬戌) 十三岁

7 月 17 日,"支那内学院"正式成立,欧阳渐任院长,主讲《唯识抉择谈》,成为民国时期中国近代居士佛学的代表和中心,以及居士弘法有影响的重要集团。欧阳渐先生主要著作《唯识抉择谈》、《孔学杂著》等皆成为近现代国学经典,而其弟子甚众,如熊十力④、吕秋逸⑤、汤用彤⑥、梁漱溟⑦、黄忏华⑧、黄树因兄弟⑨、王恩洋⑩等,皆一时俊彦,影响深远,中国近代佛教复兴过程中的居士佛学获得了极大的发展,并积极向中国的文化学术各领域渗透。

本年,章太炎在上海讲授"国学",并由当时"爱国女中"教员、《民国日报》撰稿人曹聚仁(1900—1972,浙江兰溪县人)记录整理讲演稿后,以《国学概论》之名出版。早在 20 世纪初,太炎先生就在日本公开讲授中国传统学术,并于 1910 年刊行了综论中国传统学术的《国故论衡》一书。

---

① 唐迪风(1886—1931),原名铁风,唐君毅先生之父,四川宜宾人。

② 邓少琴(1897—1990),原名作楷,字绍勤,四川江津(今重庆市江津区)人。

③ 参阅《唐君毅全集》卷二十九《先人著述》,台北:学生书局,1990 年版,第 15—21 页。

④ 熊十力(1885—1968),原名继智、升恒、定中,号子真、逸翁,晚号"漆园老人",湖北黄冈县人。

⑤ 吕秋逸(1896—1989),原名吕渭,字秋逸、秋一、鹫子,名澄,早年以字行,后以名行,江苏丹阳人。

⑥ 汤用彤(1893—1964),字锡予,祖籍湖北省黄梅县。

⑦ 梁漱溟(1893—1988),原名焕鼎,字寿铭,生于北京。

⑧ 黄忏华(1890—1977),字璨华,号凤兮,广东顺德人。

⑨ 黄树因(1898—1925),名建,字树因,广东顺德人。

⑩ 王恩洋(1897—1964),字化中,四川南充人。

柳诒徵①在南京,与东南大学教授吴宓②、梅光迪③等于本年创办了《学衡》杂志,并任主编。吴宓撰写了《中国的新与旧》、《论新文化运动》等论文,采古典主义,重古人古书,主张维护中国文化遗产的应有价值。钱基博④评价道:"丹徒柳诒徵,不徇众好,以为古人古书,不可轻疑;又得美国留学生胡先骕、梅光迪、吴宓辈以自辅,刊《学衡》杂志,盛言人文教育,以排难胡适过重知识论之弊。一时之反北大派者归望焉。"⑤

十一年间,《学衡》杂志共出版七十九期,于新旧文化取径独异,持论固有深获西欧北美之说,未尝尽去先儒旧义,故分庭抗议,别成一派,世称"学衡派"。

公元 1923 年(民国十二年,癸亥)　十四岁

本年,先生在四川省荣县县立中学校参加会考,成绩名列第一,毕业后考入四川国学专门学校(1927 年,与四川公立法政、农业、外国语、工学专门学校组合为"公立四川大学")。

本年,蒙文通离开重庆,东赴吴越,访求时贤,以探讨同治、光绪以来经学之流变。在南京,蒙先生拜谒章太炎先生,与之商讨古文与今文之学。后又进入"支那内学院",追随欧阳渐先生,潜心研究佛学。

在内学院,蒙文通先生与同窗好友汤用彤、熊十力、吕秋逸、王恩洋等人,朝夕相处,谈古论今,相得益彰。在南京,蒙先生撰成研究论文《中国禅学考》和《唯识新罗学》两篇文章。蒙先生在前文考证了达摩以前二十八祖之不足据,并辨析古禅、今禅之异趣;后文则探讨玄奘以后之唯识学传承。二文深得欧阳大师之赞赏,《中国禅学考》亦刊于次年 12 月出版的《内学》创刊号上⑥。

---

① 柳诒徵(1880—1956),字翼谋,江苏丹徒县人。

② 吴宓(1894—1978),字雨僧,陕西泾阳人。

③ 梅光迪(1890—1945),字迪生、觐庄,安徽宣城人。

④ 钱基博(1887—1957),字子泉,又字哑泉,别号潜庐,江苏无锡人。

⑤ 参见钱基博:《国学文选类纂总叙》,《桂岳书系》丛书之一,载《钱基博学术论著选》,华中师范大学出版社,1997 年版,第 18 页。

⑥ 蒙文通:《中国禅学考》,载《内学》创刊号,1924 年 12 月,第 127—146 页。中国国家图书馆藏有缩微胶卷。《中国禅学考》一文又见蒙文通:《古学甄微》,巴蜀书社,1987 年版,第 383—400 页。还可参宇陶:《怀念二十世纪中国卓立不苟的国学大师蒙文通先生》。见网络资料"原道:儒学联合论坛"之《浅议近代梁、冯、钱诸儒》(ttp://www. yuandao. com/dispbbs. asp? boardID = 2&ID = 11402&star = 2&page)。

公元 1924 年(民国十三年,甲子)　十五岁

本年,国学家、教育家唐文治①筹备并正式开办了"无锡国学专修学校",
并亲自授课。唐文治,江苏太仓人,16 岁师从太仓理学家王紫翔(字
祖畬,晚清进士、翰林院庶吉士),21 岁在江阴南菁书院受业于东南
经学大师黄以周(1828—1899,字符同)、王先谦(1842—1917,字益
吾,号葵园)的门下,光绪十八年(1892)春考中进士,光绪三十三年
(1907)创办邮传部上海高等实业学堂(今交通大学前身),出任监督
(即校长),悉心教育事业。无锡国学专修学校系由 1920 年底唐文
治任馆长、1921 年 2 月 27 日(夏历正月二十日)开馆的无锡国学专
修馆扩充而成,抗战时期内迁。1949 年 4 月无锡解放,经苏南行政
公署批准 7 月 19 日改名为"中国文学院",1950 年秋并入"苏南文化
教育学院"。

　　唐文治先生主持无锡国学专修学校三十年,以保存国学、继承
发扬民族文化为办学宗旨,提倡厚实基础、博览专精。他治校甚严,
注重师资,先后延聘章太炎、陈衍②、钱基博、吕思勉③、周予同④、钱仲
联、夏承焘⑤、朱东润⑥、胡曲园⑦,以及先生等学者到校任教;他治学,
则兼容并蓄,故而教员中治今文、古文者均有。钱穆(1895—1990,
字宾四,江苏无锡人)因探访家族晚辈,亦曾造访无锡国专,并拜访
唐文治这位"钱穆一生交游中年龄最大的一位学者"⑧。

　　学生中杰出者亦多,如王蘧常⑨、唐兰⑩、吴其昌⑪、蒋天枢⑫等先
生,对于中国传统学术的继承与发展做出了积极贡献,声誉甚佳。

公元 1925 年(民国十四年,乙丑)　十六岁

正月,彭举先生到南京晤唐迪风;又执弟子礼谒见欧阳渐。时彭举任二

①　唐文治(1865—1954),字颖侯,号蔚芝,别号茹经,原籍江苏太仓。
②　陈衍(1856—1937),字叔伊,号石遗,福建侯官(今福州市)人。
③　吕思勉(1884—1957),字诚之,江苏武进(今常州市)人。
④　周予同(1898—1981),名毓懋、学名周蓬,字豫同、予同,笔名天行,浙江瑞安人。
⑤　夏承焘(1900—1986),字瞿禅,晚号瞿髯,浙江永嘉县城区(今属鹿城区)人。
⑥　朱东润(1896—1988),江苏泰兴人。
⑦　胡曲园(1905—1993),湖北江陵县人。
⑧　陈勇:《国学宗师钱穆》,北京大学出版社,2007 年版,第 56 页。
⑨　王蘧常(1900—1989),浙江嘉兴人。
⑩　唐兰(1901—1979),浙江嘉兴人。
⑪　吴其昌(1904—1944),字子馨,号正厂,浙江海宁硖石人。
⑫　蒋天枢(1903—1988),字秉南,早字若才,江苏丰县人。

女师国文教习。

春,先生之友陈柱①,应校长唐文治之邀,就聘无锡国学专修学校,讲授
《墨子》,而先生老师伍非百②此时已经是《墨子》研究名家;次年,陈
柱讲授《老子》。陈柱早年师事唐文治,尚称有为之士。

唐文治在陈柱去世后所撰之《墓志铭》中称:

　柱尊性至孝,侍奉庭闱,恪体亲意。初师事本省苏寓庸先生,继游学
江苏,从福建陈石遗先生及余受学,得闻道要,柱尊大喜,举凡群经诸子,
靡不心维口诵,淹贯无遗,发愤纂述。③

事实上,作为学者的陈柱,其国学研究,正是以经学、子学研究,
尤其是子学研究见长。

公元 1927 年(民国十六年,丁卯)　十八岁

本年,蒙文通回到四川成都,任教于国立成都大学。

公元 1928 年(民国十七年,戊辰)　十九岁

本年,先生考进四川国学专门学校,与蒙文通、伍非百缔结师生缘。

前此,蒙文通先生受四川教育厅长兼四川国学专门学校校长向
楚④之聘,任四川国学专门学校教务长兼教授,在校讲授《经学抉
要》,先生"得侍讲席,甚为相得";文通先生"固倡廖氏之学者,源澄
先生得闻其绪论而羡之"⑤。

先生的同学有吕洪年⑥、陶元甘(四川省安岳县城南乡人)等人,
亦蒙文通先生弟子。陶元甘后来成为了汉唐史及四川地方史专家,
并一度积极参与了政治活动。

陶元甘回忆道:

① 陈柱(1891—1944),字柱尊,号守玄,广西省北流县人。

② 伍非百(1890—1965),本名伍程骥,四川省蓬安县利溪镇人。

③ 唐文治:《广西北流陈君柱尊墓志铭》,载唐文治《茹经堂文集》第 6 编卷 6,见《民国丛
书》第 5 编,第 5095 册,上海书店,1996 年版。此转引自张京华、王玉清:《陈柱学术年谱》,载《广
西社会科学》2007 年第 2 期,第 100—105 页,引文见第 105 页。

④ 向楚(1877—1961),字仙樵,一作先乔,号黻公,四川巴县(今重庆巴南区)人。

⑤ 蒙文通先生哲嗣蒙默先生(1926—　)语,见《蜀学后劲——李源澄先生》,载《蜀学》特
刊第 2 辑,第 42—52 页,引文见第 43 页。

⑥ 吕洪年(1911—1994),字穰之,号息翁,别署"常精进斋主",祖籍四川仁寿县。

国学院后改为国学专门学校,由谢无量先生任校长,蒙师当教务长,于此时撰《经学导言》,廖大师为题首页曰:"蒙文通文章如桶底脱,可佩,可佩。"于此足见蒙老师之造诣。

谢、蒙共同培育了一批人才,其中最杰出的当数犍为李源澄(字浚清)。李遂于今文经学,对《春秋繁露》一书尤有研究。蒙老师长省图书馆时延为编目部主任并主编《图书集刊》。李后又独力在灌县创办"灵岩学院"。可惜此君已于五十年代逝世。与李同班的那批蒙氏弟子,亦即谢氏(无量,因是国学专门学校校长,蒙为教务长)再传弟子也凋零殆尽。据我所知仅有四川省文史馆员吕洪年(穰之)同志还健在。[①]

案,陶元甘先生此处回忆有误,吕洪年为谢无量弟子,而非再传弟子。吕洪年16岁入四川国学院,曾师从谢无量、蒙文通学草书、经学。1956年为四川省文史馆馆员。

先生后来如是讲述自己在四川国学专门学校时,与伍非百先生所缔结之师生缘,以及"过从既密,相知益深":

澄闻先生之教于民国十七年,先生旋有金陵之游,未毕其说。澄毕业后,淹留成都者一年而东行,复由北而南,爰止于秣陵,于今倏三年矣。过从既密,相知益深,然澄之知先生,固不自此。

澄初治《春秋传》,颇明于义例,凡经文之脱误,传家之讹传,胥能以经例为进退。汉儒所称无达辞之书,至此而井然有序,井研廖季平先生实启其端,而澄踵其业者也。时年方弱冠,不知学问之大,颇以此自喜,及读先生所为《墨经解诂》者,操术既同,而难又倍之,因而亟欲知先生之为人,访诸其乡之同学成君杰怀。[②]

先生在四川国学专门学校攻读,与诸学友随侍诸蒙文通、伍非百等名师,奋发潜研,得窥经学奥堂。

公元 1929 年(民国十八年,己巳) 二十岁

蒙文通在学校讲授时,大力提倡乃师廖季平之学说,激发了先生问学兴趣,由于师徒二位"甚为相得",蒙文通欣赏先生之才华,于是专门修函一封,介绍先生到井研县向自己的老师廖季

---

① 陶元甘:《蒙文通老师的美德》,载四川省盐亭县政协编:《盐亭县文史资料选辑》第10辑,1993年版,第62页。

② 李源澄:《伍非百先生名学丛著序》,《学术世界》第1卷第6期,1935年11月,第98页。

平求学。

8 月中旬,先生从成都出发,前往川南井研县廖季平宅,登门学经,前后约两月。

  季平先生离任还乡养病多年,卜居于井研县城东门外,时年已七十八岁,且在右瘫病中。他虽不能亲为先生讲授,但是犹能不辞辛劳,解惑答疑,悉心指教,给予先生指导,使先生收获匪浅。廖先生的女公子廖幼平(1908—1994)在家侍奉老父,到了 10 月,先生辞别廖先生,幼平亦赴上海就学于中国公学①。

  在给蒙文通先生门人刘雨涛(1923—　,四川崇州县人)的复函中,廖幼平如是指出:

  李源澄先生到我家时,我正停学在家代父亲照顾家务。因之我接待过他,并为他们安排过学习的地点和时间。但对他们请教的内容,却一无所知。可是,从表面上看来,父亲不是系统地讲经,而是解答疑难。他们在井研住了一两月就走了。几年后,父亲去世了。从此再也不知道李先生的消息了。②

  与先生一起学经的同学还有陈学源(四川仁寿人,后入欧阳渐支那内学院)、胡翼等人,均孜孜勤学之生徒。就这样,先生在廖平处学习了约两个月,廖季平先生则于两年后去世,先生遂成为廖季平先生的关门弟子。蒙文通先生哲嗣蒙默先生《蜀学后劲——李源澄先生》一文中言:

  时廖氏已老病不能讲授,唯解惑答疑而已,前后略有数月,故源澄先生亦得及门廖氏。逾二年,廖氏卒,而源澄先生遂为廖氏关门弟子焉。③

从廖季平先生处学经后,先生"东行,复由北而南。爰止于秣陵"④。

  蒙默先生所谓"而源澄先生遂为廖氏关门弟子焉"之说,最早应该源自蒙文通先生。蒙文通《廖季平先生传》一文说:⑤

  先生弟子遍蜀中,……犍为李源澄俊卿于及门中为最少,精熟先生三

---

①　廖宗泽编:《六译先生年谱》卷 2,载《廖季平年谱》,第 82 页。
②　张学渊主编:《赖高翔文史杂论》下册,第 359 页。
③　蒙默:《蜀学后劲——李源澄先生》,载《蜀学》特刊第 2 辑,第 43 页。
④　李源澄:《伍非百先生名学丛著序》,《学术世界》第 1 卷 6 期,1935 年 11 月,第 98 页。
⑤　蒙文通:《廖季平先生传》,载《廖季平年谱》,第 105—106 页。

《传》之学，亦解言礼。淳安邵瑞彭（次公）见而叹曰："李生年少而学如百尺之塔，仰之不见其际。"丹徒柳翼谋反复与论学，称其能传师门之义。……能明廖师之义而宏其传者，俊卿其人也。……是能论廖氏之学者，傥在俊卿也。

所谓"丹徒柳翼谋反复与论学，称其能传师门之义"，指 20 世纪 30 年代先生与在南京主编的文史杂志《国风》的柳诒徵先生相交往，在《国风》先后发表了五篇论文，其学术见解，得到了柳诒徵先生之褒扬。

下半年，先生从四川国学专门学校毕业。在四川国学专门学校的三年中，先生与诸学友随侍诸蒙文通等名师，与陈柱等通函论学，奋发潜研，经学造诣日益精深。

公元 1930 年（民国十九年，庚午）　二十一岁

8 月，先生相识、暨南大学及大夏大学教授陈柱的《公孙龙子集解》即将出版，先生为陈柱此著成书，有为其荐引伍非百先生著述之功。陈柱在《公孙龙子集解》"例略"云：

集解成后将刊行，散失于一·二八之役，近始恢复旧观。寻得友人钱子泉教授《公孙龙子校读记》一卷，校订注文。足补严氏所未备。后又得老友谭戒甫教授《形名发微》十卷，又以李源澄君之介，得伍非百教授《公孙龙子发微》稿本。二君于公孙子之学，最为阐幽抉微，爰采入吾书。

作为唐文治先生门人，陈柱乃民国年间广西一地仅有的"学术大家、国学巨擘"[1]，在子学上造诣颇深。此著出版即一明证。

本年前后，先生与陈柱在经学、子学、史学等研究领域，多次论学，并有多篇论学的文字发表。由此亦可知先生与子学名家伍非百先生的师生交情非浅。据先生《伍非百先生名学丛著序》所言：本年，先生"淹留成都"。

澄闻先生（伍非百）之教于民国十七年，先生旋有金陵之游，未毕其说。澄毕业后，淹留成都者一年而东行，复由北而南，爰止于秣陵。[2]

公元 1932 年（民国二十一年，壬申）　二十三岁

春，先生在成都，将游学东方，姑母张氏代表家人欲挽留，见先生之意坚

① 张京华、王玉清：《陈柱学术年谱》，载《广西社会科学》2007 年第 2 期，第 100—105 页。

② 李源澄：《伍非百先生名学丛著序》，《学术世界》第 1 卷 6 期，第 98 页。

定,乃从之。先生《张氏姑墓志铭》:

> 二十一年春,澄将有远行,(姑母张氏)相见于成都。姑始以澄家贫亲老,不宜远道求学。见澄志已决,乃以大义相敕,不数语而别。①

先生抵达南京("秣陵")后,入支那内学院,追随大师欧阳渐先生学习佛学。欧阳渐青年时代师从佛学大师杨仁山先生②,并于1922年与章太炎等成立内学院,通过发展,使内院与袁焕仙主持的"维摩精舍"并列为民国年间居士弘法的两大集团。师欧阳渐先生弟子众多,不少皆一时俊彦,如吕澄、汤用彤、梁漱溟、蒙文通、姚柏年、黄忏因黄树因兄弟、王恩洋、熊十力等。

同年与先生入学"支那内学院"的还有四川同乡陶闿士先生(1886—1940,四川巴县人)等人,陶闿士深得欧阳渐先生器重。陶闿士去世,欧阳渐先生撰有《蜀儒陶闿士墓表》,颇推重③。陶闿士先生哲嗣道恕先生在其父《传略》写道先生"以师礼事先父":

> 1932年,先父(陶闿士)重返南京,再入支那内学院,从欧阳大师学。……巨赞、彭举(菩生)、刘衡如、李源澄、谈壮飞等时在内院,李、谈均以师礼事先父。④

先生在内学院,与内学院教师、同乡、欧阳渐先生弟子、现代著名佛教学者王恩洋先生(1897—1964)甚善。王恩洋,四川南充集凤场人,1919年在北京大学学习印度哲学,后在南京师从欧阳渐先生研究法相唯识哲学,1925年在内学院任教。此后十几年主要从事教学和著述工作,是欧阳渐先生新式佛教教育培养新人中最突出的人物之一。二位先生缔交后,过从甚密,友情终身。

6月5日,先生之师井研廖季平先生卒。

12月,先生论文《戴记余论》在《河南民国日报》之《庠声》副刊第7、8期

---

① 李源澄:《张氏姑墓志铭》,载《学术世界》第2卷第3期《文苑》栏,1937年1月,第104页。
② 杨仁山(1837—1911),字仁山,安徽石埭(今属石台)人。
③ 欧阳渐:《蜀儒陶闿士墓表》,《理想与文化》月刊第7期,1944年11月,第65页。
④ 陶道恕:《先父陶闿士传略》,载四川省巴县(今重庆市巴南区)政协文史资料研究委员会编:《巴县文史资料》,第3辑"纪念辛亥革命七十五周年专辑",1986年版,第45—59页,引文见第55—56页。

连载①。是文针对《礼记》的大戴本,略做引申。

是年,章太炎先生从上海到苏州讲学。太炎先生自述说:"余自民国二十一年返自旧都,讲学吴中三年矣。"(《制言》半月刊创刊号,1935年9月)

公元 1933 年(民国二十二年,癸酉)　二十四岁

2月,河南省图书馆出版发行了《河南图书馆馆刊》第 1 期,约请先生为之"按期送稿"。先生应允。时民国以来河南省名士井伟生先生②任河南省图书馆馆长一年多,"锐意整理旧藏","致力于乡贤遗著之刊布"③,井伟生先生积极筹备,终使该刊出版,成为民国时期河南省重要的几份儒学刊物之一。

井伟生先生晚年在《雪苑戆叟忆往》中回忆道:

至于《馆刊》,不惟印费难筹,文字方面亦恐不易采辑。幸次公概认负责,约定大学教授尹石公、卢季野(即河南大学教授卢前,字冀野)、李源澄等与其弟子姜蛰庵、于伯仁、陈兆年等按期送稿。仲甫、恢吾、子猷、怡宣等通志馆诸友,皆出其著述之尚未刊者,充实内容。次公除自著外,并将所存闻人遗稿及函札不俗编入。……(《馆刊》在)各省图书馆、北平图书馆寄售最多,南京、江苏、浙江、湖北、湖南、广东、四川、云南各图书馆均有。各大书局北平立隶书局、上海中国书店寄售最多,武昌、长沙、杭州、苏州、成都、西安、天津、太原各书局亦皆有寄售。……积书既多,每日亦有购书者,颇行流通文化之效。④

文中所言"次公"指河南大学中文系知名教授邵瑞彭⑤,1912 年当选为国会众议员。卢季野即河南大学教授卢前⑥;陈兆年,河北安新县人,1930 年起担任河南大学中文系助教,时为邵瑞彭先生助

---

① 李源澄:《戴记余论》,《河南民国日报》之《庠声》副刊第 7 期,1932 年 12 月 14 日,第 25 页;《戴记余论》(续),《河南民国日报》之《庠声》副刊第 8 期,1932 年 12 月 21 日,第 30 页。

② 井伟生(1875—1958),字俊起,自号"戆叟",河南商丘人。

③ 严文郁:《中国图书馆发展史:自清末至抗战胜利》,台湾"中国图书馆学会"主编,台湾新竹:稻城出版社,1983 年版,第 87 页。

④ 井伟生:《雪苑戆叟忆往》,载河南省政协文史资料委员会编:《河南文史资料》第 35 辑,1990 年版,第 105、107 页。

⑤ 邵瑞彭(1887—1937),一名寿篯,字次公,浙江淳安县人。

⑥ 卢前(1905—1951),原名正绅,字冀野,江苏南京人。

手①,1935年成为先生在"章氏国学讲习会"的师弟。

由于《河南图书馆馆刊》约稿,以及先生的老师蒙文通先生任河南大学教授的关系,先生一度在开封河南大学短期停留。

先生好学,在河南大学期间,曾短期跟从邵瑞彭先生学习历算。卢前先生在先生所著《诸子概论》之序言中说:"余与文通主讲于大梁,君亦来止。同舍淳安邵次公瑞彭,精畴人之术,君又从肄业。既二年,渡江谒宜黄欧阳先生,受内典。"②

邵瑞彭如是评价先生之学:"李生年少,而其学如百尺之塔,仰之不见其际。"可见,给予了较高肯定。邵瑞彭先生22岁时就已爆得大名,1930年时与先生的老师蒙文通先生同任河南大学教授。邵瑞彭先生长于文字学,以诗词闻名于时,有《扬荷词》、《山禽余响》等行于世,其推重先生若此。

3月13—14日,章太炎应无锡国学专修学校校长唐文治先生之聘,从苏州到无锡来讲学二日。同车来到无锡的还有蒙文通、陈柱、陈石遗、诸祖耿(1899—1989,字介甫)等先生。唐文治治汉学,重训诂;章太炎治宋学,重义理,二人均有容人雅量,互敬互重。

22日,先生论文《孝经出于阴阳家说》在《河南民国日报》之《庠声》副刊见刊。

4月,先生论文《毛诗征文》见刊于《河南图书馆馆刊》第2期。

7月,先生论文《古文大师刘师培先生与两汉古文学质疑》发表于上海《学艺杂志》。先生文中说:

> 惟《周官》、《左氏》,本不出于孔门,刘氏多所附会,故略为辨焉。澄尝问故于蒙师文通,蒙师又尝执贽于刘先生之门,岂敢以夫子之道,反害夫子哉!况澄所言者,岂必是耶?故命曰"质疑"而已。③

因先生之师蒙文通先生,曾就教于古文大师刘师培先生,所以,针对刘师培论述古文经学的某些看法,先生本着爱吾师更爱真理之旨,进行了商榷。

是月,蒙文通先生在《学衡》发表《廖季平先生与近代今文学》(《学

---

① 戴耀法:《河南大学国文系回忆片断》,载河南省开封市政协文史资料委员会主编:《开封文史资料》第12辑《教育专辑》,1992年版,第130—134页。

② 卢前:《序》,载李源澄《诸子概论》,上海:开明书店,1936年版,第3页。

③ 李源澄:《古文大师刘师培先生与两汉古文学质疑》,上海《学艺杂志》第12卷第6期,1933年7月,第58页。

衡》第 79 期,即最后一期)。

10 月,先生论文《公羊穀梁微序例》在南京《国风半月刊》第 3 卷 8 期发表,这是《国风半月刊》杂志首次发表先生之论文。《国风半月刊》创立于 1932 年,社长是江苏国学图书馆馆长柳翼谋先生,主持人是中央大学的教授张其昀①等先生,撰稿者为《学衡》在南京的基本成员,以及章太炎、朱希祖、钱钟书、范存忠、唐圭璋、卢前、任中敏②、唐君毅、钱基博、贺昌群③等一批人文科学学者,和翁文灏、竺可桢、熊庆来等一批自然科学学者。此后,先生又有《荀子余论》、《阐孟》等四篇论文在该刊发表。

本年,绵竹籍傅平骧先生(1909—2004)毕业于四川大学文学院中文系。时绵竹县文人县长许进先生,著有诗集,提倡文学,创办“中国文学院”,傅平骧回家乡任该院监学。到了 1935 年 2 月四川省政府成立,“防区制”取消,川政得以统一,中国文学院遂为解散,傅平骧先生不再任监学④。于是,傅平骧先生东下,成为章门弟子、先生师弟。

公元 1934 年(民国二十三年,甲戌)　二十五岁

3 月,胡适先生开始起草长文《说儒》,并于 5 月完成,共 5 万余字。该文是胡适在章太炎先生《原儒》基础上吸收傅斯年先生《周东封与殷遗民》一文的研究成果而成。

秋,章太炎先生从上海迁居苏州,读书治学,讲习国学。

10 月底,胡适先生至南京,赴考试院主办的“全国考铨会议”,并于 11 月初结束。在此期间,胡适先生于考试院以长文《说儒》为基础,演讲儒与孔子,先生往听,并有所疑问。先生说:“胡适先生来京,大讲其儒与孔子,我当时在考试院听了胡先生的讲演,颇有种种疑窦。”⑤先生因而思考胡适所论,并开始撰写商榷文章。

11 月 20 日,胡适先生长文《说儒》见刊(载《中央研究院历史语言研究所集刊》第四本第三分,第 233—284 页),对在中国最早产生且为秦汉

---

① 张其昀(1900—1985),字晓峰,浙江鄞县(今属宁波)人。
② 任中敏(1897—1991),原名讷,曾用笔名二北、半塘,江苏省扬州市人。
③ 贺昌群(1903—1973),字藏云,四川省乐山市马边县人。
④ 周元邠:《绵竹创办中国文学院的始末》,载四川省绵竹县政协文史资料委员会编:《绵竹文史资料选辑》第 5 辑,1986 年版,第 89—90 页。
⑤ 李源澄:《评胡适〈说儒〉》,《国风》第 6 卷 3、4 期合刊,1935 年 2 月,第 24 页。

以来历代传承的儒家学派,从儒家和儒学的产生、演变的过程,作了一番全面地追根溯源探索,是胡适的一篇自以为"得意"之作。该文在学术界引起较大的反响,一时响应赞同者有之,反驳者亦众。如钱穆先生写了《驳胡适之〈说儒〉》一文、郭沫若先后写了《驳〈说儒〉》、《论儒家的发生》、贺次君撰写了《〈说儒〉质疑》等文反驳①,冯友兰先生则持"儒出于官守说",不赞同胡适提出的"最初儒皆殷人、皆殷遗民"的儒起源说。先生亦不尽赞同胡适所论。

12 月,先生《荀子余论》发表(《国风半月刊》第 5 卷 10、11 期合刊,第 63—68 页),是文谈到了荀子对儒家学说的贡献:"读《荀子》之书,而后知礼义法度胥切于人用,微孔、孟则礼义法度皆戕贼杞柳以为桮棬,微荀子则礼义法度皆托空言。"

公元 1935 年(民国二十四年,乙亥)　二十六岁

2 月,先生在《国风半月刊》第 6 卷 3、4 期合刊发表长文《评胡适说儒》,文中针对胡适《说儒》一文指出:"胡先生在他的大作上面说明是尝试的研究。既然在研究之中,当然非是定论,故敢直抒己怀,以请教于胡先生,并质之当代明达之士",可以说,是文对于胡适《说儒》一文提出了"比较中和"的批评②。在后年(1937 年)5 月,先生还发表了《读经杂感并评胡适〈读经平议〉》(《论学》第 5 期,第 62—67 页),提出了自己的看法。

3 月 2 日,太炎先生复函先生,系对先生上书的回应。太炎先生在这封《答李源澄书一》中说:"得手书并《国风》一册,足下以井研高弟。不自满足,而访道于衰老之士,甚非所敢承也。自揣平生所获,与井研绝殊,然亦相知久矣。恨彼此拳手日少,不能使井研诎以从我,而己亦不得井研之砻厉。其门下乃有好学如足下者,敢不角陈固陋以报。"由《答李源澄书一》可见,先生以年轻后学的身份,赠呈刊载自己论文的南京《国风半月刊》杂志,向儒学名宿太炎先生上函请益,太炎先生收读后回函。在回函中,太炎先生回顾了自己

---

①　如贺次君:《〈说儒〉质疑》指出:"我对于胡先生的解释,有很多地方发生怀疑,我不敢说胡先生立论错误,但在另一方面,肯定有与胡先生相较者,现在谨写出来。"(载北京大学《史学论丛》第 2 期,1935 年 11 月,第 1 页)

②　参见台湾"中华民国史料研究中心"主编:《中国现代史专题研究报告》第 2 辑,台湾"中华民国史料研究中心"印刷,1982 年版,第 84 页。

与廖平先生的学术交往与"相知",并以"好学"之"井研高弟"相称①。

　　先生上书太炎先生之函,今未见②。先生收到太炎先生来函后,第二次致函太炎先生,在讨论学术之余,有"澄以散木之资,幸邀匠石之顾,奖进之意,愧不敢承。乐育之风,如对古德,此澄所以感发向义而不能自已矣"之语③,对太炎先生奖掖后进的感谢之意,表露无遗。

10 日,太炎先生第二次复函先生(二次复函均发表于《光华大学半月刊》第 3 卷第 8 期,本年 4 月 25 日出版),以上两函,虽然维护《春秋左传》,但并不薄《春秋公羊传》,主要以董仲舒等汉代经师和后代今文学家为攻驳对象,进行讨论,所论之学属于今古文两派争论的主要问题。据此二函,推测先生在 3 月 2 日前先致书太炎先生,谈论学术问题,太炎先生不以先生晚生后辈,积极回应。二人在本年论学书信中,先生与太炎先生书信讨论三个来回,此为第一、第二个来回④。

本月,先生论文《明堂制度论》在《学艺杂志》第 14 卷第 2 期发表,是文根据先秦典籍,阐释了周天子布政之宫"明堂"之制度,解释了东汉以后对明堂解释出现分歧的原因。

5 月 15 日,先生致函陈柱尊教授,讨论《春秋公羊传》的相关学术问题(参见次年 5 月条)。

6 月,先生论文《读丧服经传旧说后记》在《学术世界》第 1 卷 1 期(第86—90 页)发表。《学术世界》系先生相识陈柱主编、《学术世界》编

---

①　李源澄:《论经学书三通》(与章太炎合著),《学术世界》第 1 卷第 2 期,1935 年 7 月,第111—115 页。

②　林庆彰、蒋秋华主编,黄智明、袁明嵘编辑:《李源澄著作集》第 2 册,"中央研究院中国文哲研究所",2008 年版,第 1003 页。

③　李源澄:《论经学书三通》(与章太炎合著),《学术世界》第 1 卷第 2 期,1935 年 7 月,第111—115 页。

④　按,本年章太炎先生与李源澄先生通信论学,共有三次往返,即李源澄先生上太炎先生函 3 通,而太炎先生致函李源澄先生亦 3 通,当时的《制言》杂志第 25 期《太炎先生著述目录初稿》列出本年太炎先生与李源澄先生通信论学有以下诸函,即:1.《与李源澄论公羊书》两通(载《光华大学半月刊》第 3、8 期);2.《答李源澄书》(《制言》第 5 期);3.《答李源澄论戴东原〈原善〉、〈孟子字义疏证〉书》(《学术世界》1 月 7 日);4.《答李源澄书二首》(《学术世界》1 月 2日)。事实上,如谢樱宁所指出的:"从目录看来,好象共有太炎六书,实者只有其半,1 与 4 同,2与 3 同,共三次通信而已。"见谢樱宁:《章太炎年谱摭遗》,中国社会科学出版社,1987 年版,第149 页。章太炎先生与李源澄先生本年的书信 3 通,为马勇编《章太炎书信集》(河北人民出版社,2003 年版,第 949—952 页)、傅杰编校《章太炎学术史论集》(中国社会科学出版社,1997 年版,第 360 页)等文集所收录。

译社出版。《学术世界》这一集中发表文史学术研究成果的月刊,以发表了当时唐文治、张尔田、陈衍①、伍非百、黄宾虹②、钱基博、吴宓等先生的论著而知名。

7月,先生与太炎先生讨论经学的三封信函《论经学书三通》在《学术世界》第1卷2期发表。

8月1日,先生论文《尊孔论》发表③,此文针对五四运动以来某些贬孔言行而撰,其意如其文题。

本月,先生姑母素芬女士去世于犍为县龙孔场,先生哀恸不已,因求学在外不能返乡参加葬礼,乃亲撰《张氏姑墓志铭》以记之。此为目前仅见之先生所撰此类文字,全文五六百字,文称:

> 姑讳素芬,先王父镜蓉公次女也。幼而敏慧,仁孝婉顺,率德不愆。民国三年,王母杜孺人卧疴累月,姑年未及笄,侍寝问疾,一如成人,达旦不寐,率以为常。族党皆称孝焉。澄时方五岁,犹如记其仿佛。归于张氏,婿曰定中,在军职有声。张氏故吾乡望族,衣食无乏,仰奉翁姑,竭诚致敬。……姑以三十四年废历七月五日卒于犍为龙孔场故宅,年三十二。有丈夫,子二人,长谊镇,次谊焱。母杜孺人及君姑杜孺人皆在。极生人之哀恸已,以某年某月某日葬于某地。侄李源澄铭其墓曰:
>
> 人生如客,死乃反其宅。夫何亲老子稚,焉能妥其魂魄。伤士礼之久废兮,欲终丧其未易。嗟山川之修阻兮,不获礼此窀穸。④

本月,先生论文《读易志疑》在《学术世界》第1卷3期发表,阐述了自己对《易经》的疑惑及看法。

9月16日,太炎先生在苏州创办"章氏国学讲习会"正式开课。章太炎以讲学、著述为业,他学问广博,研究范围遍及国学四部,旁及其它,著述宏富。

讲习会"以研究固有文化、造就因学人才为宗旨"⑤,门人朱希祖、汪东、孙世扬、诸祖耿、潘承弼、沈延国、徐复等先生充任讲师协助教学;同时,主编并出版学术杂志《制言》半月刊,提倡"国学"研

---

① 陈衍(1856—1937),字叔伊,号石遗,福建侯官(今福州市)人。
② 黄宾虹(1865—1955),原名懋质,名质,字朴存、朴人,号宾虹,安徽歙县人。
③ 李源澄:《尊孔论》,载《新亚细亚》第10卷第2期,1935年8月1日,第95—98页。
④ 李源澄:《张氏姑墓志铭》,载《学术世界》第2卷第3期《文苑》栏,1937年1月,第104页。
⑤ 参见《章氏国学讲习会简章》,见汤志钧编:《章太炎年谱长编》,中华书局,1979年版,第960页。

究,提倡读经救国,一时社会影响很大,从者甚众,可称得上"盛况空前"①。时以苏州东吴大学、"振华女中"教员的身份入学"国学讲习会"的先生师兄诸祖耿先生等人,后来均有幸福的回忆②。

章太炎先生在本月出版的《制言》第 1 期上,为先生之师"井研廖季平"(平)作墓志铭,认为廖氏"行依乎儒者,说经又兼古今",总的评价是:"廖君之言多扬诩,末流败俗君不与"③。早在民国初年,章太炎、廖季平二先生就在北京多次论学。太炎先生对于廖氏经学的这一评论,得到了廖氏众弟子的好感。

针对太炎先生对廖氏经学的评论,先生说:

拜读先生所为井研师墓志铭,反复辨其疑似,涤其瑕垢,井研有灵,当有知己之感。井研一生,潜心学问,手不释卷者五六十年。以知县改教谕,与凌廷堪后先辉映,其乐道遗荣如此。而世之毁誉皆不得其实,梁任公且诬之受贿,微先生言,恐后之论者将惑于馋嬺之口也。④

可见,先生对于太炎先生评论自己老师的道德文章,身怀感激。发出了"井研有灵,当有知己之感"的感慨。

在本月或者本月后某时,先生应太炎先生之邀到苏州,入章氏国学讲习会,从太炎先生学。太炎先生时年 68 岁,长先生四十一岁。但是,先生从太炎先生学,与一般无任何经学根基的同门不同,系应太炎先生之邀到会"说《春秋》义"。蒙文通先生说:

---

① 参见沈延国:《章太炎先生在苏州》,汤炳正:《忆太炎先生》,二文皆载陈平原、杜玲玲主编:《追忆章太炎》,《学者追忆丛书》之一,中国广播电视出版社,1997 年版。

② 如诸祖耿回忆道:"苏州许多学者,都很高兴,相约请(太炎)先生在苏州长期讲学。先生慨然答应,一面作星期讲演;一面在自己楼房之后,建造讲堂宿舍,创办'国学讲习会'。自说'我的讲学始于日本东京,当时就叫"国学讲习会",这里现有"国学会",应该予以区别,所以冠以"章氏"两字,名叫"章氏国学讲习会"'。'章氏国学讲习会'成立以后,前来参加听讲的,全国各地都有。朝鲜、越南,也有人来,日本学人,亦有前来讯问的。在这期间,我和王謇、王乘六、孙世扬等始终在先生身边。孙世扬字鹰若,是先生的再传弟子,是先生高足黄侃季刚的得意门生,先生把他留在家中,教他的儿子章奇。这时,我辞去了'振华'的课务,住在先生新建的讲堂西面宿舍中,朝夕陪着先生。先生每次演讲,都由我在旁记录,分期刊行。又和孙世扬一道协助先生编印《制言》半月刊,任务颇为繁忙,但是精神却十分愉快,是我生平难得的快乐时期,明师益友,欢聚一堂,真是无比的幸福。"(诸祖耿:《八十七岁自述》,载北京图书馆《文献》丛刊编辑部、吉林省图书馆学会会刊编辑部:《中国当代社会科学家》第 9 辑,书目文献出版社,1986 年版,第 246 页)。

③ 章太炎:《清故龙安府学教授廖君墓志铭》,《制言》第 1 期,1935 年 9 月。

④ 参见《李源澄来书》,载《制言》第 5 期,1935 年 11 月,第 2 页。

　　章太炎见其(指先生)文,善之,延至苏州,为说《春秋》义于国学讲习会。

　　俊卿守先生说以论章氏,人或言之太炎,太炎不以为忤。太炎谓,闻人言廖氏学,及读其书不同,与其徒人论又不同,殆正谓俊卿也。世俗所言,与深入廖氏学者所言,固区以别也。[①]

　　太炎先生是古文经学派,而此前先生从著名学者井研廖季平先生就学,廖氏属今文经学派,而太炎先生认为廖氏"言甚平实,未尝及迂怪也"。虽然先生仍守廖氏旧义,但是太炎先生不仅"不以为忤",反而给予先生以极高的评价。

　　太炎弟子姚奠中[②]先生著《章太炎学术年谱》说:

　　前往就学者,人数极多,其中苏州、上海和江浙人固占多数;遥远省区之虔心求学、欲拜名师深造、不远千里而来者,也有相当数量。沈延国说:"各地学子,纷纷负发来苏。据学会中统计,学员中年龄最高的为73岁,最幼的为18岁。有曾任大学讲师、中学国文教师的,以大学专科学生占大多数。籍贯有十九省之不同。住宿学会里,约有一百余人。"

　　正式入学者之外,尚有不少听讲者。其中有些人颇有学术造诣如李源澄,本为廖季平弟子,又曾受教于欧阳竟无,后任无锡国专教师。自本年春间与章太炎书信论学后,倾心章氏学问见识,故自讲习会开讲以来,不断前来听讲,执礼甚恭。[③]

　　在太炎先生的影响下,讲习会学员间读经、研究"国学"蔚然成风。

　　章氏国学讲习会的学生,岁数相差逾五十岁,来自全国十多个省份,程度亦差异不小。本年度入学的河北籍学生任启圣先生,亦康有为1926年在上海所办"天游学院"的门人,他后来回忆道:

　　一九三五年暑假开始,共招学生七十二人,籍隶十四省。江浙人居多,北方人甚少,计甘肃一人,山西三人,山东四人,辽宁一人,河北籍者仅余及陈兆年两人。先生自任主讲,每星期担任四小时,每次二小时。尚有助教多人,以前中央大学历史系主任教授朱希祖担任《史记》,前东北大学主任教授马宗芗担任《庄子》,孙世扬担任《诗经》,诸祖耿担任《文选》,

---

①　蒙文通:《廖季平先生传》,载《廖季平年谱》,第106页。
②　姚奠中(1913—　),原名豫泰,别署丁中、樗庐,山西省稷山县南阳村人。
③　姚奠中、董国炎:《章太炎学术年谱》,第474页。

黄惠(绍)兰(黄侃前妻)担任《易经》。诸生慕先生名,听课时无一缺席,其余则零星点缀而已。先生首讲《左传》,次讲《尚书》,最后拟讲《说文》,尚未开讲即已去世。①

先后到章氏国学讲习会就学的四川籍人士有多位,如绵竹傅平骧先生、江津周光武、南充李恕一等人。而先生与傅平骧先生更受到太炎先生的特别青睐,被视为"根抵深厚者"。

关于章氏国学讲习会的四川籍人士,四川大学历史系副教授李润苍先生(1929—1985)先生归纳指出:

> 1904 年,章太炎在东京主编《民报》时,即开始讲授"国学",四川留学生前往听者不少,三十年代初任四川大学校长的任鸿隽就是其中之一。其后一直坚持下来的有永川钟正楙(稚琚)和垫江李植(培甫)等人……

> (还有)章氏在东京的另一弟子中江李蔚芬(炳英)……1935 年后,章太炎主办"章氏国学讲习会"于苏州,入会的四川人不少,据说办了一个川味伙食团。江津周光武、绵竹傅平骧、南充李恕一等均是当时弟子。后来他们长期从事教育工作,多半传章氏之学。②

由于章氏弟子中,来自四川省者有先生、汤炳正先生等多位,先生甚至主张办了一个"川味伙食团"。

先生学习、生活片断,先生的同学汤炳正先生有如下的回忆:

> 当时,全国各地来此就读者百余人,限于条件,学会只供住宿,不办伙食。一次我们在小食店就餐,发现炒菠菜中有蚯蚓,乃纷纷自组伙食团。如四川同学李源澄等,在外面成立了专吃辣味的伙食团;我跟一些北方人,也成立了专吃面食的伙食团。我们轮流管事。

> 一九三五年九月十六日,太炎先生开始讲课,讲过"小学略说""经学略说""史学略说""诸子略说""文学略说";专书讲过《尚书》、《说文》等。我们听讲的学生,每听完一次讲,就三、五成群,互对笔记,习以为常。因先生浙语方音极浓,我开始听讲,很感吃力,后来才习惯。先生有时招集诸生在他的客厅中座谈;个别学生有求问者,亦可随时单独拜谒,谈论学术。我是单独拜谒最频繁的一个。世传先生与他人论学,锋芒逼人,毫不

---

①　任启圣:《章太炎先生晚年在苏州讲学始末》(1962 年 4 月撰),载《追忆章太炎》,第 446 页。

②　李润苍:《章太炎与四川》,载四川大学学报编辑部、四川大学历史系编辑:《四川地方史研究专集》("四川大学学报丛刊"第 5 辑),四川人民出版社,1980 年版,第 75—76 页。

宽假;但与吾辈后学相对,则是另外一副面貌。我们完全可以纵意畅谈,无拘束感……

　　先生治学,门户极严,但交游殊广泛。他对学生学术以外的活动,亦颇宽松,不甚约束。我当时课余之暇,也曾访问过陈石遗、金松岑诸名流。记得四川同学李源澄曾约我访过画虎名家张善孖。见他家竟驯养一只大虎,供揣摩临摹之用。虎在主客间游玩自如。客见多惊讶,而主家老小与之相处无间。据说张君外出,多将虎载于后车相随,如侍从之卤驾。①

10月6日,太炎先生在《制言》半月刊第5期发表《答李源澄书三》一文②,作为先生函的回复,文章讨论清人戴震所著最精深之二书《孟子字义疏证》、《原善》之"利病"。此为先生与太炎先生论学书信的第三个来回。

11月,先生为老师伍非百先生《名学丛著》所撰写的《序言》发表,指出"中国未尝无名家,名家之书得先生而明,仰亦以述为作者耶","今先生集所作八种为名学丛著,殆有开塞之意耶! 先生督为序文。愧无以报命,谨举所闻以为来学劝,付愿先生以试卷视之而已"③,既表达了自己对于老师大著的推崇,又说明了作序缘由。

12月,太炎先生发表《答李源澄论戴东原〈原善〉、〈孟子字义疏证〉书》(《学术世界》第1卷7期)一文。

　　年底,姚奠中先生从无锡国学专修学校正式转入章氏国学讲习会,并考取研究生。姚奠中先生年长先生七岁,只是入章氏门墙稍晚,于先生而言辈分为师弟,后来,又成为云南大学同事。同年入学的还有汤炳正(1910—1998,字景麟,山东荣成人)等先生。

本年,先生发表论文、时论文章共计13篇(参见附录一《李源澄著述目录》),是先生一生中发表文章数量第二多的年份,从本年起,先生渐入盛年,精力旺盛,学缘广泛,交游面宽,开始迈入学术研究的黄金期。

---

　　① 汤炳正:《忆太炎先生》,载《追忆章太炎》,第456—467页。
　　② 章太炎《答李源澄书三》,《制言》半月刊第5期,1935年11月,第1页。
　　③ 李源澄:《伍非百先生名学丛著序》,《学术世界》第1卷6期,1935年11月,第98—99页。

公元1936年(民国二十五年,丙子)　二十七岁

1月,先生发表《与陈柱尊教授论诸子书》①,主要根据陈柱教授所赠论著
《子二十六论》,自己"尽一昼夜之力读竟"的读后感,指出"澄论诸
子与先生多暗合,愧不若先生之详尽。睹先生此书,宜其欢欣鼓舞
也。间有数条于心未安,思晏子所论和同之言,故不敢隐嘿",因此,
就诸子之学,提出了四条意见,与陈柱商榷。根据先生在是文的格
式、语气,以及文末"十一月廿三日"(1935年11月23日)的落款,可
以判断是文为先生上年末与陈柱的通函,故陈柱先生在主编《学术
世界》发表时,加上了这一标题。

　　除了先生与陈柱通函讨论所赠论著《子二十六论》之外,其他学
者如吴经熊②也通函陈柱讨论其著,亦以《与陈柱尊教授论诸子书》
之同一标题,在《学术世界》上年8月发表(第1卷第3期)。

同月,先生在《制言》半月刊第8期发表《论〈老子〉非晚出书——并质钱
宾四先生》,与钱宾四(穆)先生讨论诸子之学。该文也是先生在《制
言》杂志发表的第一篇论文,《制言》杂志创刊于上(1935)年9月,章
太炎先生任主编,时由章氏国学讲习会发行,此后先生又有多篇论
文在该杂志发表。先生此文,系针对钱穆先生"集旧作四篇为《老子
辨》,前二篇辨其人,后二篇辨其书"而作,先生认为,根据钱穆先生
的论断,可以证明《老子》"非晚出"之书,"鄙见与钱氏适反","其究
竟为晚出与否,苟能平心研讨,一再商量,或不致全无结果也"③。

2月,先生第一部学术专著《诸子概论》一书由上海开明书店出版,是书
共130页,书前有伍非百、卢前二位先生所撰之序。《诸子概论》一
书研究了先秦儒、道、墨、法诸家的孔子、孟子、荀子、老子、庄子、墨
子、商鞅、韩非子等八位代表性人物的思想及其根源,并评论《论
语》、《孟子》、《荀子》、《道德经》、《庄子》、《墨子》、《商君书》、《韩非
子》等经典的意义及价值。

　　伍非百先生之《序》,先叙述诸子之学发展脉络,认为"诸子百家

---

　　①　李源澄:《与陈柱尊教授论诸子书》,《学术世界》第1卷8期,1936年1月,第91—
93页。

　　②　吴经熊(1899—1986),英文名:John C. H. Wu 或 John Wu Ching-hsiung,浙江省宁波鄞
县(今鄞州区)人。

　　③　李源澄:《论〈老子〉非晚出书——并质钱宾四先生》,《制言》第8期,1936年1月,第
1—12页。

之说,原不异于六经",二者可以互为补充,而且"诸子百家之学,亦灿烂迭兴,各有所明",继曰:

> 李君源澄,为吾蜀廖大经师入室弟子,明于六经故训,从余论难百家语,更以其得于六经者通诸子,寻源探窍。批吭捣虚,虽古之治方术者,不能过也。李君方继此而有进,未敢画,爰书数语贻之。

卢前先生《序》曰:

> 始余识李君源澄于蜀。君游吾友盐亭蒙文通尔达之门,请益于井研廖先生,以是通六经故训,深于礼。文通时常为余称道之。
>
> 其后,余与文通主讲于大梁,君亦来止。同舍淳安邵次公瑞彭,精畴人之术,君又从肄业。既二年,渡江谒宜黄欧阳先生,受诵内典。余每归省,君必来吾家,相与上下议论,未尝不惊服其博恰,愧余终无以益君也。
>
> 君论诸子书,钩玄提要,一归之经。余曰:昔昌黎韩氏,以辩生于末学,非师道之本。谓孔、墨必相用。相用云者,犹孟子归斯受之之说。君辨百家异同,以明相用之需,斯可谓得间者矣。微君之博,莫能约,故言之确也。君既列为八篇,将以传布,乞余序,因书夙所语君者与尚,并著其治学渊源,以告世之读君书者。

《诸子概论》一书出版后,学界反映良好,也有商榷的文章。"吾昔为《诸子概论(开明版)》,于兼爱之说,颇致非难"[1],于是,先生另外撰写了《墨学新论》等论文以回应。

3月,南京《国风》杂志记者、后来成为了契丹研究专家的厉鼎煃(1907—1959),在专程访问章氏国学讲习会之后,发表了一篇颇有影响的报导,其中有以下段落:

> 汤夫人询悉来意,乃以《讲演纪录》十二册,《丛书续编》单行本二册见诒,并为述会中概况,慈祥恳挚,信能相大贤,迪后昆也。会中大师演讲,周凡二次。第一期学程已讲毕,其中《史学略说》、《文学略说》二科,笔记排印未竣,其详不可得而窥。《小学略说》、《经学略说》、《诸子略说》三种,则已由高第弟子王乘六、诸左耕〔今案:即诸祖耿〕二君笔录成册,并皆深入显出,多独到之粹语。今后课程,则如下表:
>
> 第二期　说文　音学五书　诗经　书经　通鉴纪事本末　荀子　韩

---

① 李源澄:《墨学新论》,《新中华》复刊第 4 卷第 15 期,1946 年 8 月,第 34—36 页。

非子　经传释词

　　第三期　说文　尔雅　三礼　通鉴纪事本末　老子　庄子　金石例

　　第四期　说文　易经　春秋　通鉴纪事本末　吕氏春秋　文心雕龙

　　编订旨趣,见于《复李续川书》,其略曰:"以此时间,欲令人尽解经义,仍不可得;要令得其大略,为将来精进地步,非谓两年毕业,已成通儒也。四期以经为最多,史虽只举纪事本末,篇幅已不少。若欲尽讲《通鉴》书,日力更有不及。如只讲《史》、《汉》书,亦嫌其偏缺。至《史通》、《文史通义》之流,只以供人大言,而于历史知识书不具。陈石遗始以《通鉴纪事本末》讲解,审思亦不能易也。诸子之学,在今日易滋流弊,文章之学,本非讲解可了,初意不欲列入。以学者意有未厌,故列子书六种及《金石例》、《文心雕龙》,以应其求。《文心》徒讲亦鲜益,《金石例》分有实事可依者尔。"续川者,廖平门人,而又闻刘先生之教者也。(原书未刊,兹录底稿。)闻春假后课表更新,除先生自讲外,复延朱君逷先讲史学,马君竞荃讲经学,更由孙君鹰若讲小学,张君复斋讲训诂,为补充科目,并有读书硬功,《周易》(绍君讲授)、《毛诗》(孙鹰若)、《尔雅》(汪青在)、《通鉴》(王心若)、诸子(王佩诤)、《文选》(诸左耕)、《文心》(诸左耕)七科。学员至少须选习补充科目六种,其根抵深厚者,傅平骧、汤炳正、金德建、陈兆年等十余人,则准予免习云。……

　　自幸静聆一席话,胜读数年书矣。往时籀诵先生著作,气象岩岩,若不可响迩,孰知躬亲其人,其温恭乃尔。盖先生近抱利他主义,故乐接后生,虽康、廖门人,亦不之拒。观其《与钱玄同书》曰:"仆每每抱常善救人,故无弃人之志。况今道术陵夷,此曹尚倦倦不肯舍去,与之共学可也。"可知其比来襟怀恢蔚,宏为广大教化主矣。猗欤休哉![①]

　　从文中所言"廖平门人,而又闻刘先生之教者"看来,太炎先生对李续川(字崇元)、先生等今文经学的大度兼容,得到了舆论界的赞同。4月,《学术世界》杂志的《世界学者介绍》栏目,推出了对先生的简要介绍,称:

　　李源澄先生,四川犍为人。年二十七岁,毕业于四川大学文学院,其时教授有蒙文通、龚道耕、刘咸炘、伍非百、向楚、庞俊等名宿,复从廖季平

----

　　①　厉鼎煃:《章太炎先生访问记》,原载《国风》(南京)第8卷第4期,1936年4月,第132页。此转引自《追忆章太炎》,第494—496页。

先生问经学。出川以后,从邵次公先生于河南,复入南京欧阳竟无先生主
办之支那内学院。近又从章太炎先生游。尝治六艺、诸子、阴阳五行、宋
明理学,现治典制。著书计二百万言,以《公羊》、《穀梁》、《礼记》三书之
注为著云。①

　　　　至此,先生虽然年仅 26 岁,但是已经出版了《诸子概论》等专
著,公开在各地报刊发表了近三十篇论文,可以说,先生已经在学术
界初步建立了自己的声誉。

5 月,先生发表《与陈柱尊教授论公羊学书》②,与陈柱讨论"公羊学"即
《春秋公羊传》的相关学术问题。根据先生在是文的格式、语气,以及
文末"二十四年五月十五日"(1935 年 5 月 15 日)的落款,可以判断是
文为先生上年与陈柱的通函,由于主要讨论了春秋公羊传的相关学术
问题,故陈柱先生在主编《学术世界》发表时,根据信函内容加上了这
一标题。

6 月 14 日,章太炎先生去世。学会照常运行。由章门大弟子负责教学,
章夫人汤国梨先生(1883—1980,字素莹,号影观,浙江乌镇人)总负
责。先生从章太炎先生请教学问之计划,受到了很大的影响。

---

　　① 《世界学者介绍·李源澄》,《学术世界》第 1 卷第 10 期,1936 年 4 月,第 156 页。又见
林庆彰先生辑:《民国时期报刊有关李源澄报道》,载《李源澄著作集》第 4 册,第 1775 页。
　　② 李源澄:《与陈柱尊教授论公羊学书》,《学术世界》第 1 卷 11 期,1936 年 5 月,第 101—
102 页。

李源澄先生年谱长编
（1909—1958）

中年篇（1936—1949）

公元 1936 年（民国二十五年，丙子）　二十七岁

7 月 1 日，先生纪念太炎先生的长文《章太炎先生学术述要》，应邀撰写并
　　发表于南京《中心评论》月刊第 70 期，先生在文首述是文撰述渊
　　源说：

　　　章太炎先生之名，既为学人共知，其著作亦早风行于全国，本无用介
绍。惟先生学问广博，人格伟大，其治学之脉络，极其复杂，或非人人所能
窥见。以澄尝读其书而问业其人，谨愿以管窥蠡测之见，供之读者，或于
认识先生，不无涓埃之助欤。[①]

　　《中心评论》月刊《编辑后记》说："李源澄先生是章太炎先生晚年的
得意门生，这一此章先生逝世，本刊特请李先生代撰《章太炎先生学
术述要》一文，以资纪念"[②]，可见，先生是文以"章太炎先生晚年的得
意门生"的身份，回忆亲受其教育之经历与感受，总结了太炎先生的
学术贡献，在当时纪念、总结章太炎先生道德文章的众多文字中，有
其独特的价值与地位。

本月初，先生应江苏无锡国学专修学校校长唐文治之请，就聘执教该校。
　　太炎先生 6 月 14 日去世后，先生求学一时没有了方向，见唐文治先
　　生之邀，遂欣然就聘，任教于该校，讲授诸子之学，从此开始了教学
　　生涯。

　　　唐文治载《茹经先生自订年谱正续篇》之"民国二十五年：

---

①　李源澄：《章太炎先生学术述要》，《中心评论》第 17 期，1936 年 7 月，第 20—23 页。

②　《编辑后记》，载《中心评论》第 17 期，1936 年 7 月。

七月初旬开学,新旧生到者二百三十五名。教师广东杨君铁夫辞职,湖南陈君天倪复来任教,并添聘四川李君後清、安徽魏生建猷为教师。①

所谓"四川李君後清"即先生。先生之字"俊清"之"俊",误成"後",究其原因,可能有二:其一,可能是印刷时的误排,因"俊"、"後"二字字形相近,故形近致误;其二,亦有可能是撰写年谱时,偶尔笔误。

当时无锡国学专修学校之《国专月刊》,及时发布了"新聘教师"之消息:

　　本学期新聘教师有陈天倪先生、李浚清先生、魏守谟先生……魏先生本校第七届毕业,曾在燕京大学图书馆服务,后东渡,毕业于日本东亚大学研究所,于史学有深湛之造就,本学期来校教授史学概论、通史课外,并设日文补习班。②

可见,先生与宿儒陈天倪先生③、留日归来的魏建猷先生④大约同时受聘,开始执学于无锡国学专修学校。

曾在国专"肄业三年"的学生后来回忆说:

　　唐老先生为办好"国专",请名师授课。当时,各种学派之间,谨守门户,互相排斥,不能兼容。老先生无门户之见,不论是何学派,只要在学术上有卓著论述者,皆欲礼聘罗致,广揽人才。⑤

由此可见,唐文治先生办学之襟怀宽容,与太炎先生相类,颇值称颂。

先生在国专,与同事魏建猷先生、钱仲联先生(1908—2003,原名萼孙,号梦苕)等相善。钱仲联先生1924年考入国专,始师从唐文治等研习经史诸子及《说文》等学,1926年以第一名毕业。

当时国专学生张尊五先生,后来在《三十年代的无锡国专》一文

---

　　①　唐文治著、唐庆诒补:《茹经先生自订年谱正续篇》,载沈云龙主编《近代中国史料丛刊》第3编第9辑,台北:文海出版有限公司,1986年版,第120页。

　　②　无锡国学专修学校学生自治会出版股出版委员会:《国专月刊》第4卷第1期,《校闻》,1936年。转引自周育民《风雨八十载——魏建猷先生传略》(《历史教学问题》2004年第4期,第28—32页)一文。

　　③　陈天倪(1879—1968),原名星垣,又名鼎忠,字天倪,湖南益阳人。

　　④　魏建猷(1909—1988),字守谟,安徽巢县人。

　　⑤　叶劲秋:《唐文治老先生的办学精神》,载江苏省无锡县政协文史资料研究委员会:《无锡县文史资料》第8辑,《人物专辑》(一),1987年版,第32页。

回忆道：

　　一九三四年以后，又有常州顾实（惕生）讲中国文学史、文学批评史等课，虞山钱萼荪仲联讲中国韵文选，四川李源澄讲诸子，巢县魏建猷讲中国通史。在此时期，各地来校聘请毕业同学任教师者目多。①

9 月 19 日，章门大弟子鲁迅（1881—1936）去世。

12 月，先生论文《理学略论》在《国风》月刊第 8 卷第 12 期发表，谈到了自己对于理学的几点认识，如"理学家对于学术界域不明，往往妨碍其他学术之发展。因之本身亦多诟病，又理学家无历史之陶养，而昧于史之观察，往往自陷"，云云。

公元 1937 年（民国二十六年，丁丑）　二十八岁

1 月 1 日，先生在无锡创办学术刊物《论学》月刊，自己担任主编。

　　《论学》创刊号的版权页的编者即是先生，通信处是"江苏无锡国专李源澄收"，系先生以个人在无锡国学专修学校薪资所入而办。第 1 期共 54 页，有《发刊辞》（第 1—4 页）和论文 5 篇，先生除撰《发刊辞》外，还撰写了《周秦儒学史论》（第 26—34 页）、《新儒学派发微》（第 35—48 页）二文。余三篇为伍非百先生论文《大小取章句》（第 5—17 页）等 2 篇，以及章氏弟子、师弟陈兆年先生（即上年南京《国风》杂志记者厉鼎煃报导太炎先生认为"根柢深厚"、"准予免习"的弟子）所撰《形声释例》（第 18—25 页）一文。该刊出版日期处注明"每月一日出版，全年十二期"，即为月刊。

　　先生亲撰的《发刊辞》，说明了自己创办此刊的宗旨是，针对当时学术界的四个世俗之说及其弊端，大力革除之，另树新风，即"乐于所学，而不用其私智；择善而从，而无事于门户之争；真积力久，而不期于必成，无所往而不用其忠信，斯三者所以立其本也"。因此，先生大力呼吁"戒此四弊，立此三本"，并身体力行创办此刊，"与同道之士，互相勉励，以文会友"。

2 月 1 日，《论学》月刊第 2 期出版。该期刊载论文 5 篇。除了第 1 期的作者外，是期新增先生友人唐君毅先生论文《从中国艺术以探中国文化》（第 28—36 页）、魏守谟（即魏建猷）先生的论文《朱舜水思想

　　① 张尊五：《三十年代的无锡国专》，载江苏省政协文史资料研究委员会主编：《江苏文史资料选辑》第 19 辑，江苏古籍出版社，1987 年版，第 156—163 页。引文见 158 页。

概述》(第 37—51 页)。先生在是期发表了论文《儒家德名释义》
(第 51—58 页),先生在篇首道:

> 凡一学派之变易,其名词必因之而变,吾国民性,喜则古昔、称先王,
> 故多仍以旧名,而鲜作于新名。不惟一家之学说,其用名恒同;即异家亦
> 无大殊异,惟其如此,往往名为旧有,义则新创。或专揭一名以为学纲,而
> 此名含义之广狭,与异人异书所用不同。故欲释儒家所常用之诸德名目,
> 固当从学说之衍变言之,否则局于一端,无贯通之效用也。①

因此,先生在是文中,对"道德"、仁义"的涵义进行了说明解释。

3 月 1 日,先生主编的《论学》月刊第 3 期在无锡出版。该期刊载论文五
篇。其中有先生《南宋政论家叶水心先生》一文(第 36—58 页),论
述了南宋时期著名思想家、文学家、政论家叶适的抗金、理财等政
论、财经与民族思想。此外,该期还刊有伍非百先生、蒙文通、邵瑞
彭、陈兆年等先生的论文。

之后,先生在无锡,将主编的《论学》杂志第 1、2、3 期寄赠北平
清华大学的教授吴宓先生,吴宓收到阅读后于 4 月 6 日复函先生,表
示谢意(《吴宓日记》第 6 册,第 102 页)。

4 月 1 日,《论学》第 4 期"特大号"出版,是期 118 页,发表了 11 篇论文,
总页码、发表论文篇数都相当于平常每期的两倍,是谓"特大号"。
是期第一篇即为四川籍学者张森楷②遗著《通史人表例言》(第 1—
11 页)。此外还有汤炳正先生《杨子云年谱》(第 76—91 页)、吕洪
年《宋育仁先生事略》(第 92—96 页)等文。

在这一期,先生友人巨赞法师③以笔名"万均"发表了《评熊十力
所著书》一文的前二节,对国立北京大学名教授熊十力所著《新唯识
论》提出批评(第 44—60 页)。

巨赞法师在四十四年后回忆这一往事时说:

> 我想起了四十多年前我与李源澄的一次谈话。我对李源澄说,熊十
> 力虽然写了不少有关佛教的著作,但他所看过的佛教书籍并不多。李源
> 澄也说,熊十力既然侈谈中国哲学,而所看过的中国哲学著作也不多。现
> 在看来,并非吹毛求疵。又他以阿含等唯被小讥,则又未能摆脱判教的旧

---

① 李源澄:《儒家德名释义》,《论学》第 2 期,1937 年 2 月,第 51 页。
② 张森楷(1858—1928),字元翰,号式卿,晚年号端叟,四川合川(今属重庆市合川区)人。
③ 巨赞(1908—1984),俗名潘楚桐,字琴朴,江苏江阴县人。

框框,而落入历来的俗套了。①

　　先生在该期发表了研究老子等的四篇论文。其中,《〈大小取章句〉书后》(第25—26页),系阐述自己对伍非百先生研究《墨子》的《大取》、《小取》篇论文《大小取章句》的学术意见②。此外,先生在该期还简要介绍了"东方学术研究社"新近在四川成都成立,并发表了该社的《简章》。

18日,胡适《读经平议》一文发表于天津《大公报》,25日又载于《独立评论》第231号。时湖南省主席何键等人在国民党三中全会上提出议案,倡议明令全国读经。作为自由主义者的胡适,虽然提倡"整理国故",但是不赞成明令全国读经。先生归纳胡适《读经平议》一文,有四个观点:"一为征引傅斯年反对读经之文,二为重述二年前对于读经之态度,三为胡氏现在对于读经之态度,四为奉劝提倡读经之文武诸公读经。"③

5月1日,《论学》第5期出版,是期68页,发表了7篇论文。上有蒙文通先生撰写的《与李源澄论北宋变法与南宋和战书》一文④,以及先生撰写的《亭林学术论》(第5—19页)、《读经杂感并评胡适〈读经平议〉》(第62—67页)等论文。同期,还刊登了欧阳竟无先生《大般若波罗密多经第十六分序》(第1—4页)、张森楷遗文《二十四史校勘记叙例》(第19—25页)等。

　　先生针对胡适观点所撰《读经杂感并评胡适〈读经平议〉》一文,既赞成胡适《读经平议》一文的第四个观点:"奉劝提倡读经之文武诸公读经","而且不惟极端赞成,犹以胡氏限于篇幅,未能多举例为恨",还谈到了自己与胡氏观点的不同之处。

6月16日,先生偕师弟陈兆年先生,专访吴宓先生于清华大学。时先生下榻于"北平西单兴隆街二十一号张宅"(《吴宓日记》第6册,第148页)。吴宓在日记中如是记录这次"甚欢恰"的初次见面:"李君

　　① 巨赞:《评熊十力所著书》,原文第一、二节发表于《论学》杂志,全文连载于北京《法音》杂志1981年第1、2、4期和1982年第2期。见熊十力著、萧萐父主编、郭齐勇副主编:《熊十力全集·附卷上》,湖北教育出版社,2001年版,第338—339页。

　　② 伍非百:《大小取章句》上篇,《论学》第1期(1937年1月),第5—17页;《大小取章句》下篇,《论学》第3期(1937年3月),第1—14页。

　　③ 李源澄:《读经杂感并评胡适〈读经平议〉》,《论学》第5期,1937年5月,第62页。

　　④ 《论学》第5期于1937年5月在江苏无锡印行,该文后经文通先生哲嗣蒙默先生整理,收入《蒙文通文集》第5卷《古史甄微》(第399—401页)。

（即先生）体胖，年少，精强。编辑《论学》月刊，甚为热心。谈甚欢恰，并导观校舍。在此晚饭。并送登7:00汽车，入城去。（李、陈二君现年二十八九岁。）"《吴宓日记》第6册，第148页）。先生在吴宓眼中留下了年富力强、热心办刊的印象，这是吴宓日记中对先生的首次记载，也或许是至1958年先生去世二位先生二十年友情之始。

19日，吴宓先生专程进城，于王府井大街承华园饭庄，宴请先生以及"陈兆年、王荫南、汤用彤、贺麟。陈兆年未到，夜8时多席散"（《吴宓日记》第6册，第150页）。王荫南先生（1905—1944，名汝案）是流亡北平的爱国诗人，汤用彤先生时为北京大学哲学系教授兼主任，贺麟先生（1902—1992，字自昭）系吴宓先生的学生，时为北大哲学系教授。

21日下午，先生专程拜访吴宓先生于清华大学，吴宓先生陪同先生前往拜谒老辈学者、北大及燕京大学教授张孟劬先生（原名采田，后改尔田，1874—1945）："宓偕李君步行至王家花园，谒张孟劬先生（尔田），畅聆教诲。5:00，李君别去。"（《吴宓日记》第6册，第152页）。张尔田先生对于先生的学问，颇为称赞，曾说：先生之学，"如开封铁塔，不假辅翼，直上干霄"[①]。

30日，先生于下午6时在中央花园春明馆，与陈兆年先生等候专程进城的吴宓先生，三人畅谈甚欢，之后晚餐。（《吴宓日记》第6册，第159页）。

7月初，先生将内院同学、友人、现代著名佛教学者王恩洋先生所著的《人生哲学》一套四册寄赠吴宓先生。12日，吴宓先生收到，颇羡慕，又自伤："一部四册，煌煌名著。宓之废事耗神，殊可恨可伤也。"（《吴宓日记》第6册，第167页）。

　　本月，先生主编《论学》杂志第8期出版。先生《汉学、宋学之异同》等论文载是期。

　　本月之后，因抗战军兴，先生在无锡的教学与主编等活动被迫中止，《论学》杂志被迫停办，共出版发行了8期。

　　《论学》的出版，得到先生求学时缔交的师兄弟的支持，这些师兄弟分为两类：一是在四川的四川国学专门学校的同学，如曾一起就读于该校的师兄吕洪年，寄来了《宋教仁先生事略》等文章，先生安排在《论学》第4期发表等；二是在苏州求学于章氏国学讲习会的同

---

① 《赖高翔文史杂论》下册，第356页。

学,如陈兆年、沈延国、汤炳正、姚奠中等众多章氏弟子的支持,这些章氏弟子的文章,皆载其刊。《论学》出版的 8 期,蒙文通、欧阳渐、邵瑞彭、张森楷、伍非百、唐君毅等先生亦有鸿文在该刊刊布。因此,可以说,在当时条件下,该刊对于学术发展起到了一定的推动作用。

先生掌《论学》时还尽力收集先贤遗著,如张森楷遗文《通史人表例言》、《二十四史校勘记叙例》（第 19—25 页）,系张森楷民国初年完成的论文,去世后作为遗稿存于家,张森楷遗文发表时,先生注明是"友人徐迦理兄钞寄"（第 1 期,第 12 页;第 5 期,第 25 页）,因此,该刊积极推动了学术成果的整理。此外,《论学》介绍谢慧霖居士在成都所创办的"东方学术研究社"的文章,起到了交流社团信息、促进学术研究的作用。

《论学》杂志停办后,先生辗转返回四川省,在川南宜宾县的叙州联合县立中学执教[①],在高中班"讲授国文",直到次年（1938）4 月下旬仍在该校执教。前后应半年或者稍长,为时较短。

11 月,日军侵占无锡前夕,唐文治先生率领无锡国专全校师生内迁,后辗转到达广西桂林。

12 月,先生与友人在成都创办的《重光月刊》（Chung-kuang Monthly Journal）出版创刊号（第 1 期）。这一刊物,系先生为了对民众积极宣教抗战救亡意识,与友人韩文畦[②]、成都华西协和大学讲师唐君毅、周辅成[③]诸先生齐心创办。先生、唐君毅先生、周辅成先生亲自任编辑。《重光月刊》的创刊号及多期的卷首,均在"启事之一"清楚地说明了是刊的创办宗旨:

> 本社同人一晌〔案:向〕从事于各种专门事业学问,兴趣并不尽相同,然当此严重困难之期,均有共同之信念,即中国民族当前所遭之厄运,乃数十年来政治文化腐败之必然结果。今日严重之困难,一方正有决疣溃痈之作用,同时深信中国民族本其过去历史文化之光荣与古圣哲之垂训,

---

① 叙州联合县立中学由尚志学堂于 1912 年更名而成,系由叙州所属（简称"叙属"）的宜宾、南溪、长宁、兴文、高县、庆符、珙县、筠连、屏山、富顺、隆昌等十一个县及雷波、马边两厅联合主办,生源来自这十三个县（厅）,校长由官府聘任,经费由各县财政分担。简称"叙属联中",1939 年改为四川省立宜宾中学。现为国家级重点高中宜宾市一中。

② 韩文畦（1895—1983）,字孟钧,1924 年任省二女师国文教习。

③ 周辅成（1911—2009）,四川省江津县（今属重庆市江津区）人。

必能昭示来者以复兴民族之途经,同人深愿本主〔案:诸〕忠信之意,各贡献其对于民族复兴之意见,以供社会人士之参证,又以同人深信挽救今日国家于垂危,虽以直截〔案:接〕之抗敌御侮工作为先,然学术之研究,乃所以奠定中国未来文化之基础,故于中国学术之整理及西方学术之介绍,同人皆愿竭其绵薄。

可见,"重光"实际上就是"复兴民族",恢复"中国民族本其过去历史文化之光荣",在抗战建国的时代背景下,对于文化人而言能够做得发展就是进行中国学术之整理及西方学术之介绍"。以此"学术之研究,乃所以奠定中国未来文化之基础",这实际上就是提倡学术救国。

《重光月刊》的出版,还得到了前辈学者等多方面人士的支持,如前辈学者龚道耕先生(1876—1941)《〈字林〉补本存疑》等论文。先生在第1期发表了时论文章、学术论文各一篇,即《全面抗战之根本问题》(第8—10页)、《淮南子发微〈上〉》(第33—39页)。

先生在《重光月刊》创刊号发表的时论文章《全面抗战之根本问题》,是先生一生所撰写的第一篇此类文字。是文从儒家学说论证"以民族言之,则所重在其精神,在其文化,故不能独立,不能自由之民族,虽存若亡,人数之多寡无与焉",号召"全国同胞,务须认识民族文化之光荣不可斩于今日,发扬广大,在于吾辈"[①],呼吁全体国人精诚团结,发挥民族精神。是文的发表,以及此后先生《所望于全国同胞者》、《如何应付国难》、《称心而谈》等时论文章的发表,所表现先生的爱国之情,令人感动,广为世知;而先生作为一个两耳不闻天下事的纯学者的形象,更增加了热爱民族文化、捍卫独立自由的新内涵。

院长欧阳渐先生于本月率支那内学院内迁四川江津(今重庆市江津区),次年春支那内学院蜀院建成,继续讲演佛学,培育人才。本年,先生一年中主办《论学》、《重光月刊》两种杂志,发表论文、时论文章共计21篇(参见附录一《李源澄著述目录》),是先生一生中发表文章最多的一年,此后直到1949年底,除了1939年没有文章发表之外,先生几乎每年都有数篇文章发表,如3篇(1945、1949年)、6篇(1944年)、7篇(1940、1941、1942年)、8篇(1946年)、9篇(1947、

---

① 李源澄:《全面抗战之根本问题》,《重光月刊》第1期,1937年12月,第8—10页。

1948 年)、10 篇(1943 年),平均每年有 7 篇半文章发表,是先生一生学术生涯的黄金时代。

公元 1938 年(民国二十七年,戊寅)　二十九岁

1 月,先生发表《淮南子发微〈上〉》,连同去年 12 月《淮南子发微〈下〉》,合为一篇研究《淮南子》思想的完整专题论文,先生指出,研究《淮南子》的大家甚多,如清儒庄逵吉、时人刘文典等,"或校勘,或训释,并为有功","皆所以为读《淮南》之助,而对《淮南》之义无所阐明,其在吾华学术关系何若,亦未之究",因此,先生撰写此文,阐述《淮南子》一书的思想及其影响[1]。

本月,先生发表《所望于全国同胞者》一文(《重光月刊》第 2 期,第 4—5 页),呼吁"集中全民之力以完成抗战,集中全民之力,当自克己而恕人始",大家冰释前嫌,一致对外,激励全体民众坚定抗日意志。值得注意的是,先生在是文中提到:"以共产党之《抗日十大纲领》而论,谓之为中国民族之抗日纲领,亦无不可"[2],赞许中国共产党在强敌当前下建立抗日民族统一战线的主张。

2 月 3 日,吴虞在日记中记道:"李源澄有文一篇,痛骂向宗鲁、李炳英等,云文责自负,亦快人也。"[3]盖先生追求真理,在真知上即使同门师兄弟李炳英先生等亦不相让。

15 日,先生论文《张横渠学术论》、时论文章《如何应付国难》在《重光月刊》第 3 期发表。《张横渠学术论》一文包括《张横渠治学之态度》、《论理学诸儒对横渠之批评》、《论横渠之立本修持见道三阶段》、《论横渠学术中之主要问题》等四个部分,全面研究了北宋学者张横渠(1020—1077,名载,字子厚,人称横渠先生)的学术思想。《如何应付国难》则仍是呼吁全体国人团结一致抗日,争取"我以不健全之国家在抗战中求健全,敌以健全之国家在侵略中求残破"。

3 月,唐君毅先生在《重光月刊》第 3 期发表《宣传民众者应有之认识——再论抗战之意义》一文,指出:"关于抗战意义我于本刊第一

---

[1]　李源澄:《淮南子发微〈下〉》,《重光月刊》第 1 期,1937 年 12 月,第 33—39 页;《淮南子发微〈上〉》,《重光月刊》第 2 期,1938 年 1 月,第 34—36 页。

[2]　李源澄:《所望于全国同胞者》,《重光月刊》第 2 期,1938 年 1 月,第 5 页。

[3]　中国革命博物馆整理,荣孟源审校:《吴虞日记》下册,系《近代历史资料专刊》,四川人民出版社,1986 年版,第 762 页。

期曾举十点,乃纯自中国本身说,与此文全异,然相补足。又,本刊上
期李源澄兄《所望于全国同胞者》一文与此文相发之处,并可参看"①。

4月15日,先生论文《陆学质疑》、时论文章《称心而谈》在《重光月刊》第
4、5期合刊发表。《陆学质疑》系研究宋代理学家陆九渊的学术思
想,《称心而谈》则呼吁在进行"国难教育"中,不应"忽视高深学理
之研究,与民族固有文化之培养"。

22日,先生在川南宜宾的叙属联中,完成了《老子政治哲学》一文的撰
写,6月发表于《重光月刊》第6期。先生自述撰写此文的原因:

> 余来宜宾叙属联中讲授国文,高中五班所用教材,为商务印书馆复兴
> 版教科书《国文》第六册,近讲高一涵所作《老子的政治哲学》,高氏所论,
> 多与鄙见相左,随时补充,以为参考,遂用纠缠不清,无有头绪,听者于原书
> 多未寓目,自难怡然理顺。求知心切,愈觉其苦,余察其情,思有以解之,乃
> 述斯篇以慰好学者之望。嗟夫,自印刷术发达以来,著书亦太容易,学至乎
> 手没而止。凡有所作,未必便为定论,作者固不可苟,选者尤宜矜慎焉。

　　此文之撰写,与先生在《重光月刊》第6期同期发表的《高中国
文刍议》类似,系先生在中学国文教学中,根据自己对于"诸子"中老
子政治思想的理解,有所得而成,正所谓"教学相得"。吴宓先生对
于先生评价治学说:"窃念澄之为学,夙为宓所钦佩。惟有才而不能
下人,喜独树一帜。"(《吴宓日记续编》第3册,第282—283页)。此
文之撰写,如同前述他与钱穆先生商榷《老子》非晚出书一样,就是
"有才而不能下人,喜独树一帜"之例证。

　　先生辞去在宜宾叙属联中工作后,北上成都,任教于私立蜀华
中学及四川大学,与赖高翔先生等相识。赖高翔先生说,先生执教
蜀华中学的时间在"七七事变"以后:

> "七七事变"以后,李源澄来教蜀华,与吾深相契合。君毅已不在蜀
> 华任教。吾时居文庙西街。源澄时偕君毅来寓中共谈,吾亦数往君毅之
> 家。然皆与源澄同往。亦以源澄之故,得识周辅成于此时。②

　　赖高翔《李源澄传》回忆与先生的缔交及相知:

　　① 又可参见唐君毅著:《中华人文与当今世界补编》第2册,广西师范大学出版社,2005年
版,第566—570页。
　　② 赖高翔:《忆唐君毅教授》,载《赖高翔文史杂论》下册,第390页。

予之始识君，在蜀华中学。君在成都，与予及宜宾唐君毅为笃，次则周辅成。及唐君往教南京中央大学，周君亦他有所就，君独与余相过从。每发一义，相视而笑，莫逆于心。予为论学之文，自识三君始。亦惟君得遍观所作，虽间有切磋，几于篇篇见赏。故予之治学，君知之最深。①

在当时，大学教师兼职中学，甚为常见，朱自清等无不如此。究其原因，经济收入是重要因素之一。程千帆先生说："那时人的观念中，大学和中学的在社会地位上没有什么区别，而且以收入而言，中学还比较多。"②

6月15日，先生文章《高中国文刍议》、《老子政治哲学》在《重光月刊》第6期发表。《高中国文刍议》一文系先生对于自己执教高中感受、经营的总结之作，系先生一生唯一的一篇基础教育的研究文章。先生在是文中提出，当时中国抗日方殷，"国人无自信力量，无民族道德"之原因在于"国学之荒芜而已"，而要解决这一问题，"民族精神与国民道德，胥有待于教育，尤其重要者，为中级教育，以中学教育为中坚也。而中级教育课程中，于发扬民族精神，培养国民道德相关至切者，舍国文国史其谁述哉？"可见，先生重点强调了中学国文、国史教育的极端重要性。

先生与友人唐君毅等先生苦心经营的《重光月刊》，在出版第六期后被迫停刊。《重光月刊》出版的六期中，发表时论文章、学术论文共83篇。其中，先生一人在每期都发表1—2篇文章，共发表时论、论文10篇，系在刊物发表文章最多的一位作者。创办人韩文畦先生只发表了2篇文章。

蒙文通、唐君毅、龚道耕等先生为《重光月刊》撰写了多篇论文。如4月，国立四川大学教授蒙文通先生的《周代学术发展之三时段》、《尚书之传与体例》二文，发表于《重光月刊》第4、5期合刊；6月，蒙文通先生的《墨子之流变及其原始》一文，发表于《重光月刊》第6期；唐君毅先生也在《重光》杂志连续发表《抗战之意义》（第1期）、《中国哲学中天人关系论之演变》等7篇论文（第1、2期）、《中国教育应有之改革》（第2期）、《论中西伦哲学问题之不同》（第3期，第4、5期合刊），系在该刊物发表文章数量第二多的作者；此外，

---

① 《赖高翔文史杂论》下册，第357页。

② 程千帆口述，张伯伟整理：《劳生志略》，载《程千帆全集》第15卷《桑榆忆往》，河北教育出版社，2000年版，第25页。

周辅成 6 篇,罗运贤 5 篇,龚道耕 4 篇,蒙文通、姜蕴刚、马浮、熊东明各 3 篇,熊十力、叶秉诚各 2 篇。还有龚道耕先生的《郑君年谱》等论著(连载于第 3 期,第 4、5 期合刊,第 6 期)。此外,章太炎、欧阳渐、王恩洋、邓少琴等均亦在该刊发表论文。

与《论学》一样,《重光月刊》也非常注重对去世学者遗著的整理、发表。为了纪念先师章太炎先生,先生在第 6 期发表了太炎先生遗文《蜀语》。根据贡献者四川大学中文系教师李絜言:

> 章先生《蜀语》,推本一隅,视化万方。……今国难日棘,教育□响,行与时推,会熊君东明、李君源澄等,创办《重光》杂志,旁征遗著,遂赍以遗之。①

对于叶秉诚先生二篇遗文的征集,也是如此②。

叶秉诚先生遗文《复宋芸子论国学学校书》系他与四川国学院院长宋育仁先生③讨论国学的私人通函。1916 年,廖季平先生担任四川国学院院长时,邀宋育仁主讲,宋育仁次年续任国学院院长,1930 年国学院并入四川大学。在叶秉诚遗文《复宋芸子论国学学校书》卷首,先生有数百字的说明,兹节录如下:

> 源澄与叶先生生前无一面之缘,近由蒙文通师征得其遗文,将依次发表与本刊。
>
> 本篇是一封书札,叶先生讲学大旨,可以由此窥见。此书想当是宋先生长国学院时所为,固未采纳,或由人才缺乏之故,不能不为国学界惜。然法亦待人而举,以现在大学文史两系观之,又不能过存失望。此乃十余年前之文,或不免有失时效之处,望阅者耐心读之。叶先生讲学之态度,则反对抱残守缺之国学,而提倡科学化之国学。叶先生讲学之精神,则提倡有体有用之学问,而反对以学问为装饰品。……
>
> 叶先生所提倡科学化之国学,乃是以治学之精神治理国学,以兴学有关之科学辅助国学,并非如现在一般所标榜之以科学方法整理国学。叶

---

① 李絜:《章太炎〈蜀语〉》,载《重光月刊》第 6 期,1938 年 6 月 15 日,第 35—36 页。李絜先生之案语见第 35 页。李絜号雅南,四川酉阳人,出赵香宋门下,工古文、诗词,擅书法。早年为四川省立国学专门学校教员,该校 1928 年秋并入四川大学,在川大执教三十余年。可参阅谢桃坊:《四川国学运动述略》一文,载《文史杂志》2009 年第 1 期,第 4—8 页。

② 叶秉诚遗著:《复宋芸子论国学学校书》,载《重光月刊》第 2 期,1938 年 1 月 15 日,第 47—49 页。

③ 宋育仁(1858—1931),字芸子,四川富顺县大岩乡(今自贡市沿滩区仙市镇)人。

先生所谓为学问而修学,与梁任公所谓为学问而学问之意,亦不尽同。……伏愿关心中国民族前途者留意及之。李源澄敬记。

先生这一说明,显然不赞成胡适先生的科学方法"整理国故"。同时,叶秉诚对于"国学"的意见,代表了当时四川学界尤其是传统儒学或者国学研究者的某种呼声,值得现今相关研究者思考。

《重光月刊》共出版了6期,前后刚好半年,其存在的意义与历史价值有二:

其一,《重光月刊》所发表的文章针砭时弊,对于积极宣传抗战救亡,激发民众意识方面,具有一定的作用。

《重光月刊》在创刊号及多期的卷首,均在"启事之一"清楚地说明了该刊的创办宗旨在于"中国学术之整理及西方学术之介绍":

本社同人一晌〔案:向〕从事于各种专门事业学问,兴趣并不尽相同,然当此严重困难之期,均有共同之信念,即中国民族当前所遭之厄运,乃数十年来政治文化腐败之必然结果。今日严重之困难,一方正有决疣溃痈之作用,同时深信中国民族本其过去历史文化之光荣与古圣哲之垂训,必能昭示来者以复兴民族之途经,同人深愿本诸忠信之意,各贡献其对于民族复习之意见,以供社会人士之参证,又以同人深信挽救今日国家于垂危,虽以直截之抗敌御侮工作为先,然学术之研究,乃所以奠定中国未来文化之基础,故于中国学术之整理及西方学术之介绍,同人皆愿竭其绵薄。

《重光月刊》所刊发的文章,除了先生《全面抗战之根本问题》、《所望于全国同胞者》、唐君毅先生《宣传民众者应有之认识——再论抗战之意义》等,还有多篇谈中外处理国难、佛教救亡抗战、改造政治的①,都富有宣传抗战救亡,激发民众意识的涵义。

其二,振奋民族精神,传承学术文化,相当于"学术救国"。

该刊发表了多位当时中国知名学者的研究成果,如唐君毅、周辅成、龚道耕、蒙文通等;号称为现代新儒家的早期代表人物"现代三圣"中的二位即马一浮、熊十力(另一位为梁漱溟),亦有多篇论文

---

① 如韩文畦《救时弊论》(载《重光月刊》,第2期,第1—3页)、谢乐岑《抗战与日常生活》(第2期,第18—19页)、邓少琴《川政改造刍议》(第4、5期合刊,第1—3页)、周辅成《西洋史上之国难时吾人之教训》(第4、5期合刊,第9—15页)、释万均《佛教之救亡抗战论》(第4、5期合刊,第20—21页)、张定宇《如何抗日救国》(第4、5期合刊,第21—22页)、唐尧衢《欧洲战时之粮食统制》第6期,第18—22页)等文章。

见刊,对于推动学术研究、弘扬学术文化精神,具有重要意义;此外,《全面抗战之根本问题》、《中国教育应有之改革》、《抗战之意义》等时论,涉及抗战、基础教育、传承民族文化、提振文化信心等方面,吴宓先生有"盖此为抗战以来所出杂志之最佳者"之赞誉(《吴宓日记》第6册,第357页),

唐君毅先生在本年5月16日的一封信函中说(致廷光第一封书):

至于我对于国家民族,我想在文化与教育上贡献我的力量,关于这点说来话长,以后再说。在最近我能作的事,只是办重光月刊,办此刊贴钱贴精神不少,也算我对国家民族所尽的一些责任。

周辅成先生晚年所撰《二十世纪断想》一文回忆道:

年纪较长的师友,要自办一个刊物,名《重光》,是适应形势的,也约了我,但按"有钱出钱,有力出力"原则,蒙文通、熊东明等是出钱出力之类,我和唐君毅、李源澄等则属于仅仅出力,写文章之类。刊物也出了很多期,在国学界范围内,也不能说没有一点影响。①

8月19日,西南联合大学教授吴宓先生从云南蒙自致函国民政府教育部常务次长周炳琳(1892—1963,字枚荪,浙江省台州市黄岩县人),推荐友人缪钺先生为浙江大学教授。不几日后,浙江大学国文系主任"郭斌龢君又电聘钺为浙江大学教授焉"(《吴宓日记》第6册,第348页)。"学衡派"的后起之秀郭斌龢(1900—1987)与吴宓交往甚密,往来函极多,除了推荐多人往浙江大学为教员外,吴宓先生也有自己亦有"愿来浙大为教授"之语,即移席浙大的打算;而中文系主任郭斌龢亦有"时危可径到"浙大的承诺之语(《吴宓日记》第7册,第193页;第8册,第345页)。郭斌龢先生虽然"电聘钺为浙江大学教授",只是缪钺先生已经就聘四川省立江安中学教员(《吴宓日记》第6册,第34、360页)。缪钺先生方应郭斌龢先生之邀,10月方就聘到校,为浙江大学中文系副教授②。

本月(8月),彭举、蒙文通、韩文畦等先生到江津,赴内学院蜀院之

---

① 周辅成:《二十世纪断想》,载许明主编:《我与中国20世纪》,河南人民出版社,1994年版,第268页。

② 缪元朗:《缪钺先生生平编年(1904年—1978年)》,载四川大学历史文化学院编:《魏晋南北朝史论文集》,巴蜀书社,2006年版,第55页。

法会①。

9 月,先生致函在云南蒙自的吴宓,告以自己近况;27 日,吴宓收到来函,得知先生"现任成都锦江街蜀华中学教员;并悉《重光月刊》业已停办,仅出六期,殊可惜,盖此为抗战以来所出杂志之最佳者,中载马浮先生论学书,尤圆满精到。另存记。附唐君毅寓址(成都长顺上街一五五号)"(《吴宓日记》第 6 册,第 357 页)。马浮先生即浙大教授马一浮先生,次年夏为教育部所设"复性书院"之院长。

秋,王树椒先生(1919—1945,字慧生)考入"国立浙江大学"史地系,上年秋,刘操南先生(1917—1998,字肇熏,号冰弦),也考入该系。王树椒屡受历史学教授张荫麟先生(1905—1942,自号素痴)的赞许②,以后,王树椒的文学、史学才能,更受到了先生、缪钺先生的赞赏。

10 月,蒙文通、韩文畦、彭举等先生同赴江津支那内学院,拜谒师长欧阳渐先生。

本年,先生上半年执教于宜宾叙属联中,故执教成都私立蜀华中学及四川大学,应在下半年。

浙江大学于本年内迁至广西宜山。

公元 1939 年(民国二十八年,己卯) 三十岁

5 月 10 日,先生文章《评陈独秀的〈孔子与中国〉》发表③,系先生针对陈独秀 1937 年 10 月在《东方杂志》发表的《孔子与中国》一文的商榷④。先生在文首指出,对于传统文化应该持平和的心态:"人类的德术智慧不能不有所因袭,也随时在承继。所以对固有文化,应该平心静气去了解之,接受之,修正之,不应当深闭固拒的保守与盲目的反对,这是我们应有的态度。"全文在肯定"陈独秀先生是五四运动的健将,在文化上有相当的贡献",又指出"惜其安于所得,不免使人有圣质如初之感",先生观点与陈独秀有相同之处,而不赞同者则

---

① 彭铸君供稿:《彭芸生年谱》,载《崇庆文史资料选辑》第 5 辑,第 40 页。

② 徐规:《我所认识的刘学长》,见"昭涵星站"之"纪念现代文化名人刘操南教授特别网页"(http://www.sepu.net/liuwh/lcnjnw/JNW11.htm)。

③ 李源澄:《评陈独秀的〈孔子与中国〉》,《新西北月刊》第 1 卷第 4 期,1939 年 5 月 10 日,第 24—29 页。

④ 陈独秀:《孔子与中国》,载《东方杂志》第 34 卷第 18、19 号合刊,1937 年 10 月 1 日,第 9—15 页。

更多。是文为先生在本年度发表的唯一一篇文章。

9月，齐鲁大学内迁至成都，恢复因日本侵华而被迫流亡、内迁的"国学研究所"，聘请顾颉刚先生担任主任，主持该所。

10月1日，在友人傅韵笙陪同下，前往顾颉刚先生处拜访。此或为二位先生相识之始①。

11日，先生与章门同学、友人魏建猷先生一同前往顾颉刚先生齐鲁大学"国学研究所"在城内的办公点拜访。旋金静安先生来，顾颉刚遂邀诸人"到江湖吃饭"。所谓"江湖"乃餐馆名②。此处之"金静安"，即金毓黻先生（1887—1962，辽宁辽阳人，字静庵）。金毓黻先生《静晤室日记》1939年10月11日条末，对此有记述：

> 午前至华西坝，访顾颉刚、刘书铭（世传）二君，顾君新自昆明移此，任齐鲁大学国学研究所主任，刘君则齐鲁大学校长也。又访商锡永、李小缘二君于金陵大学文化研究所，参观其近年发掘之古物。午间顾君邀饭。③

所谓"华西坝"是当时成都内迁高校的云集之地，除了齐鲁大学外，金陵大学、金陵女子大学等亦在此办学，该地位于今成都市中心的天府广场、陕西街、四川省教育厅一带。

23日，先生特地前往拜访顾颉刚先生，因顾先生患眼病，"因僵卧一日"④。

28日，顾颉刚先生进城，午后"到何公巷访李源澄"⑤。

11月7日，星期日，先生与顾颉刚先生、魏建猷先生夫妇、周辅成先生等郊游，午餐后，"源澄导游二仙观后院。由新西门进城，归"，午餐由魏建猷先生夫妇做东⑥。

23日，顾颉刚先生进城，"到文庙前街建本小学，抄《王制》篇"，下午，先生与陈北海先生来访，不久，周守廉先生来访，先生遂邀请诸人到

---

① 在出版的《顾颉刚日记》中，这是首次出现关于先生的记载，而且有熟人陪同前往。见顾颉刚著，方清河、简美玉主编：《顾颉刚日记》第4卷，台北：联经出版事业股份有限公司，2007年版，第290页。

② 《顾颉刚日记》第4卷，第294页。

③ 金毓黻：《静晤室日记》第6册，辽沈书社，1993年版，第4382页。

④ 《顾颉刚日记》第4卷，第299页。

⑤ 《顾颉刚日记》第4卷，第301页。

⑥ 《顾颉刚日记》第4卷，第304页。

"静宁饭店"晚餐①。

本年，蒙文通先生任教于东北大学历史系，时该校内迁至四川省三台县。

冬，"中央民族文化书院"在云南大理宣告成立。书院系张君劢先生、国民政府委员会侍从室第二处主任陈布雷（1890 — 1948）等人创办，设于云南大理（今大理市洱海西岸才村城邑中学所在地），张君劢任院长，陈布雷任董事长。董事有张群、朱家骅、周煌甫、卢作孚、张公权、周钟岳、张道藩等。上年初，张君劢先生在武汉出席国防参议会时，蒋介石曾让人询问他拟办理何种事业，张告以志在力学；不久，武汉失守，张君劢随国民政府迁到重庆，开始筹办书院，至此，书院得以成立②。

张君劢创办了"民族文化书院"，他在所撰《民族文化书院缘起》中，就书院成立的理由、宗旨、德性四纲、治学方法和研究工作作了介绍和说明。他以北宋哲学家张载所说"为天地立心，为生民立命，为往圣继绝学，为万世开太平"说明书院的宗旨。这与他此前在广州创办"学海书院"一样，重在实践宋明讲学传统，弘扬中国传统文化，重振传统书院制度下的人格与生活教育，以培养现代新儒家的接班人。该书院与"勉仁书院"、"复性书院"齐名，成为抗战时期的三大书院之一，堪称现代新儒学发展历程中的大事件③。

浙江大学本年再内迁至贵州遵义，继续办学，先生就聘为浙江大学史地系教授，因而前往内迁遵义的浙江大学执教。不知在年内何时，先生曾返回成都。

先生见"民族文化书院"为兼具传统书院与现代大学研究院之长，而且，该院的开办理由、宗旨等主张，也与先生的一贯主张，有不少相近之处，遂就聘为"中央民族文化书院"教授，暂时仍在遵义浙江大学。

公元 1940 年（民国二十九年，庚辰）　三十一岁

1 月 21 日，星期天，先生于茶社饮茶时遇见了顾颉刚先生与夫人殷履安（1900—1943）。时顾先生夫妇入城看完电影《武则天》后，于茶社饮茶，二位先生不期而遇④。

---

① 《顾颉刚日记》第 4 卷，第 310 页。
② 郑大华：《张君劢传》，中华书局，1997 年版，第 329 页。
③ 郑大华：《张君劢传》，第 333—334 页。
④ 《顾颉刚日记》第 4 卷，第 335 页。

2月2日,先生前往齐鲁大学国学研究所,访顾颉刚先生并"赠书两种"①。

14日,顾颉刚先生进城,到先生所在的文庙前街建本小学,访先生。先生遂邀请主任到人民公园"静宁饭店"午餐,同席者还有魏建猷先生夫妇及其公子保武、金鹏先生(1909—1991,字北溟,满族)、吕洪年先生、周辅成先生、陈学源先生、李荫庭先生等②。

16日,魏建猷先生邀请顾颉刚先生、先生,以及"光华教员四人"在成都知名餐馆"哥哥传"午餐等③。

本月,在顾颉刚先生的大力推动下,齐鲁大学国学研究所创办了《责善半月刊》,并出版了第1卷1期。

3月,《史学季刊》创刊号即第1卷第1期在成都编辑并出版。该刊由内迁西南各省的齐鲁大学等十多所高等学校的历史文化学者,如钱穆、顾颉刚、蒙文通、李思纯、陶元珍、陶元甘、彭举等,以及吕思勉、徐中舒④、周予同、朱谦之⑤、闻宥⑥、雷海宗⑦、蒋天枢、吴其昌、郦承铨⑧、蒙思明⑨、吴晗⑩、谭其骧⑪、吴天墀⑫等七十四位先生发起创办,并以此作为筹办成立"中国史学会"的先声。

　　顾颉刚先生为《史学季刊》之实际主持人,推动出版该刊出版,并为该刊撰写了《发刊词》,先生为"发起人"之一(《史学季刊》第1期杂志封面误印为"李元澄"),该刊通讯处为"齐鲁大学国学研究所顾颉刚",编辑为蒙文通、周谦冲⑬二先生,在该刊发表论文的均为各方面研究有素的专家。次年3月停刊,共出版两期。

---

①　《顾颉刚日记》第4卷,第340页。

②　《顾颉刚日记》第4卷,第344页。

③　《顾颉刚日记》第4卷,第345页。

④　徐中舒(1898—1991),初名道威,字中舒,后以字行,安徽怀宁县人。

⑤　朱谦之(1899—1972),字情牵,福建省福州市人。

⑥　闻宥(1901—1985),字在宥,号野鹤,江苏娄县(今属上海市松江县)泗泾镇人。

⑦　雷海宗(1902—1962),字伯伦,河北省永清县人。

⑧　郦承铨(1904—1967),字衡叔、衡三、号愿堂、别署无愿居士,江苏南京人,王伯沆先生门人。

⑨　蒙思明(1908—1974),原名尔麟,又名弘毅,四川盐亭金鼎场人,蒙文通胞弟。

⑩　吴晗(1909—1969),字辰伯,浙江省义乌市上溪镇吴店苦竹塘村人。

⑪　谭其骧(1911—1992),字季龙,浙江嘉善人。

⑫　吴天墀(1913—2004),四川万县(今属重庆)人。

⑬　周谦冲(1903—　　),号天冲,湖北黄陂人,巴黎大学文学博士,时任四川大学史学系主任、教授。

4月，先生论文《中国文学批评史上明道与言志的问题》在《新西北月刊》第2卷第3、4期合刊发表。是文为先生一生唯一的一篇文学批评史论文。

本月初，先生在遵义，致函在昆明的吴宓先生，告以近况。8日，吴宓复函（《吴宓日记》第7册，第152页）。

5月1日，先生发表《与陈独秀论〈孔子与中国〉》（《国是公论》第35期，第6—13页），指出："陈独秀先生是新文化运动的先进，对于旧来腐朽的东西，自然不无摧陷廓清之功，但是从流弊方面说，恐怕是功不补过！因为陈独秀先生对于中国学术的修养不能说是很健全，而情之所至，一味抹杀，使人不能不有因噎废食的感慨。"是文不同意陈独秀先生对于儒家创始人孔子的看法，并在学理上予以了驳斥。这是先生继上年发表文章与陈独秀商榷其《孔子与中国》后，发表的第二篇商榷文字。

同一天，先生论文《儒墨关系考》（正篇，即第一篇）在友人钱穆先生主持的齐鲁大学国学研究所主办《责善半月刊》第1卷4期发表（第19—21页），此后先生在该刊还发表了《儒墨关系考》（续）、《论茂才孝廉》、《尚书中书之起源及其升降》、《元魏之统制诸夏与诸夷》、《魏末北齐之清谈名理》、《北朝之富商大贾》等六篇论文。当时在齐鲁大学国学研究所读了两年研究生的严耕望先生[1]，在二十七年后如是评价先生在该刊发表的七篇论文：

> 诸人〔案：指在《责善半月刊》发表论文的各位作者〕中，今日已不乏显学。尤可注意者，李源澄，四川人，对于中古史颇多新见，而为一般人所少见，此刊中竟保存论文六、七篇之多。[2]

6月，先生致函吴宓先生，共同推荐好友吴芳吉先生（1896—1932，字碧柳，别号"白屋吴生"）之长子、富顺县中学教师兼教务主任吴汉骧先生（1915—　）为浙江大学助教。23日，吴宓先生致函郭斌龢，言此事（《吴宓日记》第7册，第182页）。由于多种原因，此事未成，汉骧先生后任《江津日报》总编、江津女子中学教师、"勉仁学院"国文教员。

---

① 严耕望（1916—1996），名德厚，字耕望，号归田，安徽省桐城县人。
② 严耕望《责善半月刊再版书后》（1967年12月28日），载香港龙门书局1968年再版本。此据《严耕望史学论文集》下册，上海古籍出版社，2009年版，第1334页。

7月1日，彭举先生到达云南大理，任"民族文化书院"教授。彭举先生系
　　3月，辞川大聘，5月24日自成都起身的①。

9月，先生论文《浙东史学之远源》在浙江大学史地学系主办的《史地杂
　　志》（创刊于1937年）发表②。该期卷首为史地学系主任张其昀先生
　　所撰的《复刊辞》，第一篇论文为张荫麟先生的《宋代南北社会之差
　　异》（第1—7页）。先生论文系该期第二篇论文，全文由《王充〈论
　　衡〉在学术史上之地位》、《王充之历史方法》、《王充之历史哲学》、
　　《王充与浙东史学之比较》四部分组成。其中，第一、二部分与先生
　　所撰《读〈论衡〉》一文（载《李源澄学术论著初编》中）内容相同，第
　　三部分《王充之历史哲学》、第四部分《王充与浙东史学之比较》系先
　　生新增。

秋，徐规先生③从浙江大学龙泉分校来到西迁贵州遵义的浙大总校，从中
　　国文学系转入史地系继续攻读。当时史地系荟萃多位很有名望的
　　教授，除了先生之外，还有张荫麟、钱穆、谭其骧、方豪（1910—1980，
　　字杰人，浙江余杭县人）、陈乐素（1902—1990，陈垣先生哲嗣等。
　　　徐规先生曾专门回忆到先生对自己研究的指教：

　　　　我那时爱写史评文章，曾送请李师批阅。他告诫说：你的议论文写得
　　还不错，但今后应撰考证文章，要务实，勿尚空谈。并介绍读《日知录》、
　　《廿二史札记》。读后颇受启迪。④

　　　徐规先生还回忆说：自己的同学王树椒"屡承国史教授张荫麟先生、
　　李源澄先生的赞许。惜王学长英年早逝，未尽其才"⑤。

　　　民族文化书院亦于本年秋正式开学。先生仍在遵义浙江大学
　　执教。书院共分四个系，即经学系、史学系、社会科学系、哲学系，在
　　重庆、成都、昆明、香港等地招生，招生对象主要是大学毕业生和具

---

①　《彭芸生年谱》，《崇庆县文史资料选辑》第5辑，第40页。
②　李源澄：《浙东史学之远源》，国立浙江大学史地学系编辑：《史地杂志》第1卷第3期，
第3—23页。
③　徐规（1920—2010），字仲矩、絜民，出生于浙江省平阳县（今属苍南县）人。
④　徐规：《自述》，载浙江省苍南县政协文史资料委员会编：《苍南文史资料》第10辑《苍南
知名人士传略之一》，1995年，第30页；又见国务院学位委员会办公室编：《中国社会科学家自
述》，上海教育出版社，1997年版，第832—833页。
⑤　徐规：《我所认识的刘学长》，出处同前。又可参考康保苓：《徐规先生访谈录》，载《史学
史研究》2001年第4期，第7—12页。

有同等学历者。学制为二年,但可缩短和延期。其研究有相当成绩,并提出著述者,经审查合格,发给推荐证而不发文凭。为保证学院的教学质量,张君劢想法聘请到不少知名学者,除先生之外,还有回国任教的哲学家、美国南加州大学哲学博士施友忠先生(Vincent Y. G. Shih,1902—2001)、牟宗三、彭举、陈庆祺(先生老师章太炎的同学陈汉章先生之子)等。

10月16日,先生论文《论茂才孝廉》在《责善半月刊》第1卷15期发表,是文根据《汉书》、《后汉书》等典籍,廓清了对于汉代选举制度的谬说,先生在是文卷首指出:

　　汉代选举制度,言者每囿于《通典》以来之谬说,习非成是,信为固然,此所谓失之目睫者也。汉史本自清晰,惟病简略,注家又复因文敷衍,不能洞鉴源流,是以一代大典郁而不发也。[1]

11月16日,先生论文《尚书中书之起源及其升降》在《责善半月刊》第1卷第17期发表。是文考证了尚书、中书二职官名称在秦汉时代之起源,阐述了尚书、中书二职官的关系及其一直到南朝时地位的升降与职责的变化。

　　本月下旬,民族文化书院举行董事会,讨论预算等案。

本年,先生文章《与陈独秀论孔子与中国》发表[2],系先生针对陈独秀在《东方杂志》发表的《孔子与中国》的第二篇商榷,观点与陈独秀有所不同。

蒙文通先生本年就任四川大学和华西协和大学教授。

　　约本年,先生出谋献策,帮助两位浙江大学女学生、共产党员王先谦、王□,使二人免于"国民党捕杀"。对于自己的这一事迹,先生在解放后从未与人提起。吴宓先生记载说,"浙江大学女生王先谦、王□二人,盖共党而为国民党捕杀者,(先生)勖其重生"(《吴宓日记续编》第3册,第184页)。

公元1941年(民国三十年,辛巳)　三十二岁

1月,先生与巨赞法师的通信,被巨赞法师选出三封,节选刊登于《狮子吼》月刊第1卷第2期,新拟标题为《浙大教授李源澄覆书》。三封

---

① 李源澄:《论茂才孝廉》,《责善半月刊》第1卷第15期,1940年10月16日,第11页。

② 李源澄:《与陈独秀论孔子与中国》,《国是公论》第35期,1940年5月1日,第6—12页。

先生来函中,《函一》讲述了先生自己在浙江大学的授课、研究情况,先生师友蒙文通先生、熊十力先生的近况;《函二》谈到了读书对于劝善、激励世道人心的益处;《函三》联系自己两度办刊的情况,表达了对《狮子吼》月刊办刊出现困难的同情,同时说明自己"近年来颇收敛,意在求一安静用功之地,是以外似宽容,内实抑郁。今觉所求亦是偷心,故翻[幡]然改面,不作安排计较,当如何便如何,心中遂坦然也"的心境。兹录《函一》,以见先生在浙江大学的授课、研究之情况:

> 弟所教为上古史、文化史,皆提问题专门研究,但每月非四篇文章不能应付。弟每月无论如何只能作三篇,好在如此教法自然吃力,也易见功夫。学生对弟亦能原谅,以至[致]现在上期功课方告一段落。下期改教中古史、思想史二课,亦欲采用上期教法,虽然是苦,可以将学与教打成一片。①

这三封先生的信函赖《狮子吼》而存,从中可以窥见 1940 年先生自己的教学、研究之一斑:在浙江大学连续连两个学期每学期都授课两门,而且每学期授课都是全新的课程;课程性质应为"专门研究"即专题研究类,面向的授课对象应为本科生高年级;先生坚持"学与教打成一片"及教学相长;为了教授的课程使听课学生有收获、有新意,先生坚持"每月非四篇文章不能应付"的做法而且计划继续这一教学模式,自然,先生的压力甚大,虽"苦"却乐此不疲。

27 日,先生应校长竺可桢先生之邀,作了题为《学问与学问方法之解释》的演讲,根据《竺可桢日记》,先生演讲的大意是"谓学问者,必有方法云云"②。

2 月,浙江大学史地等系再迁贵州遵义。

约在年初,先生辞去浙江大学的教职,接受四川大学之聘。先生率在浙江大学执教时的学生王树椒先生,回到成都。时蒙文通先生与四川省立图书馆关系密切,或由于先生之推荐,王树椒曾在四川省立图书馆短暂工作过③。

---

① 李源澄:《浙大教授李源澄覆巨赞法师书》,《狮子吼》月刊第 1 卷第 2 期,1941 年 1 月,第 30 页。

② 《竺可桢全集》卷 8 "日记第 3 卷",上海科技教育出版社,2006 年版,第 9 页。

③ 王树椒在 1942 年发表的一篇论文结束时注明:"民国三十年四月三十日脱稿于四川省立图书馆"。见王树椒:《西晋禁兵考》,载四川省立图书馆主办:《图书集刊》第 2 期,1942 年 6 月,第 94 页。

3月27日,先生在成都齐鲁大学国学研究所,应主持者、该所主任钱穆先生之邀,与"国学研究所"新录的研究生进行了约两小时的"谈话"(可能就是研究生面试),劝导勉励后者。先生"和悦敦厚的风度,温和的语调,好意殷殷对我劝导",给流亡内地的江西籍学生洪德辉留下了深刻印象,洪德辉后来成为了江西省文史馆馆员,他在晚年回忆说:

> 1941年3月26日午前,成都的春天,日丽风和,菜花盛开,香遍四野。我由传达导进赖园,钱先生已早在会客室待见。……我才进研究所两三天,便毅然到鹤鸣园亭中钱师做学研工作的座前,简要陈述我对当前文史研究工作务切今日救亡图存、学尚实用的浅陋看法。钱师听后,温和敦厚地微微点头,未加可否。
>
> 次日上午,请来四川大学讲师李源澄先生(成都人,是章太炎先生的弟子),在钱先生处宽坐,然后请我去谈话。李先生和悦敦厚的风度,温和的语调,好意殷殷对我劝导,内容大要是:你不远千里来到成都,能从钱先生研学,是难能可贵的。钱先生讲的是历史考证之学,学术致用是广大的、深远的。……
>
> 我当时青年气盛,意志坚决,坚定不移地说明:"为学目的,当前要救亡图存,将来要建好祖国,改好世界。""进入研究所,意在争取对问,早日写成教材,用之于学校,普及于全民,感发人人,众志成城,驱逐强寇,复兴祖国,早收成效。这是区区夙夜殷切的愿望。"源澄先生仍是好意殷殷、和悦敦厚的常态,温和的语调,重复他的好意。而我仍是坚定不移,重复我的决心。谈话近两小时,源澄先生每次谈一会,又沉默一会,然后又继续谈话。
>
> 最后,源澄先生见我发言由衷,他感动见于表情地说:"洪先生这样坚定的意志和毅力,相信你将来一定能写好这套书,达到你'救国''救世'的目的。"
>
> 至此,谈话才告结束。源澄先生当时对我的嘱望是重大、深远的,我至今垂老,犹感念不敢忘怀。[①]

当时在齐鲁大学"国学研究所"读了两年研究生的严耕望先生说,内迁成都的齐鲁国学研究所,"设于成都西北郊距城约二十余里之崇

---

① 洪德辉:《从钱师(穆)在蓉研学生活的回忆》,载江苏省无锡县政协委员会编:《钱穆纪念文集》,上海人民出版社,1992年版,第59—60页。

义桥赖家花园",拥有藏书十万多册,"合计师生不过十余人","兼以师资优良,环境宁静,生活安定,实为当时青年学子最理想之读书处"①。

本月,先生论文《东晋南朝之学风》、《两晋南朝之兵家及补兵》在《史学季刊》第1卷第2期发表。前文"论当时一般学问,并说明当时学风之趋向,如玄谈与文艺诸事",后一文"从南朝各史关于兵家之记载,推见兵与杂役、奴婢并举,无论来自征发召募义从,皆终身为兵,不与编户同列,南朝武力之不竞,非无因也"②。

6月,郭斌龢主编的《国立浙江大学文学院集刊》于内迁所在地贵州遵义创立,并出版该年刊的第一期。先生在该刊发表长篇论文《汉代赋役考》(第25—36页),内容如其文题。同一期刊出的,还有梅光迪所撰《卡莱尔与中国》、缪钺《周代之"雅言"》等论文。

《汉代赋役考》一文,是先生研究经济史的最重要的一篇论文,在此后,先生在经济史研究领域还有《北朝之富商大贾》、《两晋南朝租调制度史实疏证》等三四篇论文,但是,无论从研究问题的重要性,还是论文的篇幅容量上,均不及《汉代赋役考》一文。

约在本月或者下月,因先生离开浙江大学回川。友人、浙江大学中文系副教授缪钺先生挥赋有诗《送李源澄归蜀》:

> 君家岷江畔,六月归帆稳。
> 远游山自青,不采兰何损。
> 涉世鱼忘湖,绩学叶归本。
> 环中得天倪,群言泯畦畛。
> 余同偃蹇姿,识君已苦晚。
> 素心味酒醇,退情自崖返。
> 丧乱忧弘多,梦魂劳缱绻。
> 各保平生怀,馨香盈九畹。③

---

① 严耕望:《责善半月刊再版书后》(1967年12月28日),《严耕望史学论文选》,下册,第1333页。

② 未著撰人:《图书介绍:李源澄学术论著初编》,《图书集刊》第6卷第1、2期合刊,1945年6月,第84—85页;又见林庆彰:《李源澄研究资料汇编》,载林庆彰、蒋秋华主编,黄智明、袁明嵘编辑:《李源澄著作集》第4册,第1963页。

③ 缪元朗、景蜀慧编:《缪钺全集》第8卷《冰茧庵诗词稿》,河北教育出版社,2004年版,第39页;缪元朗:《缪钺先生生平编年(1904年—1978年)》,载四川大学历史文化学院编:《魏晋南北朝史论文集》,巴蜀书社,2006年版,第57页。

7月，约月初先生率领学生王树椒、刘元熙（王树椒之未婚妻），由成都出发前往云南，就大理民族文化书院之聘，开始执教该校的生涯。先生在浙江大学执教时的学生王树椒先生，亦因先生之荐，就聘于民族文化书院。

中旬，先生一行抵达昆明，下榻于城内靛花巷三楼。之后，先生拜访在昆的友人。

17日下午，先生到城外拜访吴宓先生，并在吴宓陪同下往访教育系副教授王维诚先生（1904—1964）于其寓所，之后到同往西南联大"儒学会"所在地。（《吴宓日记》第7册，第128页）。

"儒学会"本拟请先生演讲，临时"改为谈话。多论述欧阳竟无、熊十力、马一浮、梁漱溟诸先生之讲学、为人大旨"。结束后到王维诚宅晚餐，并相约20日再聚后诸人散去（《吴宓日记》第8册，第128页）。王维诚先生系西南联大"儒学会"发起人，"儒学会"系当时的纯学术的民间团体，多次邀请吴宓、汤用彤等先生作儒学与中国文化等专题演讲，如吴宓就在上年7月演讲"世界文化之四大宗传，儒学对今后世界之价值"，西南联大学生可以自由参加，自由讨论。

20日，吴宓应约拜访先生，阅览先生手抄"史书稿本多册"，先生并赠送以马一浮先生《复性书院讲录》一册；此后数日，先生与吴宓往来，有过数次宴饮、出游、"茗叙"（《吴宓日记》第8册，第132、136、138页）。

约在8月，先生到大理。本月20日，彭举先生自大理起程返川，10月2日抵达成都。

先生在民族文化书院，主要讲授史部课程，彭举先生则讲授经部、子部的课程，而院长张君劢除了主持学院的日常工作，主要为学生讲授宋明理学、西洋哲学史的课程。

此时，大理还有汪懋祖先生（1891—1949，钱穆友，原苏州中学校长，白话文反对者之一）主持的"国立大理师范学校"等学校，先生与汪懋祖善。

先生弟子王树椒先生意外地在大理宏圭山（喜洲西面的苍山腰有支突出山坡的俗称）明代古墓群中，发现了鲜为人知的佛教铭文。

在王树椒先生的呼吁下,各方关注并开始研究①,对于当地白族文化的研究及保护,产生了良好的影响。

11月1日,先生论文《元魏之统制诸夏与诸夷》在《责善半月刊》第2卷第17期发表。是文"述元魏叛乱之多,由于统制诸夏、诸夷之残酷"②。

本月,先生论文《北周职官考》在《图书集刊》第3期发表(第41—68页)。文末"附陶元珍来函",以及先生的跋语:

> 友人陶贡南先生深于史学,以予有《北周职官考》之作,乃邮书以相启发,其言北周之复古,非真复古,意在与时俗殊异,所见者大矣。特录于拙文之后,期与览者共赏焉。源澄记。

先生这番对撰写此文缘由的说明,系回应自己的同门、蒙文通先生弟子、友人陶元珍教授(1908—1980,字云孙,号贡南,四川安岳县城南乡人)对自己所发表《北周职官考》一文的论学通函,陶元珍先生于1935年考入北大文科研究所史学部后北上就读,而且寓居老师蒙文通先生寓所,1937年北平沦陷后返回四川,当时在浙江大学史地系讲授明清史,与此前在浙江大学史地系讲授秦汉史的先生因为教学相近,且为同事,过从较密切;此外,陶元珍胞弟陶元甘先生,亦系先生1928年在四川国学专门学校就学时之同学,故二位先生交往又多一份关系。

---

① 1941年暑期,西南联大历史系教授雷海宗先生在给学校的报告《历史系拓碑计划》中说:"最近民族文化学院王树椒君来书,谓大理苍山之麓喜洲狗街西南发现荒冢两处。一处墓碑约五十,佛幢数十。一处墓碑约百五十,经幢百余,经幢上似为梵文,隐约可辨。碑前为墓志铭,碑阴为梵文,亦有正面刻梵文,碑阴无文字者。皆明中叶以前物,且皆《滇南古金石录》及《滇南碑集传》志书所未著录。除此集中一地墓碑二百外,苍山之麓碑幢林立,据王君估计,总数当在两千左右。惜多为梵文,无人注意,碑多完好,未有拓印痕迹。按大理为南诏故地,盛行佛教,且佛教与中土不尽相同。此种碑幢,对南诏宗教史,以至政治史之研究,当可不无裨益。"雷海宗先生计划拟在当年之内,摹拓冢侧墓碑两百种,"此项计划如能顺利进行,将来可设法摹拓梵文经幢,惟此非有梵文与佛学专家主持不可,而且梵文经刻每多重复,需经鉴别,故此事费财费力,不是历史一系所能胜任,拟应由校方统筹推进。"(北京大学、清华大学、南开大学、云南师范大学合编:《国立西南联合大学史料》第三卷,云南教育出版社,1998年版,第548页。)
在王树椒先生的呼吁下,各方积极关注。次(1942)年暑期,西南联大历史系学生石钟健(1913—1991,又名石钟,后来成为中央民族学院教授)等人专程来到喜洲,用了近一个月的时间,抢救性地收集到150通碑铭(包括3块白文碑),使学界对白文(白族文字)、大理密教的来源、传入传播情况,以及"民家"即白族的族源等重大学术问题有了全面的认识;石钟健后来写成《大理喜洲访碑记》一文。因而,石钟健、王树椒先生在白族学术史上,也占据重要的一页。(施立卓:《侨乡喜洲文化概述》,2005年8月,见云南省归国华侨联合会网站的相关文章,网页http://www.ynql.yn.gov.cn/readinfo.aspx? B1=3246。)喜洲系云南省大理白族自治州大理市北部古镇,历史久远,文商并重。
② 未著撰人:《图书介绍:李源澄学术论著初编》,《图书集刊》第6卷第1、2期合刊,1945年6月,第84—85页;又见林庆彰:《李源澄研究资料汇编》,载《李源澄著作集》第4册,第1963页。

本月,先生论文《论元魏之大家庭》在上海《文史杂志》发表。是文"述南北朝家庭组织之异致,与北朝大家庭制及于后世之影响"①。先生在本月就有三篇论文见刊,可谓是学术生涯的小高峰期。

12 月 16 日,先生论文《魏末北齐之清谈名理》在《责善半月刊》第 2 卷第 19期发表,是文"述当时北朝之重视北去之南人,及北朝沾染汉化"②。

本月(12 月),太平洋战争爆发,香港沦陷。相传孔祥熙家人用国民政府派到香港撤退人员和物质的飞机运洋狗到重庆,消息传出,引起西南联大学潮。"洋狗事件"后,民族文化书院院长张君劢因而被当局指控为幕后指使者;兼之本年张君劢"促进民治"的政治热情引起了国民党当局的不满,民族文化书院的发展受到制约。

本年,先生友人田光烈先生(1912—2007,名应炬,以字行)为研究佛学并开始撰写《唯识纲要》,先生为之介绍同学巨赞法师(欧阳渐先生弟子)联系切磋。时田光烈先生服务于四川南部古蔺县的勉仁小学,1943 年入支那内学院蜀院学习,历任云南大学、南京大学等校教授,1949 年后成为南京金陵刻经处研究员、闽南佛学院导师。

　　先生与夫人周观成女士(1904—1962③,先生乡人)的结褵,最迟不应在本年初之后,或可能在此前某一年,夫人长先生 5 岁,而长女李知勉于本年出生(《吴宓日记续编》第 6 册,第 173 页)④。

公元 1942 年(民国三十一年,壬午)　三十三岁

1 月,先生论文《汉魏两晋之论师及其名论》发表,是文的主要观点是"大旨说明玄学之渊源及流变,谓老学在汉未尝或废"⑤。是文撰成于前年(1940),先生自述撰写此文之缘由:

---

① 　未著撰人:《图书介绍:李源澄学术论著初编》,《图书集刊》第 6 卷第 1、2 期合刊,1945年 6 月,第 84—85 页;又见《李源澄著作集》第 4 册,第 1963 页。

② 　同上。

③ 　先生夫人周观成女士的生卒年,吴学昭女士在《吴宓日记续编》中注释为 1905—1969年,参见第 3 册,第 283 页注释。但是,根据《吴宓日记续编》的记载,先生夫人的生卒年应为1904—1962 年。详见正文 1962 年年末条;或参考《吴宓日记续编》第 5 册,第 94、402、410 页;第10 册,第 238 页。

④ 　案:《吴宓日记》记载,1958 年夏,李知勉初中毕业,准备报考高中;1972 年 11 月,李知勉拜谒吴宓先生,吴宓先生记载道:"知勉今 32 岁矣",则知勉出生于本年(《吴宓日记续编》第 10册,第 238 页)。

⑤ 　未著撰人:《图书介绍:李源澄学术论著初编》,《图书集刊》第 6 卷第 1、2 期合刊,1945年 6 月,第 84—85 页;又见《李源澄著作集》第 4 册,第 1962 页。

　　魏晋玄学于中国学术思想史上为一转关,而其枢纽则在于王弼、何晏、嵇康、阮籍。以王、何、嵇、阮为中心,上溯其渊源,下竟其流变,则于此期思想之变化可窥其大路,诸大论师与大名论,率可于此附见焉。[1]

2月11日,顾颉刚先生致函先生,不详何事[2]。

2月14日,吴宓先生在当日上下午"作长函致浙大龢等诸知友",应含先生在云南近况(《吴宓日记》第8册,第249页)。

初春,重庆国民政府当局借"民族文化书院"院长张君劢到重庆出席国民参议会之机,将其软禁。"民族文化书院"旋被当局下令关闭。张君劢在春夏之间,被软禁于重庆汪山,达两年之久。

　　先生友人牟宗三在《我与熊十力先生》一文如是说:

> 大理民族文化书院不三年,因政治关系而解散。吾亦情至义尽,与国社党之关系从此终止。(后改为民社党,吾即正式退出。)吾返重庆北碚金刚碑勉仁书院依熊师。勉仁书院为梁漱溟先生所筹设,熊师处其中,吾则间接依附也。
>
> 勉仁诸君子对熊师亦大都执弟子礼,然精神气脉则亲于梁而远于熊。吾与梁先生始终不相谐。吾虽敬佩其人,而不相契。勉仁诸君子视梁若圣人,吾益起反感。彼等于梁五十生庆,集文颂扬,吾以不解相辞,彼等函梁谓勉仁书院一切须待梁主持。[3]

　　"民族文化书院"虽然开办仅二年就停办,存在的时间不长,甚至没有一个学生毕业,但是,它在现代新儒家的发展史上占有重要的地位。自从1934年张君劢与张东荪(1887—1973,原名万田,字圣心)在广州创办"学海书院"后,现代新儒家有了宋明自由讲学传统的第一次实践。从此,创办书院成了现代新儒家的主要活动之一。此外,"民族文化书院"对于当地白族文化保护、对于大理地方文化教育的发展,均产生了良好的影响。

3月4日中午,在昆明的王树椒先生受先生之命,前往谒见吴宓先生于联大宿舍,告"民族文化书院解散",自己将随先生"赴成都"(《吴宓日记》第8册,第258页)。对于先生服务的这一高校的兴衰始末,先

---

　　[1] 李源澄:《汉魏两晋之论师及其名论》,上海:《文史杂志》,第2卷第1期,1942年1月,第19—29页;后收录于《李源澄学术论著初编》,第51—62页。

　　[2] 《顾颉刚日记》第4卷,第641页。

　　[3] 牟宗三:《生命的学问》,广西师范大学出版社,2005年版,第118—119页。

生同事汪懋祖先生撰《大理民族文化书院记》以记之(《吴宓日记》
第 9 册,第 37 页)。

春,先生偕老辈、民族文化书院同事彭举,以及友人施友忠等先生返成
　都,再回四川大学执教。

　　　先生在四川大学,讲授经学,讲稿整理为《经学通论》。彭举先
生是蒙文通先生的同窗,唐迪风先生的好友,回蓉后先在齐鲁大学,
后也在川大执教。1949 年,由成都"薛崇礼堂"校镌出版了彭举《清
季四家词》(半塘定稿),一册,白纸线装,约 16 开,50 年代任新建重
庆师范专科学校教授①。施友忠先生则任教于四川成都燕京大学。

　　　蒙文通先生任四川省立图书馆馆长。案:四川省立图书馆成立
于 1940 年 4 月 10 日,首任馆长为曹祖彬。文通先生任馆长期间,大
力收集图书,十年间入藏图书 10 万册;又编辑《图书集刊》,以刊布
学者的研究成果,前后出版九期,发表文章 70 多篇,总计几十万字。

　　　先生再回四川大学执教,讲授经学,因有《经学通论》之作,其言
治经要义皆集于此,全编四万言之议论甚精湛,且与时贤颇有不同。

4 月 15 日,先生论文《魏武帝之政治与汉代士风之关系》在《华文月刊》第
　1 卷第 3 期发表,是文"大意谓汉末风俗之变,未可一概归其责于魏
　武,东汉以来法家思想实促成之,刘备、孙权之措施亦略同魏武也"②。

6 月,先生《西汉思想之发展》一文在《图书集刊》第 2 期发表(第 53—76
　页),是文完成于上年。《图书集刊》系四川省立图书馆主办、编辑,
　本年 3 月创刊,四川省立图书馆馆长蒙文通先生实际主持此刊。是
　文从"儒家思想之复兴"、"建设大一统政治之学说"、"大一统政治
　下之新儒学"、"诸子学之结束"、"今文学之微言"、"改制与复古"等
　六个方面,阐述了西汉思想发展史。

　　　先生自述撰写《西汉思想之发展》一文的缘由,言有汉一代地位
之重要:

　　　言中国学术,儒术其主也,而儒家思想之见诸行事,汉代其著也。以
　政治言之,大一统之局虽暂现于秦,然旋起旋灭,完成之事者,汉也。汉以
　下之历史,自汉而奠其基。西汉一代在吾国史上之重要何如哉,汉之为

---

①　向楚先生有《病起怀人寄彭云生教授重庆》一诗,见《空石居诗存》,四川大学出版社,
1988 年版,第 199—200 页。

②　未著撰人:《图书介绍:李源澄学术论著初编》,《图书集刊》第 6 卷第 1、2 期合刊,1945
年 6 月,第 84—85 页;又见《李源澄著作集》第 4 册,第 1962—1963 页。

汉,乌可以不求其故乎。①

　　先生指导的学生王树椒先生在同期发表了《西晋禁兵考》一文,该文系补充《晋书》无兵志之缺憾而作。

8 日,顾颉刚先生致函先生,不详何事②。

7 月 31 日,顾颉刚先生在重庆致函先生,不详何事③。

9 月 9 日,吴宓先生在昆明,阅读先生近作《西汉思想之发展》一文后,认为新意良多,表示"甚佩"(《吴宓日记》第 8 册,第 380 页)。

23 日,顾颉刚先生致函先生与钱穆先生,不详何事。顾先生在日记中记录到,自己至《文史杂志》社,"写李源澄、钱宾四信"④。

11 月 10 日,先生论文《北朝之富商大贾》在《责善半月刊》第 2 卷第 24 期发表。先生是文针对蒙思明先生《元代社会阶级制度》一书"以富贾与贵族官僚同列上等,且谓南人最贱,有因财富之雄厚,而'操纵官府,威胁守令,厕身显官,联姻诸王'者"的论述而撰写⑤。是文指出:"商贾以富厚之故,结交王公朝贵,且通婚媾,故其势力不小。"⑥

12 月,《理想与文化》月刊在成都创刊,由吴汉骥("白屋诗人"吴芳吉次子)与周辅成、程行敬编辑,成都路明书店廖闻天出版。先生为该刊的积极撰稿人,先后在该期刊发表了《论春秋战国之转变》(第 1 期创刊号,第 31—36 页)、《六朝之奢风》(第 3、4 期合刊,1943 年 11 月,第 1—12 页)、《论经学之范围性质及治经之途径》(5 期,1944 年 1 月,第 26—28 页)等 4 篇论文。该刊于 1946 年 5 月停刊。

　　周辅成先生在《二十世纪断想》一文回忆了《理想与文化》月刊的开办情况后,肯定了该刊学术价值:

　　　　朋友中,中央大学的唐君毅最积极。他不仅筹办、组织,而且还为该刊写了长长的发刊辞,他不仅把自己的《道德自我之建立》新著,逐章在此刊发表,而且还尽其可能地向他的亲密师友邀来新作,如梁漱溟的《中国文化要义》,如李长之的《孟子评传》,都是新著逐章先在此刊发表。

----

① 李源澄:《西汉思想之发展》,载《图书集刊》第 2 期,1942 年 6 月,第 53 页。

② 《顾颉刚日记》第 4 卷,第 641 页。

③ 《顾颉刚日记》第 4 卷,第 715 页。

④ 《顾颉刚日记》第 4 卷,第 738 页。

⑤ 李源澄:《北朝之富商大贾》,《责善半月刊》第 2 卷第 24 期,1942 年 11 月 10 日,第 9—11 页。

⑥ 未著撰人:《图书介绍:李源澄学术论著初编》,《图书集刊》第 6 卷第 1、2 期合刊,1945 年 6 月,第 84—85 页;又见《李源澄著作集》第 4 册,第 1963 页。

特别是牟宗三、李源澄、王恩洋等，都是十分热心的撰稿人。我虽然负着编辑的名义，但不过是司管付印、校对工作而已。这个刊物的学术价值，在当时，恐怕不能算很低，我记得当时也有不少大学图书馆订购，寄住在重庆附近某山寺的太虚法师，还订了三份。①

约在本年，齐鲁大学教授、国学研究所主任顾颉刚先生借居先生成都寓所的一间，暂且安心，读书治学。顾颉刚《西庑读书记》：

西庑者，成都学官之西廊也。时李源澄君居此，予因借一椽，为自修之地。其地人所不至，故颇得读书，然予任齐鲁大学国学研究所主任，为职务所困，亦不克常至也。

是时予与履安皆多病，予血压高至百八十度，时苦头晕；履安则日瘦弱，不知其所患者为何。长女自明、次女自珍皆在成都，家中殊不寂寞。蜀中风物颇与苏州相似，亦有随遇而安之想。惟东望故乡，终不免侧侧耳。②

顾颉刚《骆园笔记》记载：

予受齐鲁大学聘来成都，赁屋于华西坝南门外之"骆园"，骆者，主人之姓也。有室四间，以一间为书室。成都人文渊薮，得书较易，商讨亦有人，视浪口村之穷僻大异。特予体多病，加以盗名久，宾客盈门，日有酬酢，其不能读书又与在北平时同，此则心中之隐痛矣。承李源澄君之邀，借学官为自修地，虽不甚便，而暂得清静，亦复可喜。噫，年日已长，而体与学乃日退，奈何，奈何！③

先生同学陶元甘先生在本年担任了四川通志馆采访组组长，主持编写《四川方志简编》。稿本今藏四川省图书馆，李肇甫先生④领衔、陶元甘主持，四川通志馆主任秘书舒君实担任。

公元 1943 年（民国三十二年，癸未）　三十四岁

2 月，先生论文《两汉宾客盛衰考》在《学思》第 3 卷第 3 期发表，是文通过史料梳理与论述，阐释了汉代"宾客"（包括食客等）消长与政治兴衰的关系："综观宾客之盛衰，每与政治有关，国家分裂，则宾客转

---

① 周辅成：《二十世纪断想》，载《我与中国 20 世纪》，第 270 页。
② 顾颉刚著，印永清辑，魏得良校：《顾颉刚书话》，浙江人民出版社，1998 年版，第 15 页。
③ 《顾颉刚书话》，第 16 页。
④ 李肇甫（1887—1950），字伯申，四川省巴县（今重庆市巴南区）人。

盛；一统之后，恒见惩治，两汉并然。西汉初年，因上承战国余风，故
宾客于学术犹有所盛，其后则徒殃民耳。"①

15 日，钱穆先生应张其昀的邀请，自成都赴贵州遵义浙江大学讲学。

23 日(夏历正月十九日)辰七时，先生的老师欧阳渐大师在四川江津内
院圆寂，享年七十二。当天，柳诒徵先生也专程从重庆赶至遵义，会
晤钱穆先生。

3 月，先生与弟子王树椒先生的论文同在《图书集刊》第 4 期发表，先生的
论文为《汉代的法吏与法律》(第 77—82 页)，王树椒的论文题目为
《两汉三公九卿考》(第 96—99 页)。先生论文指出(第 82 页)：

> 法吏与儒生虽为二，而律令与儒生则合流，盖律令久已渗合儒术故
> 耳。此非学术史上一大变耶？

秋季，先生论文《先秦诸子是非之准则及对历史文献之态度》在四川大学
《文学集刊》第 1 集发表②。是文的主要内容是：

> 大旨谓儒墨道法四家，墨以有利于人群者为是，法以不利于国者为
> 非，道家以是非为人为之域，儒以人心为事务之权衡，心安则理得。道家
> 不重文献，墨法亦视为无用之物，惟儒独重历史。诸家或主变古，或主法
> 古，各从其观点出发。③

10 月，先生论文《霍光辅政与霍氏族诛考实》在上海《文史杂志》第 2 卷
第 9、10 期合刊发表，先生鉴于"汉史对于霍光辅政与霍氏族诛事，
多所隐讳，学者不察，每惑于浮言，失其本真，兹特大显明之"④，而撰
写了此文。

11 月，先生论文《六朝之奢风》在《理想与文化》第 3、4 期合刊发表。先
生在是文中，追溯了六朝奢风的起源、"钩稽其奢侈之迹"如园亭、声
伎，樗蒲、滋味、酒、快牛、麈尾、扇、文具、书画、古物等，阐述当时人
的奢侈表现，先生撰写此文，还有一层涵义，即先生所言，对于这一

---

① 李源澄：《两汉宾客盛衰考》，《学思》第 3 卷第 3 期，1943 年 2 月，第 13 页。

② 李源澄：《先秦诸子是非之准则及对历史文献之态度》，《文学集刊》(四川大学)第 1 集，
1943 年秋季，第 1—22 页；收录于《李源澄学术论著初编》，第 1—13 页。

③ 未著撰人：《图书介绍：李源澄学术论著初编》，《图书集刊》第 6 卷第 1、2 期合刊，1945
年 6 月，第 84—85 页；又见《李源澄著作集》第 4 册，第 1962 页。

④ 李源澄：《霍光辅政与霍氏族诛考实》，上海：《文史杂志》第 2 卷第 9、10 期合刊，1943 年
10 月，第 71 页。

奢风,"后之人可以戒矣"①。可以看出,近年以来,先生的研究兴趣
由经学,明显转为了史学;而史学研究中,尤以秦汉史、魏晋南北朝
史研究为重点。是文即为一例。

12月,先生与弟子王树椒先生的论文同在《图书集刊》第5期发表,先生
的论文为《郑注周礼易字举例》、《汉官考》、《列子与张湛注》等三
篇,王树椒的论文为《记"白古通""年运志"》(第41—48页)、《府兵
制渊源并质陈寅恪先生》(第79—83页)等二篇②。

　　　王树椒先生前文系根据他几年前在云南喜洲的古碑铭发现,结
合史料而撰;后文系他针对中央研究院史语所研究员、清华大学教
授陈寅恪先生(1890—1969,江西修水人)1937年发表论文《府兵制
前期史料试释》(刊《中央研究院历史语言研究所集刊》第7本第3
分册)的商榷之作。

公元1944年(民国三十三年,甲申)　三十五岁

2月,先生研究汉代政治学说的长文《汉朝大一统政治下之政治学说》在
《真理杂志》第1卷第1期发表。是文分为"引言"、"秦朝的失败原
因"、"董仲舒的改制运动与新儒学的创造"、"汉朝的成功原因"四个
部分,其中后二者为主体部分,是文指出了秦汉时代在我国历史上"造
建大一统之时代与奠定大一统之时代"的重要地位,而在这一大时代
中,"秦、汉之际无论在政治或社会方面,无疑的是一种巨大的变动",
因此,大一统的政治学说与思想应运而生。先生在文末总结道:

　　从上面所举的许多方面,可以看到儒家政治之特色与其长短,中国社

---

① 李源澄:《六朝之奢风》,《理想与文化》第3、4期合刊,1943年11月,第1—12页。

② 事实上,对于北朝府兵制度,研究隋唐史的大家岑仲勉先生(1886—1961,名铭恕,字仲勉,又名汝懋,广东顺德桂洲乡人)在《隋唐史》一书中,对陈寅恪先生的观点提出了不同见解。选修过陈寅恪先生、岑仲勉先生课程的中山大学历史系1952级本科生蔡鸿生先生(1933— ,广东省潮州市澄海县人)指出:"仲勉先生深知学术为天下之公器,提倡朋辈、师生之间,可以'争鸣',并且身体力行。他对于唐代的历史与文化,有不少见解与寅恪先生相左,各持一说。'二老'相识多年,两度同事,但仲勉先生并不掩饰分歧,总是在讲课时一一挑明。据我的粗略统计,当年用作讲义、后来公开出版的《隋唐史》,与'陈氏'商榷之点,就多达二十三四处。"(蔡鸿生:《康乐园里忆"二老"》,载蔡师《学境》,香港博士苑出版社,2001年版,第18页)民国时期学术争论,常见于当时"朋辈、师生之间",利于求真,的确如岑仲勉先生所主张的,值得提倡。(类似的评论,新近的论者评论:陈寅恪先生、岑仲勉先生二位大家"学术观点不尽相同,甚至针锋相对。《隋唐史》是岑氏在隋唐史研究方面的代表作,书中对陈氏的观点多有批评"。见宋社洪:《试析岑仲勉〈隋唐史〉对陈寅恪隋唐史研究的批评》:《福建师范大学学报(哲学社会科学版)》2008年第2期,第110—119页。)

会之形态,在汉朝已大体有了定型,我想对于中国政治社会方面有个大概的认识,所以选了这个题目。①

　　先生这一长文中的不少部分,几年后成为了先生研究秦汉史专著《秦汉史》的重要组成部分。

本月,先生自编的个人论文集《李源澄学术论著初编》由路明书店在成都、重庆两地同时出版。该书为先生论著的第一部自选集,系《路明文史丛书》之一种,共 156 页,收录了先生发表的 26 篇论文。先生不足百字之《自序》,说明了是书出版缘由:

　　斯编皆集旧作而成。言其内容,则经、史、子皆有。以是而论,则以近年所作为多。念战前所作收集之难,故及早合为一编。以免将来之散失,藉以就正于有道。②

　　是书收入先生的 26 篇论文中,大多是在 1935 年到 1942 年之间已经发表的论文,也有《读吕氏春秋》、《读论衡》等数篇,未见公开发表过。当时《图书季刊》介绍时说:是书"内容有论学术思想者,有考典制故实者,有论古籍义例者。时代自先秦至宋初,惟关系两汉南北朝者居多",如"《读吕氏春秋》,谓《吕览》虽出众手,但能采拮《汉书·艺文志》所论诸家之长,而弃其所短,并有所发明。《读论衡》,大意谓王充出发点为哲学,而其最大成功在历史方法"③。

　　《李源澄学术论著初编》一书出版后,先生分赠林思进(1873—1953)等先生,林思进先生酬以《李源澄惠〈学术论著初编〉,郑异材亦以新诗见投,作歌赠李,兼用酬郑》一诗④,云:

　　　　平原自说不失士,时见盐车压骐骥。
　　　　李生积学久更真,使我文章坐夺气。
　　　　平生妄栩阅千剑,若论波澜本无二。

---

① 李源澄:《汉朝大一统政治下之政治学说》,《真理杂志》第 1 卷第 1 期,1944 年 1、2 月,第 33、47 页。

② 李源澄:《李源澄学术论著初编》之《自序》,成都:路明书店,1944 年 2 月出版于成都,《路明文史丛书》之一种,卷首。

③ 未著撰人:《图书介绍:李源澄学术论著初编》,《图书集刊》第 6 卷第 1、2 期合刊,1945 年 6 月,第 84—85 页;又见《李源澄著作集》第 4 册,第 1962—1963 页。

④ 林思进著,刘君惠主编:《清寂堂诗续录》卷七,见《清寂堂集》,巴蜀书社,1989 年版,第515 — 516 页。此书所收林思进此诗与《叙永文史资料选辑》之《叙永诗钞》所录林诗,数处文字略有不同。

言之有物即载道，不在虚名鹜哗世。

爱君经史读烂熟，推隐钩沉抉奥义。

我今衰谢鹙退风，君才劲捷隼刷翅。

非欲为我张一帜，颇思就君读两蔽。

绌史终当溯班马，居巢赪酿忘忌器。

穷经贵要别今古，施勾掘井迷甘味。

人头畜鸣能几时，会有大帚扫瞀瞀。

莫言兴灭继绝难，担荷正是儒生事。

开凿户牖总豪杰，循抹墙壁只儿戏。

大海终为众水归，泰山宁让土壤细？

兰芷悦鼻不同臭，酸咸爽口味各异。

欲近四旁君但中，南北东西都可至。

郑生亦我心所许，诗歌嘹亮铿琼珮。

丹山早作凤凰声（《永宁方志》有丹山之名），谷口高声此余裔。

望道争策千里足，并辔即看一蹴致。

老夫老眼不蹉跎，喜放斯人出头地。

诗成搁笔觉悲来，强附髦嗟托后契。

　　林思进先生此诗，又为四川省泸州市叙永县《叙永文史资料选辑》之《叙永文钞》收录，题为《作歌赠李源澄，兼以酬郑容若》，注解者以李源澄先生、郑容若先生二人为林思进先生之"学生"[1]。林思进先生此诗，既语重心长，又寄托厚望。

　　诗中所言"郑异材"系叙永人士、四川大学文学院院长向楚（仙乔）嫡传弟子，时为四川大学文学院讲师。林思进先生在诗中，指明了自己对于经学的见解，即如果"穷经贵要别今古"，则能够如同唐人施士匄（"施勾"）一样享受经学的"甘味"；以及研究必须"开凿户牖总豪杰，循抹墙壁只儿戏"，即要有敢于破除成见，坚持自己独立见解的学术勇气，"担荷正是儒生事"。并告诫两位年轻学人要力戒"两蔽"：治学一要严，不曲学阿世；治学二要独立，不人云亦云。此外，林思进先生以"李生积学久更真，使我文章坐夺气"来褒扬先生的锦绣文章；以"爱君经史读烂熟，推隐钩沉抉奥义"赞赏先生的经史研究，并以"托后契"语对意气相投的晚辈学者李源澄先生寄予了厚望。

①　四川省叙永县编史修志委员会主编：《叙永文史资料选辑》之《叙永诗钞》，1983 年，第272—275 页。引文见第 272 页。

4月，先生专著《经学通论》由路明书店出版于成都，共47页，是书要而不繁，二三百字的《自序》指出了经学的重要性，以及撰写是书的缘由：

> 经学为中国文化之源泉，说经之书至于不可胜计。汉、宋古今之争，纷如聚诉，近世以来，群相率以为畏途而莫肯究，目录分类，至不立经学。前人所称为经常不易之道者，今后仅存史料之价值耳。故吾作此书，其旨趣有三：一则说明经学之性质与后来经学之途径，二则提出整理过去经学之方法，三则对当时各派经学及其长处予以说明。学力薄弱，不克与所见相副，以此自愧。李源澄序于成都国立四川大学。三十三，元旦。

对先生是书的社会反映，先生弟子评价道，该书"其言治经要义皆集于此，虽全编不过四万言，而其议论则颇与时贤不同"[1]。当时《图书季刊》评价说：李君自序所言是书的三大"旨趣"，系"从其长处予以说明。第一点之前半点与第三点，此书可谓略已做到，第一点之后半点与第二点，宜并为一事，似犹有待也"，并指出先生师生的学术意义在于"矫正近人视经学仅存史料价值之偏，以为经学自有其'哲学的'地位"[2]。这一评论未著撰者姓名，但是发表于先生老师蒙文通先生主编之《图书季刊》，相信必是蒙文通先生门下或者先生师友等知情者的手笔，从发表后未见先生有批驳文字，也可以推知是文在一定程度上也代表了先生的意思。

成都路明书店在民国中后期的烽火年代，不仅出版了《理想与文化》月刊等有影响力的杂志，还陆续出版了一批学术专著，如蒙文通先生的《儒学五论》（1944年11月）、梁漱溟先生的《中国文化要义》、缪钺等先生的《文选与玉台新咏》和论文集《缪钺文论甲集》，在战争年代，有此持守，难能可贵。

蒙文通先生的学术专著《儒学五论》得以面世，先生促成作用不小。蒙文通先生在《自序》里，专门谈到了先生促成之功：

> 许君潔夫欲为收拾零散，刊为一编，余顾茫然未知所择也。李君浚卿亟以先印《哲学思想》、《政治思想》二篇为言，余遂诺之。是二篇者，倘有当于内圣外王之旨耶？未必然也。浚卿知余蕴此历有年，而终未敢发。昔寓析津，始谋属稿，亦浚卿促之。自迻以来，屡有改益。又将十载，而稿

---

[1]　蒙默：《蜀学后劲——李源澄先生》，《蜀学》特刊第2辑，第48页。
[2]　未著撰人：《图书介绍：经学通论》，《图书集刊》第6卷第1、2期合刊，1945年6月，第69—70页；又见《李源澄著作集》第4册，第1960—1961页。

终未定。浚卿岂以余为之之未易,故欲先付之剞劂耶?……李君浚卿以讥世卿为《公羊》义非《春秋》义。①

本月,先生论文《六朝文士之声乐与技艺》在《真理杂志》第1卷第2期发表,是文指出:"六朝风流,不仅表见于清谈、文学、书画,即在技术、声乐,亦多可纪,特表而出之",全文从"技艺"(围棋、弹棋、射雉、马槊)、"声乐"(音乐、清歌、啸咏、洛生咏、驴鸣、鸲鹆舞)两个方面梳理史料,进行了阐述。

5月,先生论文《汉末魏晋政治思想之转变》在《真理杂志》第1卷第3期发表。是文指出了经学在汉末魏晋之发展,及对当时政治思想转变的影响。该文尤其归纳了经学的政治意义:

> 在未有经学以前,中国人之思想不能统一;在有经学以后,中国人之思想无论在如何纷岐复杂之世,必不能大出范围,盖中国人视经学为最高宪章,为人类通则,圣君贤相之理想,志士仁人之用心,皆是求与经学标准相合。可以说,中国人一切标准皆建筑在经学上,可见经学于国家民族之统一上有其最大之效用。②

11月,先生友人周辅成、程行敬编辑的《理想与文化》第7期出版,发表了先生的论文《论中庸中正中和及易传中庸之成书》(第25—27页)。

本年,先生不满于四川大学校内某些人员之间的派系斗争,逐渐萌生去意。对于当时四川大学校内的派系斗争,程千帆先生③也有亲身体会。程千帆先生从1943年8月到1944年7月供职于四川大学,任职时间适与先生相同;而程千帆先生在同年7月后离开四川大学,离职原因亦与先生相近。他如是说:

> 也是因为四川大学内部有些问题,……川大的先生中,有几个是章太炎先生在日本讲学时的学生,当时年龄也很大了。还有一位庞石帚(俊)先生,他是自学成材的。……当时蒙文通先生也还在川大,他也很有意思。……
> 四川这个地方,一方面是外面的人根本不晓得四川的学者有多大能

---

① 蒙文通:《儒学五论》,广西师范大学出版社,2007年版,第150—151页。
② 李源澄:《汉末魏晋政治思想之转变》,《真理杂志》第1卷第3期,1944年5、6月,第321页。
③ 程千帆(1913—2000),原名逢会,改名会昌,字伯昊,40岁后别号"闲堂",千帆系其笔名。

耐,另一方面,四川的学者还很看不起外面这些人。他看不起自有他值得骄傲的地方。①

因此,本年秋季,伍非百先生在四川南充创办"西山书院"邀请先生执教后,先生接受聘请离开了川大。

先生执教于西山书院,讲授《四书》和《经学概论》,与伍先生讲授《墨经》,均颇有影响。书院设有精修、博学两班,学生100人,学制3至5年,经费赖捐助、募集,学生入学,一般不缴费。此外,汤炳正、蒙文通、徐振羽等先生亦就聘为书院教授。

蒙默先生《我和南方民族史研究》一文回忆:

1944年夏,(我)跟着李源澄先生到南充和灌县读西山书院和灵岩书院。

源澄先生字浚清,是我父早年在成都国学院的学生,后来到廖季平先生井研县家中从廖先生学过(廖时已偏瘫居家),后又到南京支那内学院从欧阳竟无先生学佛学。他讲经能发扬廖先生的今文学说,当时章太炎在苏州办国学讲习会,曾邀他到讲习会讲过《春秋》,后唐蔚之又邀他到无锡国专教经学。抗日战争起,返川,先后任教于大理文化学院、浙江大学、四川大学、云南大学、勉仁学院。②

公元1945年(民国三十四年,乙酉)　三十六岁

1月22日,先生在成都,往访顾颉刚先生③。

2月,先生论文《法家思想之演变》在友人王恩洋先生主办之《文教丛刊》发表(第1卷第1期,第27—32页)。是文从《法之本义》、《李克》、《商鞅》、《韩非》、《管子中之法家言》等五部分,勾勒了先秦法家思想的发展历程。

春,先生在南充西山书院执教半年后,与主办者伍非百先生在某些方面上产生意见分歧,遂辞教职返回成都。

先生在四川灌县(今成都市都江堰市)城外北灵岩山,借助住持释能清(1893—1964,郫县金龙寺隆印和尚之弟子)、传西法师(欧阳竟无先生之弟子)之力,于灵岩寺所属之东岳庙,创办了"灵岩书

① 《程千帆全集》第15卷《桑榆忆往》,第21—22页。
② 张世林编:《家学与师承:著名学者谈治学门径》第3卷,第70页。
③ 《顾颉刚日记》第5卷,第397页。

院"。

先生亲书"灵岩书院"的巨幅木匾，悬挂于灵岩山旧有东岳庙门上。灵岩寺是具有近千年历史的古刹，青岩碧嶂，风景绝幽。经过释能清等人的筹措，以及修整道路，培修殿堂，并于1943年重修山门及真武殿的五间二层寺宇，使古刹复现庄严肃穆。

灵岩书院、灵岩寺邻"老人村"，钱穆先生誉为"唐宋以来一处世外桃源"，先生即相中该地，开办书院，讲学传道。钱穆先生于前年秋曾至灵岩寺、"老人村"一游，印象颇佳，有"实如武陵渔人之游桃花源，虽千载相隔，而情景无异也"之慨①。

先生邀请太炎弟子、师兄傅平骧先生任教。傅平骧先生从东南回乡后，在家乡绵竹县曾任女子初级中学校长，1940年任绵竹县民众教育馆馆长。

---

① 钱穆《八十忆双亲·师友杂忆》："暑假移居灌县灵岩山寺。又向寺中方丈某僧借读《指月录》全部。此数月内，由于一气连读了《朱子语类》及《指月录》两书，对唐代禅宗终于转归宋明理学一演变，获有稍深之认识。有西南联大一学生，今已忘其姓名，其家在老人村，距灌县西约二十华里，适来寺中，遇余，劝余往游。余闻老人村之名已久，欣然偕往。村沿一溪，溪之上源盛产枸杞，果熟多落水中。据云，村人因饮此溪水，故均得长寿。村中数百家，寿逾百岁者，常数十人。此村为自成都通西康雅安之要道，有一小市，常有人私携枪械过市，暂宿一两宵，遂赴西康贩卖，获大量鸦片返，复过此市，不法巨利，往返如织。村人除种田外，亦赖此生活优裕。村中山水风景极宽极幽，村民遂亦不喜外出，风俗纯朴。如某生远赴西南联大读书，乃为村中向外求学之第一人。余在老人村，借宿村边一小学内。暑假无人，独余一人居之。余偕某生尽日畅游，大为欣悦。越四五日，游览略尽，欲返灌县，生言不可。因村俗，一家设席款待，同席者必挨次设席。余初来即由某生一亲戚家招宴，因不知余即欲离去，遂于各家轮番招宴中，递有新人加入，迄今尚未逐一轮到。若遽言离去，则违背村俗，某生将负不敬之罪。恳余再留，嘱招宴者不再添请新人，俟同席者逐一轮到作一次主人，乃可离去。于是遂又留数日。临去之清晨，乃在某生家进早餐。某生之父言，先生来，即由某戚家设宴，吾儿未将村俗相告，遂致多留了先生几天，独我家未曾正式设宴，不胜歉疚之至。今此晨餐乃特为先生饯行。此餐采田中玉蜀黍作窝窝头，全摘新生未成熟之颗粒。故此窝窝头乃特别鲜嫩可口。尚忆余在北平时，颇爱此品，但从未吃过如此美味者。这一餐可算是主人家的大花费，惟有感其情厚，他无可言。归后询之他人，老人村之名几无不知，而实到老人村者，余以外几无他人。自忖余之游老人村，实如武陵渔人之游桃花源，虽千载相隔，而情景无异也。"（钱穆：《八十忆双亲·师友杂忆》，三联书店，2005年3月第2版，第239—240页。）钱穆弟子严耕望先生《钱穆宾四先生行谊述略》："民国三十二年秋，齐鲁研究所停办，先生转在华西大学任教，兼四川大学教席。得暇游灌县青城山，居灵岩山寺，西至老人村，乃唐宋以来一处世外桃源，村民数百家，年逾百岁者常十余人。"（严耕望：《钱穆宾四先生行谊述略》，《新亚生活》月刊第18卷第2—3期，1990年10—11月。此据严耕望著：《钱穆宾四先生与我——笔耕室治史五书之三》，王寿男、陈水逢主编《岫卢文库》之一，台湾商务印书馆，1992年3月版，第22页。）"年逾百岁者常十余人"情况至今在该村一带仍存，各地媒体多有报导，堪负钱穆先生"唐宋以来一处世外桃源"之誉。

　　书院授学程度从初中到大学,主要讲习经、子、史及"文选"。来就学的学生纯属自愿,毕业既无文凭,也不安排工作,惟有潜心学习①。至于学费,由于当时通货膨胀,该收实物,即每年大米一石。首批学生约有十名,后渐增加到数十人。蒙文通先生不仅非常欣赏先生的学识,而且积极支持先生的书院事业,送哲嗣蒙默先生入书院就读。先生并让胞妹忍兰(培华)女士、胞弟源委先生;唐君毅送胞妹唐至中(后来成为"在书院住的时间最久"的一位);傅平骧先生也让自己的公子(姓名待查)、女公子全波女士,一同到书院读书。

　　书院的教学、图书资料、后勤等一般情况,当时曾就读的学子回忆道:

　　书院由李先生主持院务兼教学,并约请了傅平骧先生来院教学。教师有宽裕的宿舍,还有客房,学生可一人或两人住一间。有教室可供讲学。最让人满意的是有丰富的图书,图书室有一部完整的《四部备要》,一部完整的《万有文库》,还有一些经、史、子、集的单行本、类书、工具书和其它杂著,这些书都是从省图书馆借用的。另外还订了几份报纸杂志。这些书报已足敷应用。两位先生及家人的伙食自办。学生伙食,雇请了一名工人煮饭买菜,由学生轮流管理,两人一届,每届一月,月末公布账目。……

　　来书院学习,不分年级,同堂听讲,既没有学籍,也没有毕业期限,既不发文凭,也不分配工作,目的就是为了读书求学。至于听讲能接受多少,那就要看自己的修为了。教学安排:星期一至星期六上午听讲,下午自学,学习内容根据自己需要和爱好,晚上或挑灯夜读,或同学自由交流,星期天休息。书院没有明文的院规,但师生关系融洽,团结和睦,无为而治,从未发生逾越规矩的事件,先生给书院营造了一个安定和谐,自由讲学读书的环境。②

　　至于先生、傅平骧先生系常川住院的两位最主要的书院教师,在院授业、解惑的一般情况,当时曾就读的学子回忆道:

　　李先生要求学生在学习上首先要打好坚实的基础,认真读好原著,使用的教材就是经书、子书原本。他采用逐篇逐句串讲的教法,将其对书中

---

　　①　《犍为县志》之《李源澄传》,第717页。
　　②　李守之:《追思往事,缅怀恩师李源澄先生》一,2011-08-08 16:07:11(见新浪博客 http://blog.sina.com.cn/s/blog_86cd776a0100syzv.html)。

一些问题的看法贯穿在讲解中。他对书中微言大义详加阐述,对个别辞句则不作纠缠。他给我们讲经学在中国历史上的地位和影响,讲经学与子、史的区别与关系。他讲儒家修齐治平之道和内圣外王之理。他讲儒者对穷达的态度等。我听过他讲的经书有《尚书》、《周易》、《礼记》;子书有《论语》、《孟子》、《荀子》、《韩非子》、《庄子》、《墨子》。以上诸书除《四书》是全部讲解外,其他的则重点选讲,未讲的篇章自学消化。

　　傅平骧先生给我们讲过《诗经》和《说文》。傅先生记忆力惊人,讲课能就近取譬,古人诗赋随口引用,一字不差,连《昭明文选》李善注、《说文解字》段玉裁注都能背出。有同学说,连《仪礼》上那些写典章制度的枯燥文字也能背诵,足见其功底之深厚。傅先生讲课总是面带微笑,教态安详,从容不迫,听者如沐春风。

　　先生也常来学生住处看一看,了解我们的生活、学习情况,或坐下来抽着叶子烟随便聊一会儿。他对我们的学习主要是引导,如研究某个问题还要读哪些书,还应从哪些方面考虑等。很多同学都感到先生善于答疑解惑,对提问常是要言不繁,三言两语就回答清楚了,使人心中豁然开朗。先生说话总是带着建议和商量的口吻,使人感到亲切,易于接受。①

可见,先生在书院继续讲授在四川大学执教就已讲授的《经学通论》,并主讲《论语》、《孟子》、《荀子》、《礼记》等儒家经典;傅平骧先生长于音韵文字训诂之学,主讲《诗经》与《说文解字》;而且教学方法比较民主,易为学生接受。

　　此外,先生又经常邀请当时的著名学者来灵岩书院作短期讲学,大家既然道同,又彼此尊重,自然相处乐融融。

　　先生对学生,爱若子女。灵岩书院的学生有四川崇庆县(今为成都市所属之崇州市)籍学生钟元灵,就得到先生的关爱。《李源澄传》说(第718页):

　　他对己考虑很少,对人却非常关心。办灵岩书院时,学生钟元灵家境清贫而好学,他不仅免去钟的学费,还以自己所得稿费,资助其伙食。

5月,先生论文《从儒学史上言孝弟义》在《文教丛刊》第1卷第2期发表,是文从三个部分,分析了原始"孝弟"的含义,到儒家学说史上"孝弟"的扩大,并成为"儒学之中心,汉以来真成为天之经、地之义、

---

① 李守之:《追思往事,缅怀恩师李源澄先生》一,2011-08-08 16:07:11(见新浪博客 http://blog.sina.com.cn/s/blog_86cd776a0100syzv.html)。

民之行也"。

6月,先生论文《两晋南朝社会阶级考》在上海《文史杂志》第5卷第5、6期合刊发表。是文从"贱门"、"地域"(地域划分的社会阶层)、"杂人"(包括奴婢、兵家部曲、门生义故、宾客等四类)、"士庶"(及士族、寒族之分)等四个方面,分析了两晋南朝时期的社会阶级,指出:"两晋南朝为阶级最复杂之时代","两晋以下,不平等之现象突然显著,同为编户齐民而类别多门"①。可以看到,当时社会史、唯物史观的研究方法兴起,阶级分析的视角也逐渐为先生知晓并有所了解,先生也阅读了蒙思明先生1938年在哈佛燕京社出版的《元代社会阶级制度》等论著。是文即为先生以阶级分析的视角,探索中国古代史的初步尝试。

本月,在先生的指导下,高足王树椒先生的论文《北魏汉兵考》发表②。先生提携弟子,大力修改、推荐他们的论文到各报刊发表,王树椒先生的论文《西晋禁兵考》、《北魏汉兵考》等四五篇即为著例。此后,先生还推荐弟子蓝见龙、李守之等人的《曹魏官制》等篇论文在《东南日报》、《勉仁文学院院刊》等报刊发表③。

　　蒙默先生在一文《我和南方民族史研究》回忆1944—1945年他从父命跟从"李师"即先生在南充西山书院、灌县灵岩书院学习的一年:

　　　　由于我父欣赏他,所以把我托付给他(指先生)。……这一年中,李师为我讲《经学通论》《礼记》《荀子》,傅平骧师为我讲《说文解字》《诗经》,虽然讲得不多,但讲时是评论式的,启发性颇大。其余篇章则主要靠自学。以此得通读孙希旦《礼记集解》、王先谦《荀子集解》、段玉裁《说文解字注》、陈奂《毛诗传疏》。

　　　　经过这一年多的学习,不仅增进了经学、诸子、小学各方面的知识,而且研究国学的生活道路也就从此定下来了。但是,我为了要拿到一张日后在社会上站得住脚的大学文凭,没有接受继续读书院的劝告,1945年

---

① 李源澄:《两晋南朝社会阶级考》,上海:《文史杂志》第5卷第5、6期合刊,1945年6月,第70—81页。

② 王树椒:《北魏汉兵考》,《文史杂志》第5卷第5、6期合刊,1945年6月,第82—84页。

③ 李守之:《追思往事,缅怀恩师李源澄先生》四,2011-08-08 16:22:22;五,2011-08-08 16:26:12(见新浪博客 http://blog.sina.com.cn/s/blog_86cd776a0100sz0i.html)。

秋天便又在四川大学附属中学复学了。①

7月,前辈学者、川大及齐大教授彭举先生专赴灌县灵岩山访先生,先生诚意留请彭举先生山居近一月,晤谈甚欢②。

本年,有"天才"之誉的王树椒先生病逝,年仅26岁③。对于自己爱徒之去世,先生更是十分痛惜。《李源澄传》说(第718页):

> 他为学生王树椒不幸去世而伤心落泪,给友人去信曾说:"种树尚为人爱惜,何况此生!"对其弟妹,从生活到学习,也是关心照顾,无微不至。友人和学生们都认为他是"爱生如子"的人。

联系赖高翔《李源澄传》(《赖高翔文史杂论》第356页),可知此处友人指赖高翔先生:

> 浙大学生王树椒,颇能传君典章礼制之学。间关相从,之成都病卒。君苦之恸,贻书于余,以"种树尚为人爱惜,况此生!"盖其悼生才之难,而为世用惜者,其天然也。

灵岩弟子则回忆道:

> 王树椒是他在浙江大学(遵义)教的学生,聪敏好学,英年早逝,先生为之痛哭,久难释怀,尽收王生遗著,陆续送报刊发表,以为纪念。同学们都说:"王树椒是李夫子的颜回。"
> 先生对学生的爱是全方位的,其程度亲如父子,甚于家人。④

王树椒可谓是先生享有"爱生如子"之誉的实例。

公元1946年(民国三十五年,丙戌)　三十七岁

1月底,著名学者、政治活动家梁漱溟先生致函先生,同时又致函四川大学教授叶石荪先生(1893—1977,名麐,字石荪,以字行),商量筹备在昆明设立一个文化研究所,进行文化研究工作。

2月间,梁漱溟先生专程来到成都,就文化研究所创办之事,来访先生、叶

---

① 张世林编:《家学与师承:著名学者谈治学门径》第3卷,第70页。

② 彭铸君:《彭芸生年谱》,《崇庆县文史资料选辑》第5辑,第41页。

③ 熊德基:《恸忆夭逝的天才王树椒》,载许渊冲:《追忆逝水年华:从西南联大到巴黎大学》,三联书店,1996年版,第137页。

④ 李守之:《追思往事,缅怀恩师李源澄先生》四,2011-08-08 16:22:22(见新浪博客 http://blog.sina.com.cn/s/blog_86cd776a0100sz0i.html)。

石荪先生二位老友并征求意见。

梁漱溟在《我参加国共和谈的经过》一文回顾：

> 我那时总想成立一个文化研究机构，想找地点找人才。2 月间，我就跑成都一趟，找叶石荪和李源澄来一同搞。[①]

本月，钱穆先生应先生之邀，为先生断代史专著《秦汉史》撰写了序言。钱穆先生以前在北大讲授过《秦汉史》课程，对此知之甚深，在序言中略疏清代大学者章学诚（实斋）记注、撰述、方智、圆神之义后，说自己"往者谬膺北京、清华诸校讲席，授秦汉史，草为讲义，及新莽而至，其下未遑继续，闷之筐衍，逾十余岁矣"；接着，钱穆先生提到"今年春，李君浚清自灌县山中来，出示其新著《秦汉史》一编"，称赞读过该书后"有幸与鄙见相合者，有鄙见所未及者，私自付之，浚清其殆今之所谓善读史耶，其书则亦章氏所谓圆而神之类也"。钱穆的序言，以自己非常尊崇的章实斋所认为的史学研究的最高境界——"圆而神"来推崇李源澄先生《秦汉史》研究的精深宏卓，可谓评价甚高。蒙默先生指出，钱穆先生在《序言》中所言，"'浚清其殆今之善读史者耶，其书则亦章氏圆而神之类也'，钱氏言史宗章实斋，实斋论史以'圆而神'为最高境界，而钱氏以此称源澄先生，可以想见先生造诣之深。"[②]钱穆先生序言全文参见本书《附录三》)。

3 月，先生于灌县灵岩书院为自己的专著《秦汉史》撰写自序。先生专著四部，均有自序。是书的序不足五百字，是最长的一篇。兹录该序全文：

> 六年前，在浙江大学授课，有《秦汉史》及《魏晋南北史》之纂录，《魏晋南北史》多单篇发表。后在四川大学又讲授《秦汉史》一次，其时为学兴趣不在此，未有所增损。近年深感秦汉一段在国史上之重要，昔所纂录犹有助于初学读秦汉历史，因缮理旧稿以成此编，较之初稿文字为简约矣。
>
> 初撰此书，原在便利学生，使之明了秦汉大事，再进而求之秦汉历史。故人人所知者则不复言，即其关系甚大不能不言者，言之亦从简略。若所关甚大而为人所忽者，则言之从详。其中引用原书处，多是人所忽略处，乃以为征信也。若人异义，则直言之。是若吾书各篇虽颇具经纬，属辞则有愧撰著体裁。

① 梁漱溟著，梁培宽、梁培恕整理：《梁漱溟全集》第 6 卷《散篇论述》，山东人民出版社，2005 年版，第 907 页。

② 蒙默：《我和南方民族史研究》，载《家学与师承：著名学者谈治学门径》第 3 卷，第 70 页。

吾书所措意者,封建、郡县、儒术三事,秦汉为封建变为郡县之历史,封建制度消灭,郡县封建完成,儒术与君主结合,三者实秦汉历史之中心。秦汉以后之历史,则君主与儒生互让之历史,其利弊得失皆可于此中见之,窃愿读者勿忘斯意。又念吾纂辑此书之时,平心读书而已,未敢有他志,殊不料所得殊与常论不同如此。吾于马班范书犹病未能精熟,足见古人之蕴未经人道者甚多,帝王家谱之说殆不其然,学者亦当知所先务也。

民国三十五年三月,李源澄自序于灌县灵岩书院。

从《自序》可见,先生以为此著"所得殊与常论不同",对此书自视较高。

春,开明的自贡大盐商余述怀先生(1883—1948,字仁禄,四川威远县向家岭黄石坡人)受到先生坚持不懈振兴国学的感召,赞助了一笔办学经费。余述怀先生出身贫寒,开办盐场发家后注重发展文化教育,他创办了自贡旭川中学,1946 年又捐款在四川大学工学院修建了试验场地"述怀馆"①,可谓热心捐资助学的有识之士。

先生为了让更多的人有机会到书院学习,开始筹备"灵岩书院暑期讲习会",报名地点在成都城内的四川省立图书馆(蒙文通先生任馆长),学费为大洋三元。

4 月 1 日,先生论文《儒学对于中国学术政治社会之影响》在《东方杂志》发表②。在文末,先生特有如下一段说明:

吾于《中国社会之特性》一文中,已言中国历史与西洋史分道而驰,在秦、汉大一统之后,而儒学实为其主因。儒学对中国历史之贡献,无俟乎言。然吾人持之以与西方近代历史相较,亦正有其弊短,此亦论史者所不可忽。然此弊短皆儒学衍进上之不能得其正当发展所致,无伤于其根本,刮垢摩光,则其光彩日新也。吾人今日所以为不足者,科学不如人,而政治社会日入于败坏也。吾人当知儒家所谓学者何事?科学之不发达何因而至?儒家对于政治社会之理想如何?何以不能发展其正当之理想,而入于补偏救弊?吾人今后对于儒学应如何择取?此皆本篇所致论者。

先生紧接着在本文主体的三个部分,即:第一,儒家言学之范围;第

① 尤洋:《西场首富余述怀——自贡盐场的"仁商"》,载《自贡晚报》2009 年 8 月 6 日第 7 版"自贡建市 70 周年特别报道"。

② 李源澄:《儒学对于中国学术政治社会之影响》,《东方杂志》第 42 卷第 7 号,1946 年 4 月 1 日,第 33—38 页。

二,儒家原始之政治社会思想;第三,君主与儒生结合后之政治社会,围绕儒学对于中国学术政治社会之影响进行了论述。在文末,先生特有如下一段说明:

> 本文尚有一姊妹篇,名为《中国社会之特性》,刊于华西大学中国社会史研究室期刊《中国社会》第九期,两文互为表里,敬希读者注意。

5月中下旬,钱穆先生在灵岩书院讲学"旬日",从钱穆先生6月6日致函学生、云南大学讲师李埏先生(1914—2008,字子溯,号幼舟,云南省路南县人),有"穆顷薄游青城,小住旬日,昨始返蓉"之语①,可以推知。

6月,内迁桂林的无锡国专迁回无锡复校。

7月15日,先生论文《儒道两家之论身心情欲》在《东方杂志》第42卷14期发表,先生在卷首如是说:

> 春秋以前,礼教未坏,士大夫熏陶于礼教之中,循礼则为君子,悖礼则为小人,礼教之外,无所谓修养之道。迨春秋之末,社会日变,民志不定,礼失其效,而道德日以凌夷,于是修养之道,始为时之哲人所论究。至于汉初,历时数百年,吾国人之道德修养率奠定于此,举凡宋、明儒者所致意者,率已发其端,是亦不可无述也。②

之后,先生分别论述了孔子、孟子、庄子、荀子以及诸子典籍的"身心情欲"观。并进行了"约可分为三期"的分期研究。

18日,先生论文《略论中国社会》在当天上海《东南日报》副刊《文史》第3期第6版刊出。《东南日报》的前身是《杭州民国日报》,于1928年创刊,抗战胜利以后,除出杭州版外,1946年6月新推出了上海版,并且上海版新辟了副刊《文史》,由先生在国专同事魏建猷先生主事。《文史》副刊于7月4日创刊③,先生当月即在《文史》副刊发

---

① 云南省档案馆编:《私立五华文理学院档案资料汇编》,云南大学出版社,2009年版,第590页。

② 李源澄:《儒道两家之论身心情欲》,《东方杂志》第42卷14期,1946年7月15日,第14页。

③ 《文史》系周刊,原为整版,后改为三分之二版,初定每周三版,以后改周四版、周日版等。到1949年4月初停刊,共出了132期,除最后几期由方诗铭代为编辑外,其余均由魏建猷组稿编辑。魏建猷在《创刊辞》中指出,创办《文史》副刊,就是为了倡导文史研究的风气,振兴文史教育。魏建猷强调办刊方针,"本刊园地公开,绝不稍存门户之见",并提出三点希望:作者多赐有学术价值而较易引起读者兴趣的论文;读者多提出改进意见、有关文史学的问题;新进学人踊跃投稿。见周育民《风雨八十载——魏建猷先生传略》(《历史教学问题》2004年第4期,第28—32页)一文。

表论文,先生在该《文史》副刊还发表了《论管子〈心术〉〈内业〉》等十二篇文章,因此,《东南日报》的《文史》副刊成为了刊载先生论文数量最多的报纸。

先生在《略论中国社会》一文中提出：

> 民国十六、七年以后,治中国社会史者,每以欧洲历史发展之形式,强用之于中国历史,其不可难岂不顾而易明欤？……求阶级意识而不可得,于是有中国社会史之讨论。其引起中国社会史之探讨,于学术诚为有功。然以西方历史之格式横施于中国社会,其可乎哉![1]

先生针对的那个是学界研讨中国社会史的潮流,指出,由于地理文化相异等因素,中国社会发展与欧洲有所不同,因此,反对以研究欧洲历史的方法,来研究中国社会史。同时,他也赞赏了由于借鉴欧洲社会史的研究而引起中国社会史的探讨,促进了中国学术的发展。

此外,由于先生与《东南日报》副刊《文史》主编魏建猷先生关系密切,从本年到次年,《文史》副刊在《文史消息》一栏,先后五次专门介绍先生学术及其主办灵岩书院、《灵岩学报》,对于扩大社会影响,起到了积极效果。如《文史》副刊在本月如是报告"史学家李源澄氏"的近期工作：

> 史学家李源澄氏,创办灵岩书院于四川灌县青城山之灵岩寺,专门造就文史方面人才,有学生数十人,教师多系向成渝两地请著名学者前往轮流讲学。近年以来,成绩斐然,故发展亦至为迅速,故不仅开私家讲学之风,且□□□□□。[2]

夏,"灵岩书院暑期讲习会"正式开学,暑假学习为期两个月。前来参加"讲习会"的学生,约有二十余人,一位崇庆县(今崇州市)四十多岁的老师带着他的几个学生一起来听课,先生友人、内迁重庆的中央大学哲学系教授、系主任唐君毅先生,亦应先生之邀,前来讲学十余天。

先生、傅平骧先生、唐君毅先生在院的课余生活,就读的学子回

---

① 李源澄：《略论中国社会》,上海《东南日报》副刊《文史》第 3 期,1946 年 7 月 18 日第 6 版。

② 《文史消息》,上海《东南日报》副刊《文史》第 2 期,1946 年 7 月 11 日第 6 版。又见《李源澄著作集》第 4 册,第 1776—1777 页。

忆道:

李、傅、唐三位先生在书院毗邻而居,读书之余常在屋檐下的走廊喝茶休息,或闲谈,或争论,或开玩笑。一次,李先生和傅先生开玩笑说:"你搞那个《说文》有什么用? 翻来覆去就是认字,有什么意思?"傅先生不以为意,心平气和地说:"怎么没意思? 你连字都认不得搞不清楚,还怎么读书做学问?"李先生说:"得鱼忘筌嘛。"傅先生回答说:"你筌都没有,哪去得鱼?"于是两人相视而笑,莫逆于心。有时李先生与至中先生对有的问题也发生争论,唐先生善于言辞,辞锋犀利,常常搞得李先生面红耳赤,难于对付,连声说:"诡辩,诡辩! 完全是诡辩!"他们之间玩笑也好,争论也罢,毫不影响友谊,这种真诚友好的感情,使同学们钦羡不已。[①]

应邀前来讲学的知名学者,除了钱穆先生、唐君毅先生外,还有潘重规(1908—2003)、赖高翔(1907—1993)、饶孟侃(1902—1967,外国文学研究家,新月派诗人)、牟宗三、谢文炳(1900—1989)、朱自清(1898—1948)、张敷荣(1904—1998)、周辅成、秦佩珩(1914—1989)、罗念生[②]、刘盛亚[③]等先生,也应邀到书院讲课。

8月1日,先生的论文《墨学新论》在《新中华》发表[④]。该文主要论述了五个问题:一、儒墨之异在政治与伦理;二、墨家纯为政治学之证据;三、"墨家反对传统文化为其衰熄之原";四、墨家之天下主义与平等思想;五、儒家取墨家思想变化之影响。

在讲习会讲学的朱自清先生,在本日(8月1日)的日记记载:"在灵岩书院讲《现代散文之发展》。遇秦佩珩,同游天师洞,并到上清宫。"因朱自清夫人陈竹隐女士(1904—1990,四川成都人)与成都市长余中英(1899—1983,号兴公,成都建市后的第九任市长,四川郫县人)之夫人朱梅君女士为好友,故朱自清先生系应友人"余太太邀",携子朱乔森先生(1933—2002,出生于北京,母亲是陈竹隐女

---

　　① 李守之:《追思往事,缅怀恩师李源澄先生》三,2011 - 08 - 08 16:18:27(见新浪博客(http://blog.sina.com.cn/s/blog_86cd776a0100sz0b.html)。

　　② 罗念生(1904—1990),学名罗懋德,早年毕业于清华,1929 年至 1934 年先后进美国俄亥俄大学、哥伦比亚大学研究院和康奈尔大学研究院、雅典美国古典学院学习、研究。1934 年回国,历任北京大学、四川大学、武汉大学、清华大学等校外语系教授。

　　③ 刘盛亚(1915—1960),留德,进步文化救亡活动的参加者,编辑《中原月刊》,主编《星期文艺》,担任《西方日报》副刊主笔。

　　④ 李源澄:《墨学新论》,《新中华》复刊第 4 卷第 15 期,1946 年 8 月 1 日,第 34—36 页。

士)而至灌县;并应先生之邀,至灵岩书院作一讲座。《朱自清日记》7月31日条:

> 应余太太邀,携乔一起乘车到灌县,宿于灵岩。观赏周围景物,遇灵岩书院院长李源澄先生。得一宵清静。①

完成讲座、畅游青城山后,8月2日朱自清乘车到灌县城里畅游,在致余中英夫妇函中除了代"景伯、文柄、源澄诸先生""致意"之外,更有"此行极满意"之语②。

与朱自清先生同游青城山胜景的秦佩珩先生,亦应邀到灵岩书院讲学,后来成为了著名的经济史学家,秦佩珩先生在晚年自述道:

> 沉重的胃病,折磨着我的身体,在健康状况还没有改善多少的情况下,由于李源澄教授的邀请,我到灌县灵岩书院去讲学。李源澄先生除子学外,尚精于史学,对于"五经"、"四书",亦皆有发明。
>
> 青城灵岩之间,堪称为博学之士。当时到灵岩书院来讲学的人很多,如谢文炳、罗念生、朱自清、刘盛亚等,大都是些出头露面的人物,我也忝列其中。我讲的是《经济史的研究和史部目录学的关系》。事后想来,真是"有不虞之誉,有求全之毁"的感觉。当时朱自清先生讲完以后,也和我一齐(起)到青城山天师洞游历,他对我的讲述,出人意料之外地给了很好的评价。③

《犍为县志》之《李源澄传》,称先生办灵岩书院"常约请学有专长的学者上山讲学",力争使学生"笃学躬行"与"博闻古今中外之学"相结合(《李源澄传》,第717页):

> 他(先生)深知个人的学问是有限的,为使学生博闻广见,常约请学有专长的学者上山讲学,如潘重规讲训诂学,唐君毅、牟宗三讲哲学,赖高翔讲《陶靖节集》,饶孟侃讲《神曲》,罗念生讲希腊悲剧,钱穆讲《近三百年学术史》,谢文炳讲西洋文学,朱自清讲文学,蒙文通讲儒学等。力求使

---

① 朱乔森主编:《朱自清全集》第10卷(日记),江苏教育出版社,1997年版,第415页。

② 1946年8月3日朱自清致余中英夫妇函:"前日别后,下午至天师洞畅游,傍晚抵上清宫,餐后登第一峰,晚间并得见少数神灯。……昨早十时到离堆公园。因尚早,又至二王庙一游。……此行极满意,青城不愧天下幽之名……"。见《朱自清全集》第11卷(书信补遗编),第227页。

③ 秦佩珩:《秦佩珩学术文集》,中州古籍出版社,1999年版,第952—953页;或者高增德、丁东编:《世纪学人自述》第5卷,北京十月文艺出版社,2000年版,第78—79页。

学生于深山古寺之中，笃学躬行之外，而博闻古今中外之学。

8 日，先生之论文《张萝谷先生学术思想之特色——读张萝谷先生文集》在《东南日报》副刊《文史》第 6 期第 6 版发表。"萝谷"为清代乾嘉时代文史学家张秉直之号，秉直字含中，陕西北澂（今澄城安里张卓村）人，号"萝谷夫子"，后世誉为理学真儒。先生此文以张萝谷的著作《开知录》、《治平大略》（二书合称《张萝谷先生文集》）为基础，探讨了张秉直学术思想的特色，即：深刻论述"天下为公"之大义；其思想"不仅高言王道，且深明于夷夏之防"，"萝谷之学固尊朱子，然极重经济"[①]。

本月，先生论文《礼之衍变》分为上下篇，在《中央日报》的《文史周刊》第 16 期、第 17 期连载。是文由《礼之本义为祀神》、《殷周之际法度不谓之礼》、《礼之广义为法度之通名》、《春秋时代言礼为礼之广义》、《礼为贵族所专有》、《孔子对礼之新义与孟荀之衍变》、《荀子言礼兼春秋时代言礼与孔孟言礼之义》、《晚周新儒家之言礼》八个部分组成，论述了先秦时期"礼"发展的阶段性及其涵义[②]。是文 11 月又见刊于四川"东方文教学院"主办的《文教丛刊》第 1 卷第 5、6 期合刊。

　　梁漱溟先生于本月在重庆北碚金刚乡勉仁中学（梁漱溟 1940 年创办于璧山县来凤驿，次年秋迁来）中创办勉仁国学专科学校。同年，梁先生撰写《中国文化要义》。

秋，老友王恩洋先生应先生之邀请专程来到书院"讲授儒学之演变"。时居士袁焕仙（1887—1966，号世杰，四川省盐亭县人）等人都在此避暑清夏，与传西法师等人晤谈甚欢。王恩洋先生在本年 11 月发表的《灵岩书院·草堂国学专科学校·南林中学校》一文记述道：

　　灵岩书院，在灌县灵岩东岳庙。院长李源证（案：此处印刷时误，当作"澄"），学生数十人，去年开办，讲授经史文词。予今秋应该院请，讲授儒

---

　　① 李源澄：《张萝谷先生学术思想之特色——读张萝谷先生文集》，《东南日报》副刊《文史》第 6 期，1946 年 8 月 8 日第 6 版。

　　② 李源澄：《礼之衍变》，《中央日报》1946 年 9 月 3 日第 8 版《文史周刊》第 16 期、《中央日报》9 月 10 日第 12 版《文史周刊》第 17 期。又见于《文教丛刊》第 1 卷第 5、6 期合刊，1946 年 11 月，第 29–37 页。

学之演变。师生亲爱，肃穆雍容，别成风气，不与时同。①

可以看到，开办"东方文教学院"的王恩洋先生，甚知当时环境下办学的艰辛，因而对先生所办灵岩书院"不与时同"的校风，颇为嘉许。这与赖高翔《李源澄传》（《赖高翔文史杂论》，第356页）所评价"不以外物干其心"的灵岩学风一致：

> 其学风，朴实坚劲，不以外物干其心。至于从学者，多能发愤自厉，以底于成。

10月，先生创办的学术刊物《灵岩学报》创刊号（第1期）正式出版。是刊使用四川自贡开明大盐商余述怀先生赞助的经费，发行人为四川富顺商人余次青（即"东方文教研究院董事会"会长），印刷者为"华英书局"，定价"壹千伍百元"，初步拟定为"半年一期"的半年刊，创刊号标明"灵岩书院（四川灌县）"编辑。

《灵岩学报》创刊号共有32页，刊发了6篇学术论文，均为对传统文化的研究之作。除了先生亲撰《天人合一说探源》（第13—17页）一文之外，还有蒙文通先生撰《黄老考》（第4—13页）、《杨朱考》（第1—4页），唐君毅先生撰《佛学时代之来临》（第23—27页）和张德钧先生撰《胡子知言发微》（第27—32页），以及王树椒先生的遗著《论两汉魏晋用人标准之不同》（第17—22页）。作者中4位为是当时有一定影响的学者。其余二位，王树椒系先生爱徒，虽"天才"而英年早逝；张德钧先生为时在灵岩书院的先生友人，系马一浮先生1939年至1949年在乐山"复性书院"听过课、问过学的学生，同时的马氏门生还有金景芳先生（后任吉林大学教授，1902—2001，辽宁省义县人）等人。蒙文通先生《黄老考》、《杨朱考》二文主旨正如文题，唐君毅先生《佛学时代之来临》则论述由魏晋玄学时代至佛学时代之"客观精神之转化"，先生论文《天人合一说探源》则指出儒家"言天人合一者，所以使人与天不冲突，使春秋战国以来，人本之思想与古代神道思想相调合"（第17页）。

《灵岩学报》系在成都印刷，两位灵岩学生受命到成都办理时，还受先生命前往华西大学看望先生友人缪钺先生：

---

① 王恩洋：《灵岩书院·草堂国学专科学校·南林中学校》，载东方文教学院主办：《文教丛刊》第5、6期合刊，1946年11月，第44页。又可参见《王恩洋先生论著集》，四川人民出版社，2001年版，第718页。

书院出过一期《灵岩学报》，先生派王英伟(武大法律系毕业)同学和我去成都办理印刷事宜，并代他去看望史学家缪钺先生。我们办完事即去华西大学看缪先生，他正忙着写文章，听我们说明来意，热情接待了我们，亲自为我们沏茶，亲切地询问了李先生的近况和我们的学习情况，一点也没有大教授的架子。见他很忙，坐了一会即告辞，临别他送我们至门口，再三叮嘱代他向李先生问好，并说，等忙过这阵要上山看望李先生。①

本月初，钱穆乘飞机入滇，下榻昆明翠湖公园云南省立图书馆内。钱穆来滇之时，并代为"五华书院"、云南大学聘请先生、诸祖耿先生等前来任教。诸祖耿先生系先生的师兄、章氏弟子、钱穆的好友，曾编印《制言》半月刊。"加上原已留昆的刘文典、罗庸等先生，昆明的学术空气为之一振"②。

11月14日，《东南日报》副刊《文史》之《文史消息》一栏，第二次报告了"史学家李源澄氏"近期出版了"内容宏富"的《灵岩学报》：

　　史学家李源澄氏，主持四川灌县灵岩书院，最近发刊《灵岩学报》一种，创刊号有蒙文通之《杨朱考》、《黄老考》，李源澄之《天人合一说探源》，唐君毅之《佛学时代之来临》等文，内容宏富，实为沉寂之学术界放一异彩。③

可见，从夏秋之季灵岩书院开办暑期讲习会，招生日渐增多，延请多位名师，创办学术期刊，"实为沉寂之学术界放一异彩"之后，灵岩书院的影响日益扩大，这一时间，书院进入了鼎盛时期。

《犍为县志》之《李源澄传》，称先生办灵岩书院"力求使学生于深山古寺之中，笃学躬行之外，而博闻古今中外之学"，叙述所指应即在本年(《李源澄传》，第717页)：

　　(先生)在办灵岩书院时，深得一批师友和灵岩寺方丈传西和尚的支持，为其提供房舍和必要用具。来学的学生纯系自愿，毕业既无文凭，也不安排工作，惟有潜心学习。他主讲《论语》、《孟子》、《荀子》等儒家著

　　①　李守之:《追思往事，缅怀恩师李源澄先生》四，2011-08-08 16:22:22(见新浪博客(http://blog.sina.com.cn/s/blog_86cd776a0100sz0i.html)。

　　②　李埏:《昔年从游之乐，今日终天之痛——敬悼先师钱宾四先生》，载江苏省无锡县政协编《钱穆纪念文集》，上海人民出版社，1992年4月版，第6—24页，引文见第22页；陈勇:《钱穆传》，人民出版社，2001年版，第219页。

　　③　《文史消息》，上海《东南日报》副刊《文史》第18期，1946年11月14日第10版。

述,并请傅平骧讲音韵学及《诗经》。

本年,先生在灵岩书院教学之余,潜心撰述中国近代史研究专著《秦汉史》。

　　约在本年或稍后,先生有收集在 1936 年《诸子概论》出版后的自己诸子研究论文成集《诸子论文集》并出版的计划,应未得完成,亦未见此书。为此书,先生特地致函唐君毅先生索序,唐君毅应邀撰写了《李源澄诸子论文集序》,说:

　　……友人李源澄先生,治学由经而子而史,其著述为海内人士所共见,无俟愚之喋喋。十余年来聚谈之际,最所深佩者,即其冲怀寥廓,读书一如其人。凡所会悟,皆出自内心,故所述作,亦皆直抒所见,少所讥弹。而或者遂以纲目不张,锋芒太敛,于殊方异域之说,无所参偶,不类时人之著病之。不知此乃李先生用心方式,乃尚保留古人圆而神之风,其抉发昔贤著述之大义,皆入乎其内而出乎其外,直言所见,而无与人絜长度短之意,故得绝于以流行之西方印度之思想与中国固有学术轻相比附之病。

　　至于本书,乃李先生继其十年前已印行之《诸子概论》而著,其体裁与作风,与其他作仍不相远,读者皆当循吾今之所言以读之。本书大旨,依余所见,在明儒家与诸子相激相荡而归于汇通之势。读孔孟荀,以明儒家之正宗;以告子与孟子之对辨,明儒墨之争之关键;以《管子》之《心术》、《内业》言道家之晚期发展而采纳儒家之初;以《管子》中之法家言,言法家之采儒。要归于说明晚周诸家之说之趋于相融会,然亦保留下来不失其宗。此于论《管子》二篇及儒道两家之音乐理论一文,最见其匠心。此外,则论庄子之分形、心、气三境界,论商鞅则特揭出搏力杀力,皆自具双眼。至于此外之论,大皆以平宽见长,更无浮泛之辞,诡异之论,读者读其书自知。来书嘱余序,故略弁数语如右。[①]

　　唐君毅先生的序言,指出先生是书系十年前出版《诸子概论》之续作,“其体裁与作风,与其他作仍不相远”;是书大旨,“在明儒家与诸子相激相荡而归于汇通之势”;归纳了先生治学之三变:“治学由经而子而史”,以及其学风继承了清代学者之“圆而神之风”。序文表达了对先生治学的赞赏,如“此于论《管子》二篇及儒道两家之音乐理论一文,最见其匠心。此外,则论庄子之分形、心、气三境界,论

---

　　① 唐君毅:《李源澄诸子论文集序》,原在《唐君毅全集》卷 10,台北:学生书局,1988 年版,第 582—584 页。此据《李源澄著作集》第 4 册,第 1957—1959 页。

商鞅则特揭出搏力杀力,皆自具双眼"等。

从唐君毅序言"至于本书,乃李先生继其十年前已印行之《诸子概论》而著"一句可见,先生是书大致收集、成书于 1946 年及稍后;至于从唐君毅序言评论的先生论著而言,先生是书包括了 1946 年及其之前的论著,如《六朝文士之声乐与技艺》(发表于 1944 年)、也包括了 1946 年以后发表的论著,如《申孟子难告子义》(发表于 1947 年)、《论管子心术内业》(发表于 1947 年)、《管子中之法家言》(发表于 1948 年)等。由此推断,唐君毅撰写序文时,或者是曾经得以通览先生的文稿,或者是在上述论著发表之后。

各地学生继续前来灵岩书院求学,在一位本(1946 年)年初入学灵岩书院的学子的眼中,对先生的第一印象是:[1]

初见源澄先生使我大为吃惊的是他那样年轻,看来不过三十许。他体态丰盈,戴一副有框的浅度近视眼镜,穿一袭灰布长衫,手里拿着一支一尺左右的叶子烟杆,说话带着犍为乡音,对人和蔼可亲,平易近人。

这位本年入学的学子,回忆当时"李先生还组织了几项活动来调剂课余生活",兹节录以见当时先生与师友交往之一斑:

(一)同乐会

即师生聚集同乐之意,类似文艺演出。书院同学不多,文艺爱好者不少,同乐会由同学主持,通常安排在星期六下午,届时师生围坐在过厅里,中间空出表演场地,节目多种多样:……大概一两个月一次,约两小时左右。

(二)读书报告会

读书报告其实是一种读书的自我总结,也是读书心得的交流活动。报告人自愿参加,先向主持人报上报告题目,开会时师生都参加。每次报告安排一至二人,规定每人报告时间一般不超过两小时,讲完后由李先生或傅先生作简短的点评,重在鼓励,评完散会。这项活动也安排在星期六下午,每一两月一次。李先生尽力鼓动同学报名参加,只要求认真准备,不计较报告质量好差。我也报名参加过一次,记得题目是《戴东原的学术

思想探讨》，讲了些什么，已不复记忆。但我深刻地体会到参加这种活动对读书的帮助极大：对听者来说，可以从中了解报告人是怎样读书，怎样发现问题，怎样论证和阐明问题的等，因而从中得到启发和借鉴。对报告人来说，得益不在报告本身，而在准备报告的全过程。准备时才发现平时读书有些问题是一晃而过，并没有弄清楚明白，为了搞清要讲的问题，就得查资料找根据，尽管最初是抄抄摘摘，七拼八凑，但哪些该抄？哪些该摘？怎么拼？如何凑？就得大费一番思考，才能言之成理，执之有故。经过这般功夫，对要讲的问题就更加懂得了。参加这项活动，无形中指引我们更认真深入地读书，先生对我们的教育培养，可谓用心良苦矣！

（三）旅游

初夏，先生带领同学作了一次青城山之游。去者除先生与家人，自愿参加的学生七、八人，步行至青城山下，稍作休息后登山。那时入山不买门票，我们在山上转游了三天，游遍景点，饱餐秀色，十分愉悦。我们发现先生与大多数道观观主都很熟悉，见面如老友相逢，谈笑自若。……是夜，皓月当空，月光穿过树影，照得大地如同白昼。我们在宽敞的院坝，摆上茶水及小食品，围坐谈天赏月。一会儿，观主寇真人应邀而来。寇真人年若六十左右，步履矫健，红颜白发，道髻高挽，银髯垂胸，一袭道袍，干净利落，看去若神仙中人。李先生起身邀请就坐。寇真人对我们的到来表示欢迎，接着与先生如老友重逢般寒暄起来。一会儿，话题转入对老子道德经的讨论。……李先生提议说："寇真人精于剑术，何不请真人一展绝技，以饱我等眼福？"大家鼓掌欢迎，寇真人也不推辞，略一颔首，命道童捧来宝剑，真人鹤立场中，长剑出鞘，持剑为礼，徐徐舞动，由慢而快，……人们兴尽归寝。次日返回书院。

此外，课余还有些个人乐趣，颇不寂寞。灵岩寺住持传西法师，有一手制茶的绝技，善做红、绿茶，有同学得到他的传授，又互相传习，于是大家都学会了制绿茶；……产茶期间大多数同学都被卷入了制茶活动，下午书院几乎成了制茶作坊。李、傅二位先生无暇制茶，同学们做了选质量最好的送些给他们，传西法师也给他们送茶，书院师生都养成了喝茶的习惯。①

蒙文通先生本年在成都兼任私立尊经国学专科学校校长，培养国学研究人才。

---

① 李守之：《追思往事，缅怀恩师李源澄先生》一，2011－08－08 16：07：11（见新浪博客 http://blog. sina. com. cn/s/blog_86cd776a0100syzv. html）。

公元1947年(民国三十六年,丁亥)　三十八岁

1月1日,先生论文《论宗法政治(即家长制之政治)》在《新中华》发表。所谓"宗法政治",即"家长制之政治"。先生自述此文撰述缘由:

> 本文即续拙作《墨学新论》而作(见本刊四卷十五期),与拙作《儒学对于中国学术政治社会之影响》(见《东方杂志》四十二卷七期),互相发明。①

6日,先生抵达四川南部的乐山县五通桥区,造访熊十力先生。时熊十力先生住"黄海化学工业研究社",唐君毅先生等学界名流均曾多次往访。熊十力《与谈壮飞函》有"源澄昨到此"之语句②,由此可以断言。

随着上年6月内战的全面爆发,灵岩书院好景不长。在渡过了短暂的鼎盛期后,开办了两年多的书院步入了困境。

4月,先生所撰研究中国断代史名著《秦汉史》由商务印书馆作为《复兴丛书》之一种正式出版,是书32开本,207页,后有台湾商务印书馆1966年、1977年等版本,是书之价值,由此可见一斑。

5月7日,《东南日报》副刊《文史》之《文史消息》一栏,第三次报告了先生主办的灵岩书院:

> 史学家李源澄氏,在四川灌县青城山手[首]创之灵岩书院,成立两年,颇著成绩,各方学者前往讲学者甚多,并曾发刊《灵岩学报》,足为私家讲学之楷模。③

灵岩书院在上年"开私家讲学之风"的评价后,本年渐享"私家讲学之楷模"之誉,与赖高翔先生所谓"蜀中学子,闻声响集"相合:

> (君)乃自立精舍于灌北之灵岩山,命曰"灵岩书院"。躬为主讲,而邀四方名宿名人来游青城山,为诸生陈说百家胜义,古今之变。由是蜀中学子,闻声响集。④

12日,先生《论管子〈心术〉〈内业〉》在《东南日报》副刊《文史》第42期

---

① 李源澄:《论宗法政治》,《新中华》复刊第5卷第1期,1947年1月1日,第66页。

② 熊十力著,肖萐父、郭齐勇等整理小组整理:《熊十力全集》第8卷(诗文书札),湖北教育出版社,2001年版,第494页。

③ 《文史消息》,上海《东南日报》副刊《文史》第41期,1947年5月7日第7版。

④ 《赖高翔文史杂论》,第356页。

(1947 年 5 月第 7 版)发表,是文主要阐述了《管子》一书的《心术》、《内业》等篇非管子作。他在篇首开门见山论述道:

> 《管子》中《心术》、《内业》、《白心》、《枢言》诸篇,皆道家言,无异议矣。究为何人所作,则不可知。近人多实指其书作者,殊属附会,未敢苟同。

6 月 4 日,《东南日报》副刊《文史》之《文史消息》一栏,第四次报告了先生近期的研究:

> 史学家李源澄氏在川,除主持其所创办之灵岩书院外,顷正埋头著作《魏晋南北朝史》,闻年内全书可望脱稿。李氏于中国学术思想史有极湛深之研究,想此书出后,定能为中古史放一异彩。①

纵览先生近年以来发表的论文,以秦汉史、魏晋南北朝史研究为主体,想先生以此研究成果为基础,计划整合为《魏晋南北朝史》,如同《秦汉史》一样独立成册,当非难事。可惜,由于其他事务的干扰,先生此愿望未能实现。

16 日,先生论文《租布考》在《东南日报》副刊《文史》第 46 期发表。是文针对陈寅恪先生《隋唐制度渊源略论稿》一书关于"南朝租布为唐代江南诸州租回造纳布之来源"的论断根据史料,提出了自己的看法,认为:"陈氏以户租折布为以米折布者,此曲解租之一字","陈氏必强分之何耶"②。

30 日,先生论文《崔敦礼之政治思想》在《东方杂志》第 43 卷 12 号发表。是文以宋代文学家、史学家崔敦礼所著《刍言》为基础,探索了崔氏政治思想的来源,以及其人主要的政治思想,指出:"崔氏为通达治体之人,深于南面之术者,而言政治思想史者不之及,故特表而出之。"③

7 月 2 日,先生《葛洪论〈老子〉与神仙》一文在《东南日报》发表,指出西晋道家葛洪对于《老子》一书及神仙家的认识,以及葛洪这一认识的地位:

> (葛洪)明谓道家与神仙不同也。即《老子》之书,亦不以为神仙之道,特其师承老子,故逊辞言之耳。故葛洪必不以神仙注《老子》,贤于后

---

① 《文史消息》,上海《东南日报》副刊《文史》第 45 期,1947 年 6 月 4 日第 7 版。
② 李源澄:《租布考》,《东南日报》副刊《文史》第 46 期 1947 年 6 月 16 日第 14 版。
③ 李源澄:《崔敦礼之政治思想》,《东方杂志》第 43 卷 12 号,1947 年 6 月 30 日,第 46 页。

之羽流远矣。①

秋,灵岩书院开办两年多后,因经费匮乏而难以为继,被迫停办②。

停办灵岩书院后,先生与傅平骧先生被迫惆怅下山,此后直到去世未得再返书院。书院办学虽不足三年,但是在自由讲学、人才培养等领域的贡献与影响,得到了当时及后世的称道。

如灵岩书院清新的办学理念、自由的讲学风气,为造访者所赞赏。创办"明道工读学校"的湖北知名人士张铭,参观了灵岩书院,大为赞赏书院的"讲学自由风气好",他后来回忆道:

> (当时)办书院的热潮,如国学大师马一浮先生在峨眉山上立书院,听他讲学的人都是大学毕业生。川大教授李源澄在灌县青城山设书院,我亲自去青城山访问过,觉得他们那里没有国民党团的干扰,讲学自由风气好。所以,1946 年我自四川归来后,就做植桐办学的准备,开始打算叫"明道书院"。③

在人才培养上,在"灵岩书院"追随先生的学生,后来成名成家的有多人,可谓是为西南地区培养了一批人才,如④:

蒙默先生,后在中国科学院历史研究所、四川大学历史系工作,教授,知名历史学家、民族学家;

王家佑先生(1926—2009,四川广安人),书院"暑期讲习会"就读学生,时为四川大学史学系在校学生(1948 年毕业),后任四川省博物馆研究员,参与三星堆早期的发掘与考古,先后投师于佛学大家袁焕仙居士和青城山龙门派碧洞宗高道易心莹门下,出版了《四

---

① 李源澄:《葛洪论〈老子〉与神仙》,《东南日报》副刊《文史》第 48 期,1947 年 7 月 2 日第 7 版。

② 在李源澄顶班灵岩书院后,当年秋、冬之际,自号"工商梦醒人"的灌县商人李济余先生,捐资在灵岩书院旧址兴学,亲自任教,并自编《识字明理快捷方式》一书为教材,内容有天时、地利、历史、农业、住行、民族、宗教,以及人生哲学之类,灵岩山村农民子女五、六十人,皆免费入学。教育学生爱劳动,对学生不施体罚,1951 年停办。详见四川省灌县志编撰委员会:《灌县志》第十七篇《教育·科技》的第一章《教育》,四川人民出版社,1991 年版。

③ 张铭:《我和明道工读学校》,载湖北省蒲圻市(今属赤壁市)政协文史资料研究委员会编《蒲圻文史资料》第 3 辑,1987 年版,第 74 页。

④ 参阅王国平先生(约 1976 年生,四川省江油市人)的博客"王国平的秋色平分"所载文章《灵岩学子今何在》(http://blog.tianya.cn/blogger/post_show.asp? idWriter=0&Key=0&BlogID=490004&PostID=12483736),王先生供职于中共四川省成都市所属都江堰市委宣传部,近年来关注乡土文化尤其是李源澄先生事迹的整理与灵岩书院(灵岩山)文化内涵的发掘。也可参阅林庆彰、蒋秋华主编,黄智明、袁明嵘编辑:《李源澄著作集》第 4 册,第 1814—1819 页。

川船棺葬发掘报告》、《四川石窟雕塑》、《道教论稿》、《青城仙源考》等专著,因而在文物考古民族史和道教史研究方面,卓越成就,是国学尤其是道教研究的著名学者。

王德宗先生(1924— ,自称"无限斋老人",四川宜宾人),后在梁漱溟先生主办的"勉仁国学专科学校"(旋改为"勉仁文学院")就学,后在四川南部的泸州一中、泸州三中、泸州高中、宜宾师专从事语文教学工作四十余年,现任四川省宜宾学院中文系副教授、四川思想家研究中心顾问,著有《求諟集》、《梁漱溟再读》、《无限斋诗歌小集》、《无限斋散文小集》和《无限斋学术论著小集》;

屈仲樵先生(1924—1997,四川泸县方洞镇新联村人),泸州陵园中学的创办人之一,并任教务主任,教授语文。先后在璧山、泸县、叙永等县川剧团任编剧,精书道。著有书学论文集《书学》,诗词集《屈仲樵遗作选》(童祥铭主编,泸州市文化局、泸县文化局、泸县方洞乡人民政府出版,1999年),系知名诗人、书法家、金石家,与著名艺术家屈义林、屈趁斯被誉为四川省"艺坛三屈"。

傅全波先生(生年等情况不详),傅平骧先生之女公子,后到北京,在中国社会科学院历史研究所从事学术研究工作。

汪克永先生(1920—2002,字有行,四川金堂县人),1944年时为华西大学哲史系学生,加入了中国青年党,当年11月参与了"成都市立中学事件"。次年初入学灵岩书院,系首批十名学生中唯一的大学生。1949年秋末,任青年党中央党部的机关报《新中国日报》的总主笔,以及大川学院讲师。中华人民共和国成立后一度入狱,1986年受聘担任四川省文史馆特约馆员[1]。

钟博约,曾师事叶圣陶先生,撰写过研究儿童文学的文章,出版童话书《蓝鸟》。先生爱其聪敏好学,常给予资助,并在灌县县中谋了教职,使半工半读。后来成为西南师范学院附中语文教师,直至退休。

李守之先生(1930年生,重庆市人),常跟随先生,追随先生到昆明,再回四川,后来成为泸州二中教导主任、副校长、校长、党委书记[2]。

① 常崇宇:《汪克永参与筹备"国事座谈会"》,见氏著《大陆中国青年党人的归宿》,中央文献出版社,2007年版,第175—185页。

② 参见本书《附录六:李守之访谈录》。

当年在灵岩书院就读的学生,还有书法名家丁季鹤先生。此外,书院的其他学生,也成为大学教辅人员(如李源委即李端深,1949年后任西南师范学院图书馆职员)、中小学教师〔钱松伟、钟元灵后回崇庆县(今崇州市)教书到20世纪60年代去世〕、其他社会行业(如廖定芳、蓝见龙、张正恺等)等对社会有用的人才。

8月6日,先生论文《两晋南朝租调制度史实疏证》在《东南日报》副刊《文史》第52期发表。是文针对"两晋南朝租调之制,唐人修史虽未究其变,已言其大端,但以言之不明,后人不能尽知其义,此段制度,遂若残阙,虽读史者少能悉心体会,亦作史之过",因此,先生"今为疏通证明之"①,即阐述两晋南朝租调制度的基本史实。

31日,在江南的钱穆先生,致函私立五华文理学院院长于乃仁(1913—1975,字伯安,云南省昆明人)、教务长于乃义(1915—1980,字仲直)兄弟,郑重推荐先生到五华文理学院执教,同函并推荐了蒙文通、诸祖耿二位先生:

　　蒙文通、李浚清、诸祖耿三先生,穆正为云大洽聘。祖、耿为两弟熟稔,蒙文通先生乃穆三十年老友,早岁从学于廖季平、刘申叔之门,李浚清亦季平晚年弟子,又曾问学于章枚叔,若学院方面能与云大合聘此三君,则较穆一人之来所胜远矣。穆已函方国瑜先生,盼就近相商,径函川中,穆亦当由此径函蒙、李二先生代为速驾也。②

　　钱穆先生1946年就聘私立五华文理学院的"文科研究所所长兼导师",并于11月28日飞抵昆明后③,推荐先生前来;现在人在江南,再次推荐先生。可以说,先生南下云南,执教于云南大学、五华学院,系经钱穆先生推荐。

　　私立五华文理学院筹建于1945年,1947年正式招生,该校在40年代后期与国立云南大学、国立昆明师范学院、云南省立英语专科学校,并列为云南省仅有的四所高等院校,1952年全国高等院校"院系调整"时并入云南大学。

9月1日,私立五华文理学院人文科学研究班录取新生发榜,共录取新生

---

① 李源澄:《两晋南朝租调制度史实疏证》,《东南日报》副刊《文史》第52期,1947年8月6日第7版。

② 云南省档案馆编:《私立五华文理学院档案资料汇编》,第587页。

③ 云南省档案馆编:《私立五华文理学院档案资料汇编》,第44页。

30名、旁听生38名,旋应社会各界及学生请求,设立"先修班",作为考取研究班初试而复试未录取学生的学习班①。

10日,《东南日报》副刊《文史》之《文史消息》一栏,报道了灵岩书院"暂行停办",这是该刊第五次报道先生近期的行踪:

> 李源澄教授主持之灵岩书院,近以该院所在地之青城山,匪患甚炽,兼之川西物价暴涨,经济与治安均陷于窘境,不得不自本期起暂行停办。数载经营,颇著成效,一旦停闭,殊堪惋惜。闻李氏即将赴昆明讲学。②

这是当时报刊第一次正式报导灵岩书院的暂时停办。

12日,昆明《正义报》报导:云南省私立五华文理学院"现又进行与云南大学合聘蒙文通、李源澄先生等兼任教授。李先生在四川办有灵岩书院,如来滇讲学,则灵岩学生将加入五华云"③。

23日,先生在灌县灵岩书院,致函私立五华文理学院院长于乃仁、教务长于乃义(此函原件现藏与云南省档案馆),说:

> 昨奉大著《屏山学案》,知兄渊源有自,敬佩敬佩。屏山可谓通儒,此种学风惟清初诸儒与清末诸儒有之,皆别有怀抱,非乾嘉平世以学问为学问可比也。

> 顷辱手教,敬悉一切。弟之入滇,但求安静读书耳,讲学又何敢言?以教书为读书地,此弟素心也。方公转致尊意,敬当承命。弟过去从未兼职,以舍弟妹相从,恐入滇以后不能维持,回川又难,故不能不虑及耳。书院结束尚需一月。路费请准备,行前当驰函求索也。④

在函末,先生注明"此后兑路费兑到成都窄巷子33号陈述华先生收转,并请通知云大一时同兑"。所谓《屏山学案》,系于乃仁、于乃义所著,乃五华学院"文史丛书"之第一种,本年铅印出版;所谓"方公",指当时老辈学者、云南省地方文献学者方树梅(1881—1968,字臞仙,号师斋,又号雪禅、盘龙山人,云南晋宁人)。可见,先生离开灵岩书院南下昆明之前,已经得到了云南大学、私立五华文理学院的聘请,"书院结束尚需一月",因此在完成灵岩书院的善后工作之

---

① 云南省档案馆编:《私立五华文理学院档案资料汇编》,第618页。
② 《文史消息》,上海《东南日报》副刊《文史》第56期,1947年9月10日第7版。
③ 本报讯:《五华学院定期开学,周惺甫曾宴各校董导师教授,研究班均由学界尊宿所主持》,载昆明《正义报》1947年9月12日第4版。
④ 云南省档案馆编:《私立五华文理学院档案资料汇编》,第99页。

后,再启程前往昆明。

10 月 1 日,私立五华文理学院制作聘函,敦聘先生担任"本院教授"①。不久,先生就聘,任私立五华文理学院教授,兼任云南大学教授,而非五华学院的"兼任教授";所言"灵岩学生将加入五华",指李守之、廖定芳、钱松伟、蓝见龙、张正恺等灵岩弟子,以及先生的胞弟源委、胞妹忍兰,均由先生率领到了昆明,一度联系打算就读于五华学院。

　　李守之先生在网络博客文章《追思往事,缅怀恩师李源澄先生》回忆道:

　　1946 年初,我去灌县(今都江堰市)灵岩书院师从先生,1947 年夏,书院因经费困难停办,先生受聘于云南大学和五华学院,随赴昆明的有先生二弟李源委(后名端深),学生廖定芳、钱松伟、蓝见龙、张正恺和我。五华学院给我们五人各办了文学系的学生证,作为学院学生。1948 年夏,梁漱溟先生聘先生任勉仁文学院教务长兼教授,随去的有李源委,学生廖定芳、蓝见龙和我,钱松伟留昆明就业,张正恺返家。我们作为勉仁书院的学生留住学院,直至 1949 年底,重庆解放后。②

11 月,先生与傅平骧先生到达云南昆明,在云南大学执教,先生兼任史学教授,并任私立五华文理学院教授。

　　当时的云南大学,同时有五位章门弟子执教:除了先生与傅平骧先生之外,还有老一代的刘文典,同时在云大和西南联大任教授,此外又有副教授诸祖耿、姚奠中先生。老友钱穆,作为就职于西南联大的"部聘教授",在联大各校返迁北归后,却留云南大学兼主编《云南通志》,也常与先生过从。

　　先生执教于云大,对于学生一如既往,视若子女。《李源澄传》(第 718 页):

　　在云南大学时,领了工资,总要约请随他去昆明的学生到餐厅,改善一下生活。

27 日下午,先生首次在私立五华文理学院授课。本学期,先生只开设了

---

　　① 云南省档案馆编:《私立五华文理学院档案资料汇编》,第 99 页。

　　② 李守之:《追思往事,缅怀恩师李源澄先生》一,2011－08－08 16:07:11(见新浪博客http://blog.sina.com.cn/s/blog_86cd776a0100syzv.html)。

《经学通论》一节课，每周一课时。当时的学生有回忆言及①。

　　现存该校学生撰写的《五华学院日记簿》第三册，有听课学生张铭熙当日的日记（原件现藏与云南省档案馆），可以看到学生眼中的先生形象：

　　今天午后，新来的李源澄先生首次讲授，学校里新排上了一门"经学通论"。李先生也仅只担任这一门课。李先生不远千里而来，才任一门课，这未免姑〔辜〕负先生的鸿图和同学们的厚望。

　　先生态度敦厚，神色雍容，对于经学之研究可谓宏博精深。虽仅一点钟时间，然已引起大家研究经学的兴趣。"经学是指导人类生活之学"，李先生说，并详述经学为一切学术中至高无上者，而一般大学中却忽视这门科学，未加列入。今本院能开一专科，并聘请高尚学者讲习，实为吾辈之幸运也。②

　　先生在昆明生活的片断，姚奠中先生的回忆有所涉及：

　　（钱穆先生）在昆明时，每喜挤出下午时间，约几个朋友外出散心。那时在云大执教的章门弟子，除刘文典不算外，还有四位。其中诸祖耿是钱老在苏州中学教书时的老同事，李源澄是钱老在历史研究方面的挚友。而我和傅平骧，则因诸、李的关系，常和他们相聚于翠湖公园内云南通志馆钱老的寓所，除谈学外，常被钱老邀到甜食馆吃甜食。昆明甜食馆不少，差不多都吃遍了。③

12月17日，先生《论管子中之法家思想》在《东南日报》副刊《文史》发
　　表。是文系前年（1945）先生论文《法家思想之演变》中第五部分
　　《管子中之法家言》扩充而成，指出："吾既论《管子》〈心术〉、〈内业〉
　　以为晚期道家之言论，而《管子》中尤以晚期之法家言为多。《管子》
　　书不仅非管子作，且非一时所为。"④此文又易名为《管子中之法家
　　言》发表于《理想历史文化》第2期（1948年7月，第35—37页）。

---

　　①　吴棠：《忆五华文理学院的一段历史》，载云南省昆明市五华区政协文史资料委员会编：《五华文史资料》第5辑，第63页；《漫忆五华文理学院》，载云南省昆明市五华区政协文史资料委员会编：《五华教育史话》，云南大学出版社，2004年版，第107—111页。
　　②　云南省档案馆编：《私立五华文理学院档案资料汇编》，第169—170页。
　　③　姚奠中：《钱穆爱吃甜食》，载华而实主编，山西省文史研究馆编：《汾晋遗珠》，中华书局，2005年2月版，第62页。
　　④　李源澄：《论管子中之法家思想》，《东南日报》副刊《文史》第70期，1947年12月17日第7版。

31 日,钱穆先生在致于乃仁、于乃义兄弟函中,指出:

> 　　介父、浚清两君想仍住院中,盼能留住,勿迁出,对学生精神上裨益实大。课务方面,亦盼时时与两君洽商。当知办一事业,须□大成不得,以不出事、过得去即足,只要只要。①

　　所谓"仍住院中",指先生、章门弟子诸祖耿(即"介父")等教授,照旧居住于五华学院原来的"北院院舍",即当时昆明大西门外龙翔街的"一院两进中式庭院",此庭院原为西南联合大学师范学院的旧址。钱穆先生对于先生、诸祖耿先生在营造大学校园文化氛围、管理学校教务等方面,倚重之意,表露无遗。

公元 1948 年(民国三十七年,戊子)　　三十九岁

2 月 11 日,夏历新年期间,五华学院教务长于乃义先生来访先生,并赠送所著一本;次日,先生偕诸祖耿先生回访,不值,故于 13 日专门致函于乃义先生,称(此函原件现藏与云南省档案馆):

> 　　前日枉驾失迎,为歉。蒙惠瑶章,奖饰逾分,惟增惭恐。昨偕介甫兄过访,又适相左,未得倾谈。
> 　　本期功课,顷见宾四先生所订课程一年级,尚有《孟子》、《老子》二书,《孟子》易购,《老子》文少,油印亦易。澄欲于此二者中任择其一以为教本,不知可否?
> 　　倘兄有意见,无妨细商,每周上课时间,澄意半年讲授,似宜定为三小时,《经学通论》如尚须继续,可定为二小时,授课时间仍照上期为星期一、四两日。②

3 月 1 日,五华学院春季学期开学③。在本学期中,先生所讲授之课,主要有:第一,先修班(作为考取研究班初试而复试未录取学生的学习班)的《国学常识》,每周二课时,系与刘嘉镕、于乃义二位先生共同开设。此课程从 1947 年 8 月至 1948 年 7 月开设,为期一学年,先生应在本学期讲授。第二,人文科学研究班第一学年下学期授课二门:其一,《经学通论》,4 个学分,每周四课时;其二,专书《孟子》,6

---

①　云南省档案馆编:《私立五华文理学院档案资料汇编》,第 588 页。
②　云南省档案馆编:《私立五华文理学院档案资料汇编》,第 215 页。
③　《五华学院开学通告》,载《正义报》1948 年 2 月 24 日第 4 版。

个学分,每周五课时①。可见,先生在五华学院的春季学期,每周达到了 11 个课时;所讲授之课程,基本上是他有多年研究的儒家经典,还有他曾在四川大学等多所学校已经开设过《经学通论》等课程,教学经验丰富。因此,先生执教五华,可谓驾轻就熟。

对于先生当时在五华学院讲授情景之一瞥,《正义报》3 月 31 日如是报导:

> 本学期文史班新开《孟子》专书一部,由李源澄教授讲授;另开《文字学》一门,系由李东平先生担任。研究班教室中,每人桌上有线装书一部,浓茶一杯,红砚一方系用以圈书者,颇有办公室味道。②

《东南日报》3 月 31 日,则发表了先生的论文《释清谈与名理》,指出了清谈、名理两词的异同:

> 清谈、名理两词,通常用之,清谈即是玄言,名理即是玄学,以玄言为清谈,玄学为名理,可;以清谈为玄言,以名理为玄学,不可。盖清谈不止于玄言,名理亦不止于玄学,论者不察也。③

4 月 14 日,先生论文《晋元帝与庾亮》在《东南日报》副刊《文史》第 86 期发表,此文通过晋元帝与庾亮关系的记载,一反学界对于晋元帝的定论,高度评价晋元帝为"一代中兴令主"④。

15 日,先生论文《孔学述要》发表,此文阐述孔子思想的精华,文章认为:"孔子者,以学术家而兼教育家,且为不适时之政治家也","孔子之所以为时中之大圣者,即在为仁之熟,从心所欲不逾矩。孔子之所以高于老子者,亦在老子专在拟度,而孔子能以一心宰万事也。"⑤

5 月 15 日,先生论文《中正制度之意义》在《云南论坛》第 1 卷第 5 期发表,是文阐述了魏晋时期九品中正制的起源、及其与之后魏晋南北朝选举制度的关系⑥。

---

① 云南省档案馆编:《私立五华文理学院档案资料汇编》,第 215 页。
② 本报讯:《五华下月乔迁》,载《正义报》1948 年 3 月 31 日第 6 版。
③ 李源澄:《释清谈与名理》,《东南日报》副刊《文史》第 84 期,1948 年 3 月 31 日第 7 版。
④ 李源澄:《晋元帝与庾亮》,《东南日报》副刊《文史》第 86 期,1948 年 4 月 14 日第 7 版。
⑤ 李源澄:《孔学述要》,《云南论坛》第 1 卷,第 4 期,1948 年 4 月 15 日,第 1—2 页。
⑥ 见李源澄《中正制度之意义》一文(载《云南论坛》第 1 卷第 5 期,1948 年 5 月 15 日,第 1—2 页)。此外,四川大学蒙默先生尚存是文的手稿本,题目为《略论九品中正》,正文与见刊本比较,有数十字的差异。参阅《李源澄著作集》第 3 册,2008 年版,第 1605 页。

6月24日,先生辞去五华学院教职,抵达重庆。参与梁漱溟先生主持私
　　立勉仁文学院的相关筹办工作。

29日,先生致函五华学院院长于乃仁、教务长于乃义兄弟(此函原件现藏
　　与云南省档案馆),说:

　　　　弟于二十四到渝,二十五到校。学校迁至温泉松林坡,气象较前为开
　展,学风淳朴,人事亦尚和谐,但校舍不敷用,明年即感困难。经费艰窘,
　不能多罗致人,亦是美中不足之事。下期办法,一切已有结果,亦是谨小
　慎微,不能放手作去。

　　　　报载昆明学潮扩大,不知五华受影响否? 甚以为念。①

　　所谓"二十五到校"指先生25日抵达"勉仁国学专科学校"(1946年
8月,陈亚三、张仿知先生创办);"温泉松林坡"在重庆北碚的缙云
山下北面,为勉仁国学专科学校所在地。从此信可见,先生参与创
建私立勉仁文学院,在扩大校舍、罗致师资等方面,都起了一定作
用,这是他不久就任该校教务长的原因之一。而且,虽然人已经离
开昆明,但是先生仍然关注五华学院的发展。

7月,先生的论文《庄子天学论》在《学原》(COMPUS SCIENTIAE)杂志发
　　表(南京学原社编辑,商务印书馆总经售,第2卷第3期,第9—11
　　页),是文根据《荀子·解蔽》篇、《庄子·逍遥游》篇分析了《庄子·
　　天下》篇所体现的庄子的思想。

8月,梁漱溟先生在重庆松林坡勉仁国学专科学校的基础上,创办私立勉
　　仁文学院,熊东明为院长。先生受梁漱溟之邀,到北碚"勉仁文学
　　院",任教务长和历史系教授。同时就聘教授的有邓子琴(1902—
　　1984,字永龄,云南昭通永善人)等先生。

勉仁文学院自建立,先生实积极襄助者,梁漱溟自任董事长,他在本年写
的《勉仁文学院创办缘起及旨趣》一文中,对此有说明:

　　　　勉仁文学院之创办,先由漱溟有一段心愿,后又得一班朋友之赞助,
　乃获有成。兹以同人之嘱,写为此文,只是直叙事实。揭此心以予当世有
　心人相见,宁失于质直简率,不作文章。

　　　　勉仁文学院何为而创立? 它是为要作当前文化问题之研究。所谓漱
　溟之心愿者,即是自己蓄心从事于此研究已久,更愿创立一文化研究机

---

①　云南省档案馆编:《私立五华文理学院档案资料汇编》,第591页。

构,萃聚师友以共同从事也。

　　今日中国之祸,惨酷浩大,数千年历史所未见。今日世界危机之严重,亦空前未有。问其何为而然?要言之,不外一文化转变或文化矛盾问题。……

　　"如何认识老中国,如何建设新中国"之口号,即于此提出。自是以来,便抱有建立一文化研究机构之要求。值抗日战起,一切不遑谈。……

　　当时于此一研究机构之设置,取何种方式初无定见。将为一特殊组织之研究所,抑为一现行学制中之大学?将为国立,抑为私立?……

　　设置地点,将在北平,抑在京沪,抑其他,都无成见之拘。其间更有一议,以有求人不如求己,先就北碚勉仁中学成立一国学专科学校,较为轻而易举者。虽不足以言文化研究,亦可作一预备。则外缘不顺之最后一着。二月赴成都,三月赴北平,四月赴昆明,并为此事奔走咨访。于成都曾访叶石荪(麟)、李浚清(源澄),恳求相助。今石荪虽未得来,浚清幸已共事,犹当日咨访之结果也。……①

　　梁漱溟先生说明创办该院的目的在于"它是为要作当前文化问题之研究",袒露了自己传承中国文化的责任感与使命感。同时谈到了李源澄先生应邀对于这一工作的"共事"支持。后来,梁漱溟在《旅蜀往事杂忆》回忆道:

　　那是抗日战争时期,我在重庆北碚办了一个勉仁中学,后来又办起勉仁文学院,请熊东明先生任院长,教师有李源澄等许多先生。②

　　勉仁文学院成立有"全院师生院务共进会",院内分设中国文学、历史、哲学3个系,研究与教学并重。梁漱溟不仅为学院募捐甚巨,而且亲自讲授中国文化要义和心理学课程,直到1950年应毛泽东主席和周恩来总理电邀赴京。

9月15日,《东南日报》副刊《文史》之《文史消息》一栏,报道了先生开始服务于勉仁文学院:

　　哲学家梁漱溟氏倾〔顷〕将其在北碚所创办之勉仁国学专科学校改

---

　　① 梁漱溟:《勉仁文学院创办缘起及旨趣》(1948年12月),见《勉仁文学院院刊》创刊号(第1期),1948年12月版。此据《梁漱溟全集》第6卷"散篇论述",第779—785页。引文见第779、783、784页。

　　② 梁漱溟:《旅蜀往事杂忆》,载《龙门阵》1984年第3期,总第21期,四川人民出版社,第75页。

为勉仁文学院,设哲学、文学、史学三系,哲学系主任由梁氏自兼,文学系主任为罗膺中氏,史学系主任为李源澄氏。①

11 月 8 日,先生论文《北史上之蜀》在《东南日报》副刊《文史》第 112 期发表。先生在是文中,根据《北史》对于蜀地的记载,指出《北史》上对于蜀的记载,大多"与诸夷并举,以常理言之,则蜀亦夷也",指出产生的原因在于"北朝社会,本是夷夏杂处,夷狄之居内地,弱则同于编户,强则起而叛逆。又当时祸乱相仍,平民亦团结自保,壁坞之类,所在多有,其性质于夷狄之杂居内地者,相去不远,因北方社会夷夏之界原不甚严,蜀在当时之地位所以同于夷狄也",此外,在是文中,先生还有"北朝夷夏区别,文化重于血统"的认识②。

12 月 8 日,中央大学二年级修业生、四川省江津县籍(今属重庆市)青年黄哲明先生(1928—　)在武汉拜访吴宓先生,"来辞回四川,携去其文稿",吴宓先生"为作函介见梁漱溟、李源澄,请入渝勉仁书院肄业",即介绍黄哲明入学于先生所服务的学校③。

先生在勉仁文学院执教及担任教务长,积极主张兼收博览,故除了梁漱溟思想体系外,亦积极建议延聘吴宓先生等著名学者,并在本年,先生亲自延聘了吴玄先生讲西方美学,傅平骧、罗庸先生(1900—1950,字膺中,号习坎,江苏江都人)讲中国文学。傅平骧先生系先生从贵阳师范学院延聘而来。兼课教师又有学者方敬先生〔1914—1996,四川(今属重庆)万县人〕等人,因而,先生与方敬、吴宓先生均曾在勉仁文学院共事,后来又在西南师范学院长期共事。

本年秋季开始,先生专心服务于勉仁文学院。先生在勉仁文学院教授的学生,后来成才者有多人,如灵岩书院弟子王德宗,也来勉仁文学院就读;1948 年就读于文学院历史系的张拱卿先生(1926—　),后

---

① 《文史消息》,上海《东南日报》副刊《文史》第 104 期,1948 年 9 月 15 日第 7 版。

② 李源澄:《北史上之蜀》,《东南日报》副刊《文史》第 112 期,1948 年 11 月 8 日第 7 版。(是文又改名《北史上所谓蜀》,见刊于《狂飙月刊》第 3 卷第 1 期,1949 年 1 月 1 日,第 17—18 页。二篇论文的内容完全相同。)

③ 到了 50 年代中期,吴宓先生仍关心着黄哲明的近况,二人有来往(《吴宓日记》第 10 册,第 479 页;《吴宓日记续编》第 2 册,第 532 页;第 3 册,第 27、36、155 页);1957 年反右时,黄哲明被定为"右派"(《吴宓日记续编》第 3 册,第 301 页)。而在 2010 年仍然在世的黄哲明先生,常常对人说起吴宓先生、李源澄先生的轶事,以及治学、为人对自己的影响。

　　来成为了重庆图书馆古籍鉴定专家、重庆图书馆副研究馆员①。

　　一位学生回忆当时的勉仁岁月：

　　我们初到勉仁是住在学校"临江楼"楼上,七、八个人住在一起,楼下是教室,门口是公路,住了一段时间嫌不够安静,蓝见龙和我就在北温泉"花好楼"租住了一间屋子,又在梅老板开的一家小馆按月包了伙食,吃住条件的改善,有利于我们"两耳不闻窗外事,一心只读圣贤书"了。寒假,见龙回家不再来书院,我就一个人留住北泉。当时勉仁环境复杂,学生中良莠不齐,鱼龙混杂,进步势力,反动势力,明争暗斗,甚为激烈,有人不明我们身份也暗中摸底。李先生很担心我被卷入漩涡,荒废学业。一天,我正在梅老板的小馆喝茶等吃午饭,李源委带着一个挑箩筐的工人来找我,见面就说:"大哥(指李先生)要你搬到松林坡学校去住!"事出突然,我不大愿意,就说:"让我考虑考虑。"他说:"不用考虑",指着挑箩筐的人说:"你看,大哥要我把给你挑行李的人都带来了。"师命难违,只好乔迁大吉,李先生已在松林坡离他住所不远的地方安排了一间屋子给我住下。

　　第二天上午我正在窗前看书,忽觉窗前一黑,抬头看见李先生抽着叶子烟站在窗前笑眯眯地望着我,他说:"该是嘛,搬上来多好,这里读书多安静!"说了几句他满意地走了。以后隔三差五他有空总要来看看,问问我读书的情况,随便聊聊。……

　　谢无量先生来勉仁看李先生,李先生召书院的四个同学去见谢先生,谢先生很高兴,将他自带的好茶给我们喝。茶属上品,色香味俱佳,越喝越想喝,来者都是茶客,有人提出:"谢先生这茶太好了,从来没喝过这样的好茶,可不可以给我们少许,带回去仔细品尝?"李先生忙喝道:"谢先生也带得不多,给你们喝已经够了,怎么还好意思要?"谢先生笑道:"没关系,可以分享。"我们知道谢先生不仅是知名学者,还是书法大家,见他兴致甚好,就趁机求赐墨宝。李先生说:"你们今天怎么了?找你们来聆听谢先生教诲,你们却得寸进尺,要这要那!"谢先生很豪爽,说:"难得今天高兴,写就写吧!"

　　我们欢喜得赶快磨墨展纸,谢先生挥毫给每个人写了一张小的条幅。临别谢先生用一个信封装了点茶叶给我们带走。那天既聆听了谢先生教诲,又蒙厚赐,堪称双丰收了。随后,李先生还带我们见过勉仁文学院院

---

　　① 《梁漱溟全集·书信卷》收录有梁漱溟致张拱卿的3封书信;又可参仇峥:《张拱卿60年看书20万册还嫌少》,《重庆晨报》2006年11月20日。

长熊东明先生,受到教益。熊先生研究外国文学,传闻他曾为印度名诗人泰戈尔来华访问担任过翻译。①

本年,先生的章氏同门师弟、云南大学同事姚奠中先生亦到贵州省的贵阳师范学院、贵州大学工作,在弘扬传统文化、发展教育事业领域亦有影响,故先生在勉仁文学院,曾与梁漱溟、熊十力等先生提到姚先生情况,引起梁漱溟、熊十力等先生的关注与认同。由此故,梁漱溟赠行书条幅,熊十力赠所著《新唯识论》,均嘱先生托人转给姚先生。

公元 1949 年(民国三十八年,己丑)　四十岁

1 月 1 日,先生论文《奉祀祖先先后意义之不同》在《狂飙月刊》第 3 卷第 1 期发表,是文比较了中西之间的祖先崇拜,指出其涵义各不相同,实为一篇以中西文化比较着眼,论述中国先秦祖先崇拜的论文。文中注释提到:"郭沫若氏谓殷、周之道德不同,殷人崇尚大帝,周人尊重道德,实则殷人也尚德,周人也尊天,殷、周之祭乃一系相承,乃渐进而非顿进,说详拙著《礼之转变》。"②

4 月 29 日,吴宓先生从武汉飞赴重庆,任私立相辉学院外语教授,此次系应相辉学院院长许逢熙之邀。同日,吴宓"写信与勉仁梁、李,要接宓"(《吴宓日记续编》第 1 册,第 5 页),即请求勉仁文学院梁漱溟及先生来迎接,兼任"私立勉仁文学院"历史系的教授。

5 月,先生论文《章实斋之学术思想》在《勉仁文学院院刊》第 1 期发表,是文为《勉仁文学院院刊》创刊号的第一篇论文。该文主要阐述了清代大学者章学诚的学术思想,指出其学术态度值得推崇。先生在卷首开门见山:

> 章实斋氏论学,不仅对当时学术为批评者,为修正者,实对具前之学术,为一大革命。然其论学态度,在持风气之偏,不欲显然有所树立,故其宗旨多晦,后人不易识,不识宗旨而□□其零碎之批评,于义无当也。③

《勉仁文学院院刊》第 1 期还发表了先生的另一篇论文《北周之文化

———————

① 李守之先生的新浪博客文章,详见李守之:《追思往事,缅怀恩师李源澄先生》"四,2011-08-08 16:22:22"(见新浪博客 http://blog.sina.com.cn/s/blog_86cd776a0100sz0i.html)。

② 李源澄:《奉祀祖先先后意义之不同》,《狂飙月刊》第 3 卷第 1 期,1949 年 1 月 1 日,第18—20 页。

③ 李源澄:《章实斋之学术思想》,《勉仁文学院院刊》第 1 期,1949 年 5 月,第 1—6 页。

与政治》,是文所论如题目所言,指出"关中在当时本不足以立国",而北周立足关中,竟能为其后来的继承者隋朝"统一天下"的原因,在于其文化、政治、外交政策之得当,是文详细分析了北周之文化与政治政策。

本月底,先生率梁漱溟先生的侄女婿黎涤玄先生(1904—1987,湖南零陵县人),专访吴宓先生于相辉学院,敦请吴宓先生在勉仁文学院"兼课"。先生时任勉仁文学院历史系主任、教授、兼任重庆四川省立教育学院(1936年8月由四川乡村建设学院易名而成)史地系主任。吴宓先生允任历史系教授,到任后,吴宓先生与同事、中文系副教授曹慕樊等先生甚相得①。

8月17日,在重庆北碚北温泉附近缙云山一带民居中"闭关习静"的梁漱溟先生,致函先生,又致函侯子温等勉仁文学院的同事,盖为学院事也②。

9月2日,震惊全国的"九·二"大火灾发生,谣言四起,社会秩序混乱。先生考虑到重庆大火后唐君毅先生之母亲陈卓仙先生(1887—1964)寓居重庆,恐有经济困难,便将仅有的一枚金戒指卖掉后购置物品,率长女李知勉一道,送至唐家。先生助人为乐的古道热肠,于兹可见一斑。

　　吴宓先生约先生、傅平骧先生等,筹备在江津吴芳吉〔碧柳,1896—1932,四川江津(今属重庆)人〕先生旧游之地创建"白屋书院",该书院后未能成立。

　　是时,国内战事大局已定,约在此时或者稍前,先生加入中国民主同盟。先生开始接触辩证唯物主义与唯物史观,并阅读《法兰西内战》等马克思主义理论的相关书籍,兴趣盎然。《李源澄传》(第718页)记载先生:

　　邻近解放时,他开始读马克思主义理论书籍,如辩证唯物主义与历史

---

① 曹慕樊先生(1912—1993),号迟庵,四川省泸州人,早年毕业于金陵大学,受目录学。1946—1947年在四川乐山五通桥"中国哲学研究所"师从熊十力先生,治佛学及宋明理学,1947—1950年,受重庆北碚勉仁文学院之聘,为中文系副教授。1953年后,为西南师范学院图书馆副馆长,中文系副教授、教授,汉语言文献研究所教授。1957年被划为右派,1980年改正,1987年聘为教授。参见《吴宓日记续编》第1册,第535页;曹慕樊:《吴宓先生的晚年》,《书城》2006年第3期,第27页。

② 梁漱溟著,梁培宽、梁培恕整理:《梁漱溟全集》第8卷《书信、日记》第422页。

唯物主义、《法兰西内战》等,常至深夜,兴趣盎然。他曾说:"以前想过许多问题,有许多看法,不料读马、恩著作,疑团顿解。"

11月,梁漱溟先生的《中国文化要义》由成都路明书店出版。在10月所写的自序中,他说这本书主要是阐述他对中国历史和文化的见解,该专著梳理了中国政治文化的脉络,就中国民主何以难产等重大问题提出了独特的解释,强调了民族文化和社会结构的特殊性。

30日,重庆解放。

本年,先生向"四川省立教育学院"图书馆主任王朝隆先生举荐后,先生胞弟源委先生开始在该馆工作。

截至本年底,学院师资还有邓子琴等先生,而曾在学院设坛讲学的学者则主要有著名学者熊十力先生、佛学大师吕澄先生,楚辞专家汤炳正先生等。

李源澄先生年谱长编
（1909—1958）

后期篇（1950—1958）

公元 1950 年（庚寅）　四十一岁

1 月,先生论文《北朝南化考》在《学原》杂志第 3 卷第 1 期发表,这一篇
　　四五千字的论文指出,"中国自汉以降,学术思想已趋一致,其差异
　　乃在末节细故,虽有小异,无害大同";在南北朝北魏孝文帝改革后,
　　中国北方地区日益接受南方文化,双方差异日趋减少。是文阐述了
　　北方地区"风气日与南朝接近,经学、佛学既有所改变,文学尤盛,玄
　　学亦渐兴起","南朝人物风流尤为北人所慕","北人既慕南人,故其
　　生活亦渐南化"[①]。《李源澄传》(第 718 页)记载先生:

　　　　解放初期,他看到旧社会的一些腐败现象消失了,人民当家作主了,
　　国家一天天地好起来,他深受鼓舞,精神为之振奋。于是把整个身心都投
　　入了教育工作,连一生从未间断过的学术论著也停止了。

　　　　的确,《北朝南化考》是先生在新时期即中华人民共和国时期发表的
　　第一篇学术论文,也是在这一时期发表的唯一一篇学术论文。

4 月,私立的相辉学院、勉仁学院在被相继撤销、合并之后,先生推荐吴宓
　　先生到四川省立教育学院任教。四川省立教育学院设于重庆城区
　　之磁器口,吴宓先生在先生之荐与院长柴有恒先生(1902—　,四川
　　内江县人)之邀下,遂就聘该校。柴有恒先生系巴黎大学毕业的教
　　育学博士,知名的教育家。

　　　　《吴宓日记续编》(第 1 册,第 16—17 页)记载:

---

① 李源澄:《北朝南化考》,南京《学原》杂志第 3 卷第 1 期,1950 年 1 月,第 78—79 页。

　　1950 年 4 月,宓以李源澄介荐,得四川省立教育学院校务委员会主任委员周西卜、副主任委员赖以庄之聘,来为专任教授(外文系,系主任周考成兼)。……至于北碚之相辉、勉仁两校,则改为兼任各领四分之一薪。

　　先生的另一位友人、勉仁同事傅平骧先生回到绵竹县,任县女子初级中学校长、川西区第三届各界人民代表会副主席,1954 年在四川师范学院任教,1958 年在南充师范学院(1989 年改名为四川师范学院,今为西华师范大学)中文系工作,历任中文系副主任、主任、古典文学研究室主任直到去世[①]。

8 月,川教院、"国立女子师范学院"(位于九龙坡)筹备合并。吴宓先生在当月记载道(《吴宓日记续编》第 1 册,第 17 页):

　　川教院已奉令(与重庆国立女子师范学院)合并为西南师范学院,宓遂改为西南师范学院外文系专任教授,由北碚迁来磁器口本院居住,先与图书馆职员李端深(李源澄之弟)同居一室。

　　　案,先生长弟源委先生随同院系调整,转入西南师范学院图书馆工作是在 10 月,并一直工作到 1977 年退休。

　　　吴宓先生不仅与先生长弟源委先生"同居一室",还在先生家"搭伙",食用午餐、晚餐。吴宓先生在 9 月 20 日致函弟子、时清华大学外语系副教授李赋宁先生(1917—2004,生于江苏南京,祖籍陕西蒲城,1952 年调入北大西语系工作直到去世)说:

　　今宓住居重庆磁器口四川教育学院(函请寄此)楼室,在史地系主任李源澄先生家用午餐晚餐,而自购馒头为主食。生活已习于内地,毫不觉苦。[②]

10 月 12 日,中央人民政府教育部下文,正式批准合并,更名西南师范学院。先生就任西南师范学院史地系教授兼系主任之职,同时被任命为副教务长,直到 1957 年;外语系教授方敬先生被任命为教务长。老友吴宓、邓子琴等先生亦成为西南师范学院教授。川教院、女师院二校合并后,女师院教职工即从黄桷坪迁至磁器口原川教院内,

---

　　① 郑青、刘平斋主编:《四川省社会科学手册》,四川省社会科学院出版社,1989 年 10 月版,第 703—704 页;四川绵竹县志编纂委员会编纂:《绵竹县志》,四川科学技术出版社,1992 年10 月版,第 137 页。

　　② 吴宓著,吴学昭整理:《吴宓书信集》,三联书店,2011 年版,第 367 页。

同时在沙坪坝与磁器口之间"沙磁乐园"一带建立新校舍（现为重庆大学建筑学院）。1952年院系调整,西师从磁器口和沙坪坝迁到现在的北碚校址。1985年8月改名为西南师范大学（今名西南大学）①。

据1948年秋考入该院的学生石琼生先生（后供职于重庆出版社,任编审,离休后居于重庆袁家岗寓所）,回忆自己接受先生教诲的情形:

我于1948年秋考入四川省立教育学院（以下简称"川教院"）,就读于史地系,系主任为明史专家张圣庄教授。不久来了一位胖胖的秦汉史专家李源澄教授。李先生上第一堂课时所说的"上我的课,全班如有一两个听懂就不错了",给我们留下特别深刻的印象。李先生身边仅有一个读小学的长女,请了一位中年妇女杨嫂经管他的家务和伙食。

此后不久,来了一位清瘦的老学者吴宓教授。吴先生只身一人,长期在源澄先生家搭伙,一日三餐,未尝或缺。源澄先生系忠厚长者,为人质朴,待人敦厚,从不摆师长的架子,后来作了我的系主任,师生来往日多,情谊日浓。那时学生伙食不好,登门求教,聆听教诲后,先生多留下吃饭。此后凡有佳肴,源澄先生总是招呼:"石琼生,今天杨嫂炖了鸡,来喝喝汤吧!"或"今天青菜炖腊肉,来吃青菜头。"我不便推辞,在李先生家吃饭便成了常事。吴宓先生是饮誉世界的著名学者,早有所闻,并由衷崇敬。但真正认识却是在李先生家的餐桌上。吴先生很守时,每次总是菜、饭刚刚摆好即来就餐,从不迟到,也不提前。保姆杨嫂从不上桌,女儿李志〔即:知〕勉夹点菜,端着饭碗到处跑,也不上桌。平时就是二位先生端坐桌前,相对而食。我在时,则是一个学生陪两位先生,各据一方,鼎坐而食。②

先生家"请了一位""经管他的家务和伙食"的"中年妇女杨嫂",在吴宓先生日记中记为"澄家旧仆杨嫂"（《吴宓日记续编》第7册,第88、126页）。

石琼生先生回忆:

李源澄先生随校迁北碚后,政治热情高,工作积极,讲话言简意赅,领

① 许增堂:《西南师范大学办学百年的历史源头（下）》,《西南大学报》2006年第14期,2006年4月25日第4版。

② 石琼生:《跋磁器口纪事》,载张紫葛:《心香泪酒祭吴宓》,广州出版社,1997年版,第444—445页。

受学生欢迎,和当年上第一堂课对我们讲话时的情景完全两样,且早就参加了民盟。[1]

9月,国内发动批判胡适思想的运动。

本年或者次年,先生的两位灵岩弟子李守之、钟博约先生一起来拜访老师:

先生已在西南师范学院担任副教务长兼教授,我找不到他的住处,是钟博约陪我去的。他见到我们很高兴,他说:"你们就不要走了,师母从家乡带来了腊肉,味道不错,就在这儿吃晚饭,我们好谈话。"这是我第一次见到师母。先生当时正热衷于读马列主义、毛泽东著作,兴致极好,大谈其体会,对党的一些治国方略,赞不绝口。他一再强调说:"要认识了解共产党,就要认真学习党的政策,要多读马列主义的书。"他还举了一些例子来说明。我们的谈话一直进行到深夜,是夜我留宿西师。[2]

联系先生次年发表的《学习〈实践论〉后对历史学的体会》一文,可见到先生对于新生的共和国充满希冀,学习马列经典著作、毛泽东著作满怀热情。对于弟子,他仍然一如其旧,关怀爱护。

公元 1951 年(辛卯)　四十二岁

1月1日,新年元旦,先生长女李知勉前往吴宓先生宿舍拜年,吴宓先生赠以旧币1万元。中午,吴宓先生按照每月十万元的标准,在先生之宅搭伙进餐;甚至于宴请客人亦在先生之宅,一直到2月结束(《吴宓日记续编》第1册,第21、33、37、78等页)。

18日,先生偕吴宓先生前往重庆医科大学访问友人赵师楷教授。吴宓记载道,"穿磁器口市街至陪都医院,今改为医科大学,访赵师楷教授,归途遇于市中。赵君请饮茶、食柑而归"(《吴宓日记续编》第1册,第38页)。

21日,先生于宿舍,吴宓先生率吴芳吉次子汉骧(1918—1979)来访,先生遂邀一道午餐。当晚,先生在宅设宴,亲自下厨,为史地系参军入伍的学生饯行,"自为主庖,饯送史地系参军学生"(《吴宓日记续编》第1册,第41页)。

---

① 石琼生:《跋磁器口纪事》,见《心香泪酒祭吴宓》,第448页。
② 李守之:《追思往事,缅怀恩师李源澄先生》五,2011-08-08 16:26:12(见新浪网博客http:// blog. sina. com.cn/s/blog_86cd776a0100sz0o. html)。

2月1日，先生与吴宓先生商议，先生劝谏吴宓先生勿应华西协和大学文学院院长罗忠恕先生（1903—1985，字贯之，号之道，四川武胜县烈面乡人）之聘，因"华大在改革中，不宜往"，又谈自己"办事之原理方法"，深获吴宓先生的钦佩，吴宓先生在日记中承认，上年九、十月日记中"评论澄殊嫌太过，未免激于感情矣"。可惜，这一段日记被毁，今难知其原由矣（《吴宓日记续编》第1册，第51页）。

3日，先生陪同吴宓先生、中文系教授钟稚琚先生〔1886—1963，又名钟正琳，四川（今属重庆）永川人〕等，赴章太炎先生门人、师弟吴则虞先生（1913—1977，安徽泾县人）宴（《吴宓日记续编》第1册，第53页）。

4日，友人柴有恒先生来拜，下午吴宓陪同前往先生宿舍与柴等晤面。晚，先生在宅招待，吴宓先生等作陪（《吴宓日记续编》第1册，第54页）。

6日，农历新年，先生长女李知勉前往吴宓先生宿舍拜年，吴宓先生赠以压岁钱旧币1万元（《吴宓日记续编》第1册，第55页）。

9日，吴宓先生在先生宅晚餐后，陪同来访的史地系兼职教授张圣奘（1902—1992，字新，笔名天健、洋岳，湖北江陵人）回到自己的宿舍（《吴宓日记续编》第1册，第59页）。

17日，先生在吴宓先生陪同下，赴教育研究室教授高亨（1900—1986，字晋生，吉林双阳县人）、中文系教授徐德庵先生请宴（《吴宓日记续编》第1册，第66页）。

18日，先生陪同吴宓、高亨等先生，赴史地系教授周传儒先生（1900—1987，号书舱，四川江安县人）的请宴（《吴宓日记续编》第1册，第67页）。

28日，吴宓专访先生，商议是否就华西大学之聘，先生说："本校决不许宓离去，故宓无论如何不能到华西。又告敬方议改主国文系而荐宓主外文系"，极力挽留吴宓先生；先生又建议吴宓"可遵就此职"，并与教务长方敬"剀切详谈"，获得吴宓先生的赞同（《吴宓日记续编》第1册，第77页）。

3月，吴宓先生虽未继续在先生之宅搭伙进餐，但先生仍时常请吴宓先生来，共同进餐（《吴宓日记续编》第1册，第99页）。

2日、5日，吴宓二度专访先生，征询离开西南师范学院，往就华西大学之聘的意见，先生坚决挽留，甚至于说"决不许宓离"。吴宓先生记载：先生说：本校"决不许宓离去，何在华西之请？"，先生又言"明日在文教部当陈说此意"，极力挽留吴宓先生。所谓文教部，指西南军政委员会下属机构，是当时中国西南地区文化与教育的最高主管部门（《吴宓日记续编》第1册，第79、81页）。

14 日,先生往访吴宓,吴宓请晚饭;饭后先生请吴宓到茶馆饮茶,之后,二人一起"访许逢熙夫妇于其寓宅"。许逢熙先生曾任重庆相辉学院院长(《吴宓日记续编》第 1 册,第 88 页)。

4 月 15 日,鉴于国内政治形势有所变化,值此特殊时代,李源澄先生曾劝吴宓先生烧毁日记,李源澄胞弟李源委先生更两次劝吴宓先生烧毁日记,吴宓先生虽感其意,而不遵从,表示仍须续写日记。吴宓先生记载道:当晚,往访先生,才回到宿舍,源委先生来,"再劝宓焚毁宓日记、诗稿,或简择抄存,以免祸云云。澄意亦同。宓虽感其意,而不能遵从。此日记既难割爱焚毁,且仍须续写。"(《吴宓日记续编》第 1 册,第 111 页)

5 月 9 日下午,先生主持本校四年级师生土地改革座谈会,张一夫演讲,吴宓先生参加(《吴宓日记续编》第 1 册,第 133 页)。

10 日,先生就调往华西大学任教等事,征求吴宓先生意见,吴宓先生不同意,但却佩服先生知人之明,处事之宜。

吴宓先生记载道(《吴宓日记续编》第 1 册,第 133 页):

晚7—9,澄携知勉邀宓至磁器口江边坡下某茶楼茗叙。

澄谈校事并评论诸人,皆当。宓甚佩澄知人之明,处事之宜。澄告将调往华西(陈孟汀长校),但宓以留此为宜。至宓宜与敬接近,有事与敬商量即可。除梓忠诚外,余人宓皆不足倚恃,云云。

15 日,先生到吴宓先生宿舍,看望小病中的吴宓先生(《吴宓日记续编》第 1 册,第 135 页)。

21 日,下午,先生参加西南师范学院校务委员会成立大会,与方敬先生均任副教务长。教务长由校务委员会副主任谢立惠先生(1907—1997,安徽无为县人)兼任,吴宓先生等任校务委员。晚上,先生出席西南师范学院校务委员会首次院务会议(《吴宓日记续编》第 1 册,第 139 页)。

22 日,先生在宿舍,吴宓先生来访,盖两位先生商量往访民盟的创始人之一、老友梁漱溟先生之事(《吴宓日记续编》第 1 册,第 139 页)。时梁漱溟先生来重庆,下榻于胜利大厦(西南军政委员会第一招待所),曾与先生一晤,并商谈请唐君毅先生回国之事。盖梁漱溟、欧阳渐二先生为唐君毅最佩服之二位贤者。

之后,国学大师王伯沆先生(名瀣,号冬饮,自称无想居士,1871—1944)门人、贵州大学教授钱堃新(1896—1956,字子厚,一字去载,江苏镇江人①)先生致函梁漱溟先生,亦有劝请唐君毅回国之事。梁漱溟将钱堃新来信转致先生。

6月3日,上午,先生于西师宿舍,梁漱溟先生专程来访,造访时吴宓等先生亦在。之后,先生陪同梁漱溟先生拜访方敬先生,"商饶绪道事",再一同进城(《吴宓日记续编》第1册,第146页)。

> 《梁漱溟日记》1951年6月3日:

> 早访李源澄,偕访方敬商饶绪道事。晤吴宓、子琴(邓子琴)、涤玄、柴有恒等。源澄随返城,带去我致方敬信。②

6日,先生的建议为吴宓先生所采纳,于是吴宓先生"作领薪详表,附证件,函上重大乞补薪"(《吴宓日记续编》第1册,第149页)。事遂。

8日,是日端午佳节。吴宓先生访,同度佳节。先生劝吴宓,勿外调他校,因为方敬先生"生性好强,极欲使其所主办之校系超出人上,故宓决不可表示琵琶别抱之意"云云(《吴宓日记续编》第1册,第151页)。

22日,先生进城,入书店购书,遇见吴宓先生,同乘车归校(《吴宓日记续编》第1册,第160页)。

24日,农历五月二十日,先生43岁生日,先生邀请吴宓、周传儒先生,学生郑汝康等,在宅晚餐,以示庆祝(《吴宓日记续编》第1册,第162页)。

7月11日,先生作为"模范人民教师",出席"尊师游艺会"。吴宓在日记记载:该会"旨在显示人民教师之尊贵,而勗本校诸生安心用功,勿图转学而去。先请宓与敬、澄、肃等八人坐台上,插红花为模范人民教师"(《吴宓日记续编》第1册,第170页)。

14日,作为西师选拔"参观土改之教授"之一,先生与吴毓江先生③等人,于清晨出发(《吴宓日记续编》第1册,第172页)。

8月5日,先生在自己的住宅,四川大学历史系教授徐中舒先生(时在重庆西南博物馆)来访,不久,吴宓先生亦来会晤。徐中舒先生系1925年考入清华学校国学研究院,跟从王国维先生学习,时吴宓先生为

---

① 案,钱堃新先生系南京高等师范学校1919级的文史地部学生,与同班同学大多成为了文史、史地或文哲兼通的名家,尤其是以历史地理学的学者为特色,如张其昀(晓峰)、王庸(以中)、胡焕庸、缪凤林(赞虞)、景昌极(幼南)、方培智(圆圃)等。30年代初,钱堃新任中央大学副教授,1938—1946年任"国立师范学院"的国文教授。

② 梁漱溟著,梁培宽、梁培恕整理:《梁漱溟全集》第8卷《书信、日记》第453页。

③ 吴毓江(1898—1977),又名继刚,号墨生,四川秀山雅江乡(今属重庆秀山雅江镇)人,一说贵州松桃人。

国学研究院主任(《吴宓日记续编》第 1 册,第 184 页)。

11 日,先生出席西师第七次院务会议,提出聘唐述尧先生(1920—2010)
为史地系副教授,吴宓先生发言赞成,获得通过(《吴宓日记续编》第
1 册,第 187 页)。

13 日,先生受友人高亨之托,作函,为高亨外甥无转学证明而报考附中而
"询托"(《吴宓日记续编》第 1 册,第 189 页)。

19 日,先生在中文系教授陈新尼先生(1888—1972,名嗣煌,重庆人)宅,
与吴宓先生等聊(《吴宓日记续编》第 1 册,第 194 页)。

26 日,先生撰写的《学习〈实践论〉后对历史学的体会》一文,作为成都
《工商导报》的增刊《学林》(两周刊)第 16 期的首篇文章公开发表。
成都《工商导报》系中共地下党员根据中共南方局指示于 1946 年 4
月 28 日创刊,1949 年 10 月扩为对开六版。在《学林》第 16 期同期
发表的论文,还有冯汉镛先生《历代田租的变动》、胡鉴民先生《对最
近史学界关于中国奴隶社会讨论之讨论》、缪钺先生《读书零拾
(三)》等三篇论文。

　　《学习〈实践论〉后对历史学的体会》一文,是先生"读马、恩著
作,疑团顿解"后以马列主义理论解释历史研究问题的一个尝试,也
是重庆解放后先生发表的第二篇文章,并且是先生生前发表的最后
一篇文章。

　　先生在该文的引言说:

　　毛主席的《实践论》,是马列哲学的结晶,革命经验的总结,放之四海
而皆准的真理标准,可以用之于一切的社会实践,学习《实践论》所以成
为人们迫切的需要。对于治历史学的人来说,不仅是不能例外,尤其感觉
亲切,不是仅把历史唯物主义的道理简明扼要地说出来,更说明了治史的
重要方法。当前历史学上的重要问题,除史观而外,还有史观和史料的关
系问题,治史应不应当先有史观的问题,普遍的历史法则和具体的历史事
实相结合的问题。除唯物史观的真理已经普遍为人接受而外,都未能好
好的解决。《实践论》对这一系列的问题,都解决了。不过毛主席这篇文
章用的是哲学名辞,用在历史上,还须解释说明。至于唯物史观的理论,
《实践论》开头一节已有明文,就从略了。[①]

　　[①]　李源澄:《学习〈实践论〉后对历史学的体会》,成都《工商导报》副刊《学林》(两周刊)第
16 期,1951 年 8 月 26 日第 6 版。

然后,先生引述了毛泽东《实践论》原文,加以自己的理解,阐述了自己对于"史料和史观的关系"、"今天治历史应不应当先有史观"、"普遍的真理与具体历史的结合"的看法,指出:"历史唯物论是绝对真理的长河,具体的史料实践,则是相对的真理。无数相对的真理的总和,便是绝对的真理","因此,我以为新的历史家在现在的任务,不是高谈方法论,而是应该运用他们已经知道了的方法走进中国历史资料的宝库,去用历史资料来考验方法论。确实,在今天大家已经接受马列主义历史方法的时候,停滞在方法论上,是大可不必的。为使马列主义的普遍真理不变为教条公式,必须与具体的历史结合才行,毛主席的英明指示,是我们治中国史的正确方向。"

《学习〈实践论〉后对历史学的体会》一文,是先生生前发表的最后一篇文章,寻找全文不易,目前未见任何文集、论文予以刊布,故本年谱在附录中全文抄录(参见"附录二")

李必忠先生《缪钺先生与学林》一文说:

> 西北大学著名史学家李源澄教授寄来一篇文章:《学习〈实践论〉后对历史学的体会》,发表在《学林》第 16 期上。[①]

李文"西北大学"为"西南师范学院"之误。

在当时情况下,文史等人文学科工作者与先生一样,均积极适应新社会,在学习马列主义后,尝试着以新的理论指导自己的学术研究,撰写相关专业文章,如以先生的同龄人而言,在先生此文之前的有杨向奎先生(1910—2000,字拱辰,河北丰润县人)于本年春季发表的《学习〈实践论〉——一个史学工作者的体会》(山东大学《文史哲》杂志第 1 期)等文章;在先生之后的有荣孟源先生(1913—1985,山东宁津县大柳镇人)于 1952 年发表的《〈矛盾论〉对历史科学工作的指示》(《新建设》杂志第 5 期)等文章。

9 月 8 日,先生见吴宓先生率原四川教育学院外文系一年级学生何寿禄来见,吴宓先生为该生请求复学,先生遂同意该生参加编级考试;后来,先生在院务会议上,努力使申请通过(《吴宓日记续编》第 1 册,第 207、210 页)。

21 日,吴宓先生"如例",即付款,购买岚碳一百斤赠给先生,每月一次,

---

① 李必忠:《缪钺先生与学林》,载四川大学历史系编《冰茧彩丝集——纪念缪钺教授九十寿辰暨从教七十年论文集》,"巴蜀学林丛书",成都出版社,1994 年版,第 72 页。

吴宓先生本年来坚持这一惯例至今已经九个月(《吴宓日记续编》第1册,第214页)。

28日,先生在吴宓先生陪同下,访柴有恒、王之尚二先生(《吴宓日记续编》第1册,第219页)。

10月3日,先生在其宅,吴宓先生专门来访,推荐老友李思纯先生为西师聘任教员,先生素与李思纯先生相识,但是在当时的条件下,先生只是从教学主管人员的角度,陈述了西师聘请教员的标准,在是否聘请一事上未做明确表态。吴宓先生当日日记载(《吴宓日记续编》第1册,第222页):

　　澄述其聘师之标准,不重高深学术,而须活泼热心,竭力为系务及教学,竭力和众云云。命宓告纯知。澄又力主多参观,多活动,多知多见人民政府设施之盛功美绩,则自然悦服,一己之心情不期而然改变,庶可浑融一片,从其令,效其言,同其旨,乃若皆自我心中苗长而出,不感外铄被迫之苦矣,云云。

从这一记载,可以看到先生对于人民政府的拥护发自内心,态度积极,而且力劝老友积极融入新社会。

7日,李思纯、李祖桢(1916—1997)父子来访先生,旋吴宓先生来,并邀请众人午宴。吴宓先生之宴,乃为李思纯先生来西师就聘职之事(《吴宓日记续编》第1册,第224页)。而李思纯父子来访先生,则还有感谢先生、吴宓先生帮助,使得李祖桢在本月初成为了重庆市一中教师。早在本年1月3日,吴宓先生收到老友李思纯来函,托先生及吴宓为次子李祖桢先生"谋职事"。在二位先生共同努力下,李祖桢曾一度有被聘为史地系助教的可能(《吴宓日记续编》第1册,第25、205、208、220页)。

12月7日,晨,吴宓先生来访先生,言担心自己所做之诗贻祸,先生心底坦荡,宽言劝慰吴宓。

　　吴宓先生记载当天此事(《吴宓日记续编》第1册,第252页):

　　晨访澄,承留早餐,鸡蛋面。宓述诗案。澄谓必无祸,可无忧。案发,只须坦白直陈,丝毫毋隐。但宓根本当力主改造,感情上与共产党及人民政府完全一致,然后方可融洽,而心情愉快云云。

从这一记载,可以再次看到先生完全信任共产党、人民政府,可谓坦诚相待,肝胆相照,而且力劝老友不必担忧自己撰诗惹祸(所谓"诗

案"),而"根本当力主改造",在"感情上与共产党及人民政府完全
一致",积极融入新社会。

9日,李思纯、李祖桢父子宴请先生、吴宓先生,吴宓先生宴间动怒,先生
劝慰之。吴宓先生记载道(《吴宓日记续编》第1册,第255页):

> 宓忧郁动情,以蒸饺未得食,竟怒且苦。席散复至一德茶社久茗坐。
> 澄劝宓勿忧勿惧,遇事真诚无隐,和平答对,必无祸患云云。

12日,在第14次院务会议上,先生提出辞去史地系主任之兼职,获得通
过;该职由孙培良先生接任(《吴宓日记续编》第1册,第257页)。

18日,先生、吴宓先生在下午参加西南文教扩大会议精神传达会后,又在
晚上参加分组讨论会,先生、吴宓先生同在第四组,吴宓先生按照先
生的指点,表态愿意真心诚意地参加"思想改造运动",先生即公开
予以赞扬。

> 吴宓先生记载道:"宓即自陈热烈欢迎此次思想改造运动,当诚
> 心积极参加。……庶以后作人民教师定能纯全无疵,而宓更可勇敢
> 地任教,愉快地生活,云云。澄赞宓出言真诚云云。"(《吴宓日记续
> 编》第1册,第262页)

28日,吴宓先生微恙,先生专门前往探视(《吴宓日记续编》第1册,第
268页)。

> 冬季某日,先生致函梁漱溟先生,专谈唐君毅先生回国事,拟以
> 老友身份告以大陆进步的诸种情形,并打算以侍母尽孝等真情相
> 劝。此函梁漱溟先生30日收到[1]。

12月31日,梁漱溟先生再度挥函劝请唐君毅先生回归。在致唐君毅的
信中,梁漱溟将先生来函转致。梁漱溟先生信中说:

> 今夏到重庆,晤李源澄兄,对兄一致怀念,因而相商如何劝驾北来。
> 当时决定由源澄寄书左右,征求同意;得复同意,再由我征问政府意见。
> 适有钱堃新君自贵州来信,专以劝兄北归之事嘱托于我。因即以钱信寄
> 源澄阅,并促问其久无消息之故。兹得源澄复书,附奉一阅,并作此缄奉
> 讯尊意。盼见复。此外则有巨赞法师亦甚关怀足下,曾以此事为问,兹并
> 举以奉告,悴足下知此间朋友之意略同也。张嘉仪玉川近通讯否,彼是否

---

[1] 《梁漱溟日记》1951年12月30日条:"又人事部第一局转渊庭信、李源澄信",见《梁漱溟全集》第8卷《书信、日记》第464页。

尚在日本耶。①

公元1952年(壬辰)　四十三岁

1月16日唐君毅先生在香港致函先生,系对先生劝归大陆函的回信。
　　　　唐君毅在致先生函中说:

　　前承赐书,曾覆一详函,未敢发,盖闻兄处得港中新书颇不便……今
得子厚兄及兄始终年弟况,足见阶级意识以外之友谊。感激之情,言何能
喻。……弟来此,本无所谓,唯见报端终日骂梁先生及若干师友,以是不
平,故因循未返。关于国内进步情形,弟亦略知一二,唯私意皆视作中国
民族固有之勤劳朴实任侠之精神之堕压于下者之复苏。……国内共党朋
友来信,意亦甚厚,皆争取之意,然人本非物,何可争取。国内学者皆须自
认错,弟未错,从何能自认错? 真理不以人数多少定是非,亦非可以势力
屈人者也……弟在此间所接,皆中国之同胞。一生在世,报国之道非一
端。我始终未尝有政治关系,唯以教书著文为事,亦无负于国家也。……
　　如家母不能再来,弟亦终将回国侍母。唯亦当俟弟学得如斯宾诺萨
之生活技能以后。如欲弟称赞马列贤于孔子以求食,则决无此可能。此
间办学如武训之乞食,以武训之贤,犹不免视为封建奴才,其它更何论哉!
子厚尊兄处,弟亦有函去问候。漱溟先生处,弟亦有函去,恐未必收到,兄
去函可代弟问候。弟始终以为人格、家庭及友谊,皆高于政治,而弟于兄
等之感念不忘者,亦恒在此也。②

　　唐君毅先生表示,很思念旧友,但是,暂时不能回归祖国。
　　大约同时,唐君毅先生还回函梁漱溟、钱堃新先生,先后两日寄
出。唐君毅回信之意,与回先生信基本相同,即暂时不回国。唐君
毅在致梁漱溟先生函中说:

　　赐示及源澄兄示敬悉。钱子厚先生亦毅忘年之至交。承先生等关
爱,感激之意,匪可言喻。毅年来亦持以平生师友为念,未尝以形迹间阻
也。……此间所教亦中国之青年。人生在世,求所以自尽及报国之道亦
多端,故此间但可一日居,即拟暂不返国。……因先生与子厚、源澄兄皆
毅平生最敬佩之师友,故不敢相隐。略抒所怀,不尽依依。③

---

① 梁漱溟著、梁培宽编:《梁漱溟书信集》,中国文史出版社,1996年版,第79—80页。
② 《唐君毅全集》第26卷"书简",台湾:学生书局,1988年版,第246—247页;此转自香港
中文大学《新亚生活》第32卷第5期,2005年1月版,第12—14页。
③ 《唐君毅全集》第26卷"书简"。

27 日,夏历壬辰新年初一,先生长女李知勉前往吴宓先生宿舍拜年,吴宓先生赠以压岁钱旧币一万元(《吴宓日记续编》第 1 册,第 287 页)。

3 月 4 日,先生与吴宓先生赴第 20 次院务会议,在会上慷慨陈言,旋即似有悔悟,吴宓先生却旁观者清,在当天日记中记载道(《吴宓日记续编》第 1 册,第 302 页):

> 宓私评澄为"治亦进,乱亦进者,伊尹也"。而不知……"竭忠陈策,务远图功,徒遭厌弃与摧毁耳。澄在会中似即了悟及此……

6 日,北京辅仁大学校长陈垣先生在《光明日报》发表了《自我检讨》的长文,在学界引起震动。随后,冯友兰先生等也在《光明日报》发文,进行"表态"、"检讨"。大规模的"思想改造运动",在全国文化界、教育界、思想界迅速兴起。

27 日,先生邀请即将奔赴东北哈尔滨专修俄文的西师 7 位教师在家便宴,源委、吴宓先生作陪(《吴宓日记续编》第 1 册,第 316 页)。

4 月 4 日,先生在第 22 次院务会议上,与吴宓先生发言有所不同。吴宓先生记载道(《吴宓日记续编》第 1 册,第 323 页):

> 宓遂发言,以院务委员职在审议,异于行政当局,故不能负一切责任。而目前问题必须即日决定实行,何可事事推翻前案,从头复查乎? 云云。澄自辩,痛驳宓,且讥斥宓为"老先生"云云。宓颇悔多言,致触犯澄。然澄勇于自任,进退每失时机,未必自知也。

6 日,先生对来访的吴宓先生,谈院务会议及学校之事,坚持自己的主张,吴宓先生感到自己主张的不妥。吴宓先生记载道,先生"仍主任重负责,报国立功。宓自知非矣!"(《吴宓日记续编》第 1 册,第 325 页)。

23 日,吴宓先生分别给多位亲友等汇款,兼之"近日经济甚苦拮据",幸得先生借给的 5 万元,"始克分配应付"(《吴宓日记续编》第 1 册,第 334 页)。

5 月 1 日,吴宓先生为西师《学生思想改造宣言》题字:"学生思想改造之举,且为教师之先驱及模范,可喜可佩"(《吴宓日记续编》第 1 册,第 339 页)。

5 日,在西师"庆祝五四青年节大会"上,主办者宣布"即将始行思想改造,学生愿督促教师改造云云"(《吴宓日记续编》第 1 册,第 341—342 页)。

23 日,午餐后吴宓先生来访,谈思想改造事,先生劝慰吴宓先生多读新书。吴宓先生记载道(《吴宓日记续编》第 1 册,第 354—355 页)

　　　报告宓学习情形。澄力劝宓多读新书,以求完全了解并欣然接受新观点,佩服共产党之公而忘私,为全体人民而牺牲自己之高尚作风。宓心悦诚服之后,庶不以勉强屈服及随缘应付之心情及态度,从事学习改造矣云云。

在此前后,学校相关人员更多次与吴宓先生交谈,嘱咐吴宓先生在写作"总结"时,"少述事实,多评思想"云云。

27 日,午餐后吴宓先生来访,二位先生谈院务财经、院内人事调动事(《吴宓日记续编》第 1 册,第 357 页)。

28 日,是日端午节,晨,先生长女李知勉获吴宓先生赠赐旧币 5 千元;晚,先生设家宴,赴吴宓先生、吴毓江、黄发仁等人欢聚(《吴宓日记续编》第 1 册,第 358 页)。

本月,西南师范学院的教师"思想改造运动"逐渐展开。

6 月 2 日,晚餐后吴宓先生来访,谈诸事久。先生对于吴宓先生拟与重庆大学法律系女生邹兰芳(1921—1956,四川万源县人)结婚事,认为"婚,恐年龄相差太远,云云"。但半月后,先生同意了这一婚事,被吴宓先生释读为先生"切劝宓婚兰",先生兄弟"逼劝宓即婚兰"(《吴宓日记续编》第 1 册,第 361、369、370 页)。

23 日,吴宓先生读"报载北京各校教师陈垣、潘光旦、周培源、吴达元等之自我检讨文",心有所感(《吴宓日记续编》第 1 册,第 372 页)。即陈垣先生《自我检讨》等类文字。

24 日,先生等西师民盟三位主要负责人受到批判。《吴宓日记续编》载:下午 3 时到 6 时半,先生与主持校政之副主委谢立惠先生、方敬(与先生同为副教务长)的"自我检讨会"召开;晚 8 时到 11 时整,"众对谢、李、方三公批判"(《吴宓日记续编》第 1 册,第 373 页)。

7 月 8 日,在重庆的中共西南局机关报《新华日报》发表了吴宓先生的"思想改造"的总结长文——《改造思想,坚定立场,勉为人民教师》,文中提到了先生对自己的帮助,后该文由《光明日报》转载。

　　　吴宓先生在文中,说:

　　　中国即使亡于日本或任何国家,都不足忧,二三百年后中华民族一定可以恢复独立驱除异族的统治,但若中国文化灭亡或损失了,那真是万劫不复,不管这灭亡或损失是外国人或中国人所造成的。……

　　　到了一九五一年经过参加各种运动学习,尤其是批判《武训传》的学习,又得李源澄先生之一贯督促由与中国旧学之比较而推动新思想,并力劝多读新书,方敬先生之随机启发如指明弗吉尔死在耶稣基督诞生之前,又希腊某某两神话可解释为劳动创造世界及人民智慧等,我的思想方才渐渐地转变,提高了不少。我发现我的情形是如此:在事实与行动方面,我能很容易而且很快明白地认识,诚心地服从,并负责地实行。

　　吴宓先生在该文中,曲折地表达了自己一直坚守的文化观。

20 日,吴宓先生偕西南博物馆秘书文德阳先生来访先生,并邀请先生、陈新尼先生等午宴(《吴宓日记续编》第 1 册,第 383 页)。

8 月 19 日,先生与来访的吴宓先生,谈到了自己对老友吴宓先生与邹兰芳女士〔其兄长为邹桂芳(1902—1951)字香岩,为中国青年党中央委员〕婚事的参考意见。吴宓先生记载道,宓"述对兰情事,及宓今者宜于三途择一,即(一)婚兰、(二)独身、(三)依佛忏悔,以出世之心并绝兰雪,一切不问。澄谓……宓拒斥婚兰,不肯就范已难。继谓以宓性特异,依佛出世,恐难潜心,不易坚持云云"(《吴宓日记续编》第 1 册,第 399—400 页)。

23 日,晚饭后,吴宓先生来访,商谈院分配草案事,先生请吴宓先生读自己的"思想批判总结"(《吴宓日记续编》第 1 册,第 402 页)。

9 月 2 日,四川省政协常委黄稚荃先生①在吴宓先生陪同下,来访先生,未遇(《吴宓日记续编》第 1 册,第 414 页)。

11 日,先生旧友、时任四川省政府参事王恩洋先生来访(《吴宓日记续编》第 1 册,第 410 页)。

　　本月底,因高校"调整院系",西南师范学院扩大建制,并从沙坪坝区迁到北郊缙云山麓的北碚。

　　　此时,先生作为负责人的西师"中国民主同盟小组",经过先生的大力发展,得到了扩大,发展为四十多位盟员。先生关心民盟事务,处理并保存了多种民盟档案,去世前托付给老友吴宓先生(《吴宓日记续编》第 5 册,第 142 页)。

10 月 3 日,吴宓先生的日记中有一组题为《壬辰中秋》的诗,第一首有"心死身为赘,名残节已亏。逼来诅楚状,巧作绝秦资"之句,并自注

---

　　① 黄稚荃(1908—1993),女学者、诗人、书画家,此前曾任成都第一女子师范、四川大学文学院教授等职,四川省江安人。

是得知自己"之思想改造文译成英文,对美国广播宣传,以作招降胡
适等之用",而感"极不快",且"今愧若人矣",显示出对思想改造运
动的某些矛盾心情(《吴宓日记续编》第 1 册,第 432 页)。

7 日,西师全校师生员工大会在大礼堂召开,先生陪同并介绍文教部派驻
西师工作组组长、兼西师调整委员会主委姚大非同志"与众见面并
演讲"(《吴宓日记续编》第 1 册,第 434 页)。

12 日,北碚部分盟员参加重庆市第一次"盟员大会",选举产生民盟重庆
市支部第三届委员会,西师外语系教授方敬先生为委员,中文系副
教授耿振华先生(1913—1985)为候补委员。

11 月,在中共西南局领导下,给高校教师评级,充分发动群众,以"德、才、
资"为标准进行评定。

12 月 6 日,中央教育部的任命令在西师公布,先生为副教务长,方敬先生
为教务长,同时,院务委员会即行取消。根据吴宓先生的记载,先生
在此之前,已经以民盟盟员的身份,加入了中国共产党(《吴宓日记
续编》第 1 册,第 472 页)。

9 日,先生与吴宓先生途遇,此前,吴宓先生因重庆医药卫生学校拟聘其
兼职讲授拉丁文一事,与教务长方敬之间产生了一点小误会①。先
生告诉吴宓,自己与教务长方敬先生未能同意吴宓先生为重庆医药
卫生学校聘任的原因,在于"恐校中其他教授援例,而兼课本非专任
之所应为,故不许。敬如是主张,澄亦必作如是主张,非敬忽薄于宓
也",先生又说方敬先生"重感情,笃于朋友,其爱护宓始终无异"
(《吴宓日记续编》第 1 册,第 471、474 页)。虽然吴宓先生有些不理
解,但经先生说明也就释然了,认为先生"甚能保全善类、汲引文士
学者",是"宓在此托命之知友"(《吴宓日记续编》第 1 册,第 471、
474 页)。

28 日,先生胞弟端委与吴宓先生一起散步,将先生希望吴宓先生与邹兰
芳女士结婚之意转告,这是当时吴宓先生的多位友人的共同看法。
吴宓先生记载道:"委谓宓之友如澄等皆望宓婚兰"(《吴宓日记续
编》第 1 册,第 484 页)。

31 日,文教部核定通过了西师教员评薪方案,先生与吴宓先生均为七级,
每月工资上调四十万元(《吴宓日记续编》第 1 册,第 485 页)。

---

① 方小早、方小明:《吴宓与方敬》,载王泉根主编:《多维视野中的吴宓》,重庆出版社,
2001 年版,第 110 页。

公元 1953 年(癸巳) 四十四岁

1 月初,先生与来到重庆的梁漱溟先生相会,梁先生到重庆北碚是旧地重游,还与吴宓、邓子琴等多位老友和原勉仁学院的学生多人见面,晤谈甚欢。

1 月 22 日,先生往见梁漱溟先生。《梁漱溟日记》载:

> 早与涤玄(注:黎涤玄,原山东乡建院同人)、乐颜、鲜老同车到碚,住于北碚公寓新房。涤回校,志侄(注:梁培志)来谈,尚好;又同午饭。李源澄来,张市长来。焕骞夫妇携其子女来。李四时去,张招待晚饭,陪半日之久。[1]

23 日,先生再次往见梁漱溟先生。《梁漱溟日记》载:

> 李源澄、石荪、烈卿、陶垒、颂天等来。涤玄、大光来,并同晚饭。饭后邓拓夫来。石荪谈话颇激动感情。源澄亦有言,乐颜所言粗浅。[2]

3 月 1 日,民盟北碚分部委员会成立。这是全国第二个建立的市民盟辖区级地方组织。先生当选为委员。民盟北碚分部主委王道容(西农),副主委方敬(西师),委员有耿振华(兼宣传部长)、叶谦吉(兼秘书处主任)等。成立大会上有 30 名新盟员宣誓入盟。时西师已有盟员 54 人。

3 日,先生在教务处办公时,吴宓先生将致院长办公室的结婚请求公函送至,并面交先生。先生阅读后,深为老友高兴,说:"早应如此决定。"(《吴宓日记续编》第 1 册,第 499 页)

6 月,为了祝贺老友吴宓先生与邹兰芳女士成婚,先生赞助了一些钱物,其他友人如女教授刘尊一、黎涤玄等先生亦然,支持吴先生完成了这一婚事[3]。

9 月 27 日,先生一日两访梁漱溟先生。盖梁漱溟先生又至重庆[4]。

9 月底,先生作为西师代表之一,前往北京出席"全国高等师范教育会议"。该会议于 9 月 28 日—10 月 13 日由教育部在北京召开。会议

---

[1] 梁漱溟著,梁培宽、梁培恕整理:《梁漱溟全集》第 8 卷《书信、日记》第 475 页。

[2] 梁漱溟著,梁培宽、梁培恕整理:《梁漱溟全集》第 8 卷《书信、日记》第 476 页。

[3] 何世进、于奇智:《吴宓的情感世界》,广东人民出版社,2001 年版,第 359 页。

[4] 《梁漱溟日记》1953 年 9 月 27 日条:"李源澄来,旋同艮庸去,晚间又来晚饭"。见梁漱溟著,梁培宽、梁培恕整理:《梁漱溟全集》第 8 卷《书信、日记》第 504 页。

总结了师范教育工作的经验,讨论了当时师范教育的一些基本问题,确定了高等师范学校在今后 5 年内的发展方针,即"在整顿巩固现有高等师范教育的基础上,根据需要与可能,有计划有准备地予以大力发展"。会议还根据过渡时期的总路线和国家第一个五年计划的基本任务,修订了一些专业的教学计划,规定了实施和培养师资的办法①。

11 月 1 日,先生约请吴宓先生来宅"家宴",同时应邀而来的还有曹慕樊等先生,先生家人除了夫人、内弟、次女知方外,还有先生胞弟源委先生等。先生讲述此次北京全国高等师范教育会议之行之所见所历,根据吴宓先生的记载可知,先生"深赞政府教育政策之稳定与明达,及主事者之精干爽直云云"(《吴宓日记续编》第 1 册,第 548 页)。

28 日,先生在全校作《全国高等师范教育会议传达报告》第二部分"教学改革"的报告(《吴宓日记续编》第 1 册,第 550 页)。

12 月,随着民盟组织在北碚陆续发展,分部在西师区、西农区、西南俄专等分别成立,"中国民主同盟师范学院小组"改组为"中国民主同盟师范学院总支",第一届主任委员(简称主委)为耿振华先生,先生为副主任委员(简称副主委),委员有黎涤玄、漆宗棠、王正华、郭豫才、刘又辛等先生。

本年,先生仍兼任副教务长。

公元 1954 年(甲午)　四十五岁

1 月,先生借给吴宓先生 2 万元,助其周转需要(《吴宓日记续编》第 2 册,第 6 页)。

2 月 14 日,吴宓先生前来还前所借之款(《吴宓日记续编》第 2 册,第 7 页)。由于各种政治活动日益增多,兼之吴宓先生新婚,二位先生的来往,开始较之以前有所减少。

4 月 15 日,为了使 1951 年曾推荐并获得学校通过的泸洲市第二中学校长唐述尧先生尽快来西师就职,吴宓先生专门致函历史系主任孙培良,希望调动唐述尧先生来校。吴宓先生在信中特别提到:"关于唐同志,李副教务长源澄、图书馆曹副主任慕樊,亦知之有素,可备征

---

① 张晋藩等主编:《中华人民共和国国史大辞典》,黑龙江人民出版社,1992 年版,第 145—146 页。

询。"唐述尧先生后来因故未得成行①。

6月20日，农历五月二十日，是日为先生46岁生日，先生邀请吴宓先生来家午宴，并告诉吴宓先生，可以代为李思纯等先生介绍工作。谈甚久，方敬先生来，大家谈罗念生先生所翻译的英国小说家亨利·斐尔丁(Henry Fielding，1707—1754)所著的小说(《吴宓日记续编》第2册，第41页)。

27日，先生与来访的谭壮飞先生(1914— ，湖南宁乡县人，内学院蜀院培养的佛学研究人才，后为中国社会科学院哲学研究所研究员)谈，不久，吴宓先生来访。先生称赞新中国"威势之日增"，并针对吴宓先生所说的历史系中情形，建议吴宓先生遇事多与系中诸人细商。吴宓先生告辞，先生"坚送至楼下宅门外，行礼而别"(《吴宓日记续编》第2册，第47页)。

7月6日，先生委托教务处职员郑祖慰先生(1917— ，字诒孙，浙江吴兴人)到历史系，与吴宓先生商议入学考试阅卷事(《吴宓日记续编》第2册，第52页)。

10月，西南行政区撤销，重庆由中央直辖市改为四川省辖市。

12月，"中国民主同盟师范学院总支"换届，第二届主任委员仍为耿振华

---

① 根据网络资料"天涯社区_天涯博客"中"阿福钓鱼台"(博客主人系重庆市作家万启福先生)的报导"重庆北碚发现吴宓亲笔书信"(http://blog. tianya. cn/blogger/post_show. asp? BlogID=1524081&PostID=12701790)，吴宓推荐函全文为："唐述尧:西南联大历史系毕业(1944年)。业务课成绩甚佳，能读英文书籍，注重西洋史，购藏书不少。历任昆明培文中学教员，北泉勉仁文学院讲师，南充川北大学讲师。现任泸州市第二中学教员(1950—1951)，泸州市第二中学校长(1951—1954)。其人，据宓所知，长于教学，而不适于行政工作。据其年来一再来函表示极愿来此任世界史教师。宓1953年曾向系中推荐过。今再郑重推荐，如西师聘唐同志来任世界史教师，宓可尽全力指导其世界古代史，则1956年度(至迟1957年度)可与宓分授世界古代史课，共二三班而无忧矣。孙主任可指导其兼预备世界中世史一门课(宓亦随同指导)，则更可协助完成第二门课，解决本系之迫切问题。谨上历史系孙主任培良先生。吴宓谨荐1954年4月15日。再，关于唐同志，李副教务长源澄、图书馆曹副主任慕樊，亦知之有素，可备征询。"据唐述尧先生(《吴宓日记续编》第2册第187页有简介)女婿陈国勇先生的回忆，大体证实了此函的真实性。陈国勇先生介绍道:唐述尧先生，出生于1920年农历10月24日，2010年3月4日去世，在建国初期为四川省泸州二中校长。1951年8月11日，李源澄先生出席西南师范学院第七次院务会议，提议聘请唐述尧先生为史地系副教授获得通过后，后来因故未得成行。到了1954年时，吴宓先生曾再次推荐唐述尧先生到西南师范学院担任史地系副教授，说可与孙培良一起上世界中世纪史，或者将来接替孙培良先生。吴宓在推荐函中特别指出，唐同志的情况，可以向李教务长(指李源澄先生)、曹慕樊先生了解。20世纪90年代初期，李源澄之胞妹李忍兰女士曾专程来南充拜访唐先生，其丈夫王自杭先生为辽宁省鞍钢总工程师。见笔者《陈国勇先生访谈录》，2010年5月31日上午，四川省南充市，西华师范大学新校区历史文化学院会议室。

先生,先生仍为副主委,委员有漆宗棠、王正华、郭豫才、刘又辛等先生,秘书曾昭颖先生。

本年,先生与历史系某教师合影一张(见《吴宓日记续编》第2册,卷首照片一,右第二人)。

在中苏友好、对苏"一边倒"的大背景下,西师学习苏联先进经验,各系设"教学小组"若干,教学小组定期召开例会、教学经验交流会,探讨学习马列主义及教学问题,讨论教材,互相听课,力求掌握马列主义观点并在教学中灵活运用。

公元 1955 年(乙未)　　四十六岁

1月中旬,先生与方敬赴成都,参加全省会议。

26日,正月初三,先生在成都开会,尚未归来,吴宓先生未知,相约教育系主任、教授刘尊一先生(1904—1979,女,名贵德,四川合江人)一起前往先生宅拜年,未遇。因此,吴宓先生未得与"所欲访谒者"即先生晤面(《吴宓日记续编》第2册,第111页)。

29日,夜,吴宓先生陪营山县中学俄文教师姜华国先生来访先生,三位先生长谈三小时,先生款待以白酒,先生谈"共党以忠诚详密,百事皆成功,其势方蒸蒸日上云云",吴宓先生又赠给知勉、知方"年赐"即压岁钱1万元(《吴宓日记续编》第2册,第114页)。

2月8日,"报载重庆市政协委员名单",先生名列其中(《吴宓日记续编》第2册,第119页)。

19日,中国人民政治协商会议重庆市第一届委员会正式组成,萧华清为副主席,先生、邓少琴先生等当选为委员。

20日,先生在市政协大礼堂出席会议,市长任白戈主持,吴宓、黄稚荃等先生均列席。

21日,西师历史系"系务委员会"召开成立大会,先生及院长谢立惠代表校方出席,并做"演讲指示"。委员会主任孙培良先生,吴宓先生等6人为委员。(《吴宓日记续编》第2册,第127页)。

3月19日,民盟成立14周年纪念日,重庆市召开了民盟第三次盟员代表大会,先生与会。

春季,先生积极响应政府号召,购买公债50万元,折合新币50元。据吴宓先生1961年5月28日日记记载,此公债于1961年出售给吴宓先生(《吴宓日记续编》第5册,第94页)。

4月2日,先生在家设馔,宴请黄稚荃先生,并邀吴宓等先生作陪。稚荃先生因病未克赴宴（《吴宓日记续编》第 2 册，第 127 页）。

10 日，先生在二弟源委的新宅主持源委与熊家璧女士之婚礼，吴宓先生应邀赴茶会，"封送贺仪新币四元，签名于红帛"。案：从上月起，全国实行新的币制，旧币一万元兑换新币一元（《吴宓日记续编》第 2 册，第 146 页）。

夏季，西师开展批判胡风反革命集团的大批判，不久发展为"肃清反革命运动"。次年 1 月结束。

7 月 1 日，吴宓先生来访，转送川大缪钺先生嘱托论文，先生询问授课等事，并有所建议，又说吴宓先生"胡适批判文可不作"。吴宓先生闻言，"甚喜"，之后，又认为先生为自己"回护"良多，对先生心存感激（《吴宓日记续编》第 2 册，第 212、228 页）。

10 日，先生在胞弟源委先生新宅，参加源委先生夫妇所办"婚后酬客家宴"暨先生生日宴，吴宓先生亦应邀到席；餐后，先生在吴宓先生陪同下往访教员穆济波先生（1892—1978，字孟默，四川合江人），未遇（《吴宓日记续编》第 2 册，第 217 页）。

8 月 29 日，先生与吴宓、中文系教授赖以庄〔名肃，1891—1966，四川巴县（今重庆市巴南区）人〕先生访孙培良先生，并茗叙，闲谈系事（《吴宓日记续编》第 2 册，第 253 页）。

9 月 30 日，先生访吴宓先生，转达张永青院长仍旧坚持吴宓先生"应自作主张，对《世界古代史》课负责，不应徇甫、兴之意。若分段各撰讲稿，亦不可行"之意（《吴宓日记续编》第 2 册，第 281 页）。

12 月 20 日，先生与吴宓先生途遇，同往访赖以庄先生，劝吴宓先生下学期若不拟主讲《世界古代史》，可"直谒各院长谈"（《吴宓日记续编》第 2 册，第 335 页）。

公元 1956 年（丙申）　四十七岁

1 月 25 日，先生应邀赴方敬先生家宴，此次主要客人为姜华国先生，吴宓先生、高滙生先生（1919—　　，山东高青人，副教务长兼教育系副主任）等作陪（《吴宓日记续编》第 2 册，第 361 页）。

31 日，先生应邀列席历史系系务委员会，安排本学期课程等事（《吴宓日记续编》第 2 册，第 364 页）。

2 月 13 日，正月初二，李知勉给吴宓先生拜年（《吴宓日记续编》第 2 册，第 371 页）。

18 日，先生邀请吴宓、孙培良等先生在宅晚宴，饮葡萄酒，"饭毕，诸客先散去,良亦辞去,宓独留与远、澄闲话至 10∶00 始归"。"远"即西南俄语专科学校教员谌志远(1904—1988,贵州织金县人)(《吴宓日记续编》第 2 册,第 374 页)。

27 日,先生应邀出席"重庆市知识分子代表大会"。上午,会上传达了周恩来总理的知识分子报告。下午,分组讨论。晚,下榻于重庆宾馆,与吴宓先生同住 315 室。先生晚上在室中"撰发言稿,直至晨 4∶00 方寝"(《吴宓日记续编》第 2 册,第 380、381 页)。"重庆市知识分子代表大会"于 3 月 1 日闭幕。

29 日,上午,先生在会上发言,"所讲二端,切实中肯,众鼓掌欢迎。稿皆铅印分发,存"。晚上,先生与吴宓先生在室中聊天,说吴先生"年来性情愉快,即是改造之成绩"(《吴宓日记续编》第 2 册,第 384 页)。

3 月 4 日,吴宓先生在成都出席四川省政协第一届第二次会议上首先发言,简述自己"思想改造"历程时,听从了先生所嘱(《吴宓日记续编》第 2 册,第 389 页)。

24 日,先生往访吴宓先生(《吴宓日记续编》第 2 册,第 408 页)。

4 月 26 日,先生等西师历史系教授十一位敬献花圈于吴宓先生夫人邹兰芳女士灵前,邹女士系前一日晨病逝(《吴宓日记续编》第 2 册,第 422 页)。

5 月 19 日,先生在家设晚宴,请教务处职员黄大秀女士、吴先白先生等,并邀吴宓先生作陪,先生询问吴宓先生对加入民盟的看法,希望吴宓先生考虑加入民盟。

　　　吴宓先生记载道(《吴宓日记续编》第 2 册,第 431 页):

　　　宓谈兰病殁情形……。客散,宓复留与澄叙话。宓述熊十力近著之大旨。又述宓捐书事,及宓对文字改革之意见。澄询宓是否已申请入民盟? 宓答否,且不欲加入,云云。

6 月,"中国民主同盟师范学院总支"换届,第三届主任委员仍为耿振华先生,先生仍为副主委,委员有黎涤玄、郭豫才、刘又辛等先生。

7 月 4 日,吴宓先生在致上级的公文中,称先生为"朋友"(《吴宓日记续编》第 2 册,第 459 页)。

9 月,全国高校进行工资普调与教师定级。吴宓先生被定为二级教授,月薪 272.5 元。吴宓先生长期自奉甚俭,衣食住用一贯简朴,而将工资中的大部分长期用于资助亲朋(如亡友吴芳吉先生的家属、夫人邹兰芳的侄子等)及困难学生,在西师可谓家喻户晓。

29日，先生病，吴宓先生来家探视，聊，先生劝吴宓先生"宜居北京云云"，吴宓先生辞，先生亲送出(《吴宓日记续编》第2册，第527页)。

本月下旬，先生的章门师弟吴则虞先生"归自京沪"，为先生、吴宓先生讲述师母汤国黎女士等事(《吴宓日记续编》第2册，第524页)。

10月21日，先生邀请刘尊一、黄稚荃、赖以庄、吴宓等先生午餐一聚。

29日，先生应邀，到"松鹤楼"酒楼，赴吴宓、孙培良先生之宴请。席散，聊，吴宓先生陪先生归(《吴宓日记续编》第2册，第546页)。

同月，中共八大召开。党中央提出"百花齐放，百家争鸣"的方针。

11月24日，先生在方敬先生宅，与吴宓先生谈已经实施的"工资改革方案"。先生与方敬先生均认为，吴宓先生应享受二级教授之等级。之后，吴宓先生又陪同先生归家，再聊。吴宓先生记载道(《吴宓日记续编》第2册，第563页)：

> 宓复托敬以宓求列入新三级之意，代陈院长。敬、澄均谓，初亦同宓之想法，其后得悉北京、成都各地之等级方案，认为宓列入新二级决不能谓之过高，且众意皆服，无或反对者，故宓似可自处于不闻不问，若将来确在新贰级，即安然承受之可也，云云……宓在澄宅，……谈……是晚宓论公私事，颇伤愤激多言，甚不合。

12月24日，先生在西师会议厅主持欢迎民盟中央副主席罗隆基先生(1898—1965，字努生，又名国琅，江西安福县人)之民盟座谈会，各方均有发言，吴宓先生亦然。吴宓先生记载道(《吴宓日记续编》第2册，第587页)：

> 宾主共十六人，设茗糖果，为招待罗隆基。罗为民盟中央副主席，新任森林部长，自云身兼六要职。此次以全国人民代表资格，来宣达中央德意，询问知识分子之疾苦与意见。……众推宓先，……。
>
> 总之，宓是日谈话太多，态度殊狂肆，且多叙及宓友生，有私嫌，大悖慎言免祸之旨，以是甚悔。

12月25日，先生迁新居，吴宓先生来访，先生乃以《原儒》授读(《吴宓日记续编》第2册，第588页)。

在1957年"反右"之前，先生全身心投入教育事业，积极努力，为人民教育事业的发展殚精竭虑(《李源澄传》，第718页)：

> 解放初期，他看到旧社会的一些腐败现象消失了，人民当家作主了，国家一天天地好起来，他深受鼓舞，精神为之振奋。于是把整个身心都投

入了教育工作,连一生从未间断过的学术论著也停止了。

　　作为副教务长,除了上课之外,对学院课程设置,工作安排,以及教师待遇,家属照顾,子女教育,无不关心。教师中有什么困难或思想问题,便及时约他们茶叙,与之倾心交谈,直到使之心情舒畅。他每月的工资,除必要的生活费外,多用于这类工作之中。凡朋友从外地去看望他,总要和友人一道漫步于西师校园,并一一指点介绍:"这是教学大楼,这是实验大楼,这是运动场……这样宏伟的建设规模,在解放前是从来没有的,共产党办教育真有气魄,这才是真正的办教育!"

公元 1957 年(丁酉)　四十八岁

1 月 1 日,新年元旦,先生于新宅,生物学教授戴蕃瑨先生〔1901—2003,四川合川(今属重庆)人〕来拜年,还未告辞,逢吴宓、上任系主任孙培良(1910—1987)、现任系主任郭豫才先生(1909—1993,河南滑县人)来拜年。于是,先生偕同吴宓、孙培良、郭豫才等先生,依次往谢立惠院长、教务长方敬先生、副院长王逐萍(1909—　,四川梁平人)、人事处长李一丁、历史系党支部书记季平处拜年(《吴宓日记续编》第 3 册,第 3 页)。

2 日,先生即将赴京开会,故特访吴宓先生,又劝吴宓先生"更开怀畅言,勿忧禁忌"(《吴宓日记续编》第 3 册,第 4 页)。

16 日,先生在京,往访老友梁漱溟先生。《梁漱溟日记》本日:

　　午饭时李源澄来谈,自渝来开会也。谈及唐君毅的问题,主张其回国。又谈及气功。约三时乃去。[1]

24 日,先生与西师同仁入城,出席市长任白戈同志(1906—1986,四川南充人)所作的"再论无产阶级专政"的学习报告(《吴宓日记续编》第 3 册,第 16 页)。

31 日,本日系夏历丁酉正月初一,先生于宿舍,吴宓先生来拜年,"玩麻雀牌,食冠生园年糕。读《人民日报》所载毛主席词若干篇……取得彭举(云生,崇庆)新诗三篇"。可知,先生在本年初仍与前辈彭举先生有诗歌往还(《吴宓日记续编》第 3 册,第 21 页)。

2 月 15 日,先生专访吴宓先生,劝请吴先生加入民盟,又约请次日出席民

---

[1]　梁漱溟著,梁培宽、梁培恕整理:《梁漱溟全集》第 8 卷《书信、日记》第 616 页。

盟座谈会(《吴宓日记续编》第3册,第31页)。

16日,吴宓先生就劝入民盟事,到教务处会先生,未遇。乃前往"北碚公寓楼上客厅,赴民盟邀请之座谈会",先生、民盟重庆副主任委员李康先生等人均在。午宴,先生与吴宓先生在一座(《吴宓日记续编》第3册,第31—32页)。

本月,"民盟师范学院总支"换届,先生当选为第四届主任委员,第一至三届主委耿振华先生当选为副主委,委员有黎涤玄、李麟征、尚莫宗、叶胜勇、高兆奎等先生。

21日,先生出席历史系系务委员会的"本系师资培养与提高问题"会议。会上,系主任郭豫才提出,表示"愿培养研究生(秦汉至北宋)三名",吴宓先生"主张欢迎"(《吴宓日记续编》第3册,第35页)。

2月或3月,民盟中央常委、中央民族学院副院长、著名社会学家费孝通(1910—2005)进行调查研究时,到达重庆,曾与先生会晤,与先生在某咖啡馆里长谈了一下午。费先生为先生的学识深深折服,不由友善地赞叹道"李先生有王佐之才"。费孝通先生此次长达数月的西南之行,与先生、先生的师兄刘文典先生等众多高校教授会面,感觉收获良多。

3月24日,费孝通先生发表《知识分子的早春天气》一文,说:

> 我想谈谈知识分子,谈谈我所熟悉的一些在高等学校里教书的老朋友们的心情。所谈的无非是一隅之见,一时之感;写出来还是杂文之类的东西而已。……去年暑假,我初到昆明,曾会见过不久前为了注杜诗特地到成都草堂去采访回来的刘文典老先生。……去年下半年,我一直在西南一带东跑西走,在朋友中听到了这种感叹是不多了。周总理的报告对于那些心怀寂寞的朋友们所起的鼓舞作用是难于言喻的,甚至有人用了"再度解放"来形容自己的心情。知识分子在新社会里的地位是肯定了,心跟着落了窠,安了。[①]

4月,毛泽东主席提出,欢迎党外人士帮助党整风。中央的政策和号召,解除了大家的顾虑,为国为民献计出力的积极性普遍被调动起来,知识分子欢呼"春天来了"。26日,院长张永青专访吴宓先生,"劝令大胆争鸣,畅言无隐"(《吴宓日记续编》第3册,第68页)。

5月11日,中国人民政治协商会议重庆市第二届委员会组成,萧华清为

① 费孝通:《知识分子的早春天气》,《人民日报》1957年3月24日第7版。

副主席,先生当选为委员。

15 日,毛泽东主席写《事情正在起变化》一文,指出:"最近这个时期,在民主党派中和高等学校中,右派表现得最坚决最猖狂","现在应当开始注意批判修正主义"。

本月,在知识分子的春天中,先生请人为自己拍摄一张个人照片,神情从容,堪称先生当时平和心情的写照。不料此照片次年竟充为先生遗照(《吴宓日记续编》第 3 册,541 页)。

同月,重庆市高校、文化等系统展开"大鸣大放"。

6 月 3 日,《重庆日报》头条报导《西南师范学院鸣放迈步深入,教师们就党委制问题各抒己见》指出:西南师范学院教师外语系熊正伦、秦荫人,历史系吴宓、孙培良,教育系郝庆培、邓胥功,地理学王钟山教授等,"在发言中,一致主张高等学校仍然应当实行党委领导制,但须克服缺点,扩大民主"①。

8 日,中共中央发出毛泽东起草的《组织力量反击右派分子的猖狂进攻的指示》,正式发动反击右派的斗争。当日,民盟副主席章伯钧(1895—1969)成为中国第一号资产阶级"右派分子"。11 日、23 日,《人民日报》发表社论《工人说话了》、《不平常的春天》,"反右派运动"开始。

21 日,院长张永青先生(1916—1999,山西榆次县人)在学校大礼堂作《本校之鸣放与整风》的报告,号召"全院同志及同学皆积极参加此对右派分子之政治斗争、阶级斗争"(《吴宓日记续编》第 3 册,第 114 页)。

在"反右派运动"中,西南师范学院教职员和学生先后被错划为"右派分子"的共 612 人,占全校总人数 5855 人的 10% 以上。反右扩大化虽是全国性的,但该校比较突出。吴宓先生"自幸谨慎和平,尚无过分之言论,差可免祸全身也矣"(《吴宓日记续编》第 3 册,第 108 页),免于此难。

7 月 1 日,《人民日报》发表了毛泽东撰写的社论《文汇报的资产阶级方向应当批判》,指出:"民盟在百家争鸣过程中和整风过程中所起的作用特别恶劣。"这个指示和社论,标志着反右派斗争在全国范围内展开和进一步升级。民盟中央主席史良先生(1900—1985)在民盟

---

① 本报记者:《西南师范学院鸣放迈步深入,教师们就党委制问题各抒己见》,载《重庆日报》1957 年 6 月 3 日第 1 版。

中央的会上说，民盟在全国已处于"十目所视，十手所指"的地位了。不久，费孝通先生就被点名为"章罗联盟的军师"（章伯钧及民盟第二届中央副主席罗隆基），成为全国闻名的大右派，受到了报纸上连篇累牍的文章批判，从此沉寂到 1980 年平反。

是日，西师教育系师生集会，吴宓先生记载，此会上，教育系系主任普施泽先生（1901—1980，湖北应城人）"声言陈东原仇恨共产党"[1]。教育系教授陈东原先生（1902—1978，安徽合肥人）系先生介绍加入民盟，此或是先生获罪之由。

2 日，《重庆日报》载文，攻击先生与曹慕樊先生"朋比为奸"云云（《吴宓日记续编》第 3 册，第 122 页）。

下午，张永青院长在大礼堂作《西南师院反击右派分子之运动》的动员报告，指出与右派分子之间是"尖锐之政治斗争"，也是"一大阶级斗争。彼右派有完全组织——民盟中之章罗联盟，其十条指示，季康、舒军在西师已有人代为执行成功，故非'小题大做'。亦不可旁观。社会秩序将大乱"。文中所谓"在西师已有人代为执行成功"，即是指先生等"右派分子"（《吴宓日记续编》第 3 册，第 121 页）。

3 日"下午 4：30 本校民盟会中"，民盟中央委员、民盟重庆市委主任委员、重庆市政协副主席萧华清先生（1894—1969，字子泉，四川彭县蒙阳镇人，1925 年加入中国共产党，1943 年加入民盟）"宣称"，先生等人"之罪甚重，劳动改造犹不足蔽辜，云云"。面对民盟上级负责人会上的严厉批评，先生心情沉重。当晚，历史系教授、系主任郭豫才先生将这一消息转告了吴宓先生（《吴宓日记续编》第 3 册，第 123 页）。

5 日，心情沉重的先生，令胞弟源委转告吴宓先生，"戒其勿往见，为避嫌"（《吴宓日记》7 月 22 日之记载，见《吴宓日记续编》第 3 册，第 124 页）。

在一系列指示和社论的号召、部署下，一场全国规模、急风暴雨式的反右派斗争迅猛地发动起来了。作为民盟诞生地的四川，在反右派斗争中受冲击最大[2]。

在沉重的政治压力下，省民盟第一副主委、秘书长赵一明先生

---

① 《重庆日报》1957 年 7 月 3 日报导，《吴宓日记续编》第 3 册，第 123 页。
② 根据民盟四川省委会机关作专职干部、1957 年任宣传部副部长的赵锡骅先生的回忆。载赵锡骅：《"章罗联盟四川分店"真相》，《炎黄春秋》2004 年第 2 期，第 18—22 页。

写出长篇系统的交代检查后,被迫进一步"交代揭发"说:"四川盟内确有一个'无形组织',这个组织的成员是:潘大逵、胡克林、赵一明、舒军、季康、冯克熙、韩文畦、张松涛、刘南、李源澄、杨复全、戴星如、张声明等。这个组织的核心又是潘大逵、胡克林、赵一明、舒军、季康、冯克熙等六人。"①所谓"无形组织"成员名单上的人,不少为先生的老友,如韩文畦先生就是1937年与先生在成都创办《重光月刊》的友人,1939年1月西康省成立后,担任了西康省政府委员,教育厅厅长,"平素为人正直,作风正派","锐意振兴,清廉自守",经师友张澜先生的介绍,于1946年春正式加入中国民主同盟的组织,被认为是"积极从事于和平民主运动的工作,尤其是面临西南解放前夕,在川、康军政较上层人士中,开展民主统一战线工作,做出了极大的努力"的开明人士②。此时,也被划为右派。

7日,民盟通过学校广播,批判先生(《吴宓日记续编》第3册,第125页)。之后,先生被错划为"右派",并被降级降薪,撤销了行政职务及民盟内的主要职务,只保留下教授职衔,受到了精神上的摧残和身体上多种疾病(高血压、肝病、盲肠炎、精神病等)的双重打击。

先生被错划为"右派"的原因,可能与介绍教育系教授陈东原先生加入民盟有关。吴宓先生在6月28日记载道:曹慕樊先生"来,共叹近日风气转变对中国、对共党之大损失",评论曹慕樊先生"以赞美牛津大学、澄以介绍陈东原入民盟,均获罪矣"(《吴宓日记续编》第5册,第120页)。

先生成为"右派"后,本月中旬,学校安排源委先生伴护先生"至温泉休养,伴居一星期","盲肠炎发,校命送九医院,医以其高血压未敢割治",于下旬归家静养(《吴宓日记续编》第5册,第184页)。

先生成为"右派"后,迫于形势,曾自撰"检讨书",未写完就发病,到次年先生去世,仍未完成(《吴宓日记续编》第5册,第120页)。

10、20日,吴宓先生与系主任郭豫才谈与先生之关系等事(《吴宓日记续编》第3册,第128、134页)。

23日,吴宓先生记道(《吴宓日记续编》第3册,第136页):

---

① 见《四川日报》7月29日。
② 四川省内江县政协文史资料委员会:《内江县文史资料》,1984年版,第8辑,第13—14页。

　　呜呼,鸣放之在西南师院,只为教育系、中文系、外语系、历史系系主任之藉端报复、消灭异己者而已。至受祸诸人,则或缘名利心重,欲为系主任,或本才学优长,平日苦受压抑,而其人性行亦有缺点(过刚,而不善自藏),遂遭忌受馋,而罹于祸。以上只举文科四系,其它教职员多类此。凡宓所记,皆信史之应秘传者也。

　　吴宓先生所谓"本才学优长,平日苦受压抑,而其人性行亦有缺点(过刚,而不善自藏),遂遭忌受馋,而罹于祸",盖指先生之俦乎?

25 日,在山东青岛的顾颉刚先生,"看李源澄《秦汉史》"[1]。

27 日,吴宓先生记载,先生之事成了"罪案",即被划为右派(《吴宓日记续编》第 3 册,第 138 页)。

本月下旬,源委先生、好友赖以庄先生等遇见吴宓先生,均告知以先生的最新情况:先生受到迫害后,精神已经失常,一旦发病就连胞弟源委先生都视同生人,全不认识。吴宓在 7 月 22 日记载道(《吴宓日记续编》第 3 册,第 135 页):

　　连日晚间,普施泽与豫等坐院中,所谈无非右派诸人之罪行。……今夕闻赖公言,昨遇委夫妇见告,澄已得疯疾,见委亦怒斥之曰:"汝亦来打击我乎?"呜呼,经此一击,全国之士,稍有才气与节概者,或疯或死,一网打尽矣。

8 月 10 日,针对校园中所谓"右派"的日益涌现,吴宓先生观察发现,先生"活动谋逆之从犯"不少(《吴宓日记续编》第 5 册,第 148 页):

　　此次定罪之径路及范围,要以全国各地章、罗之党羽、民盟之活动为主;故在西师,以澄为中心首犯,若麘、若□、辛及史系之涤、彦,中文系之樊、勖等,皆视为澄民盟活动谋逆之从犯……其他,除系主任报复私仇外,均未波及……只批判其思想之错误而已。

16 日,先生"成为本校最大的罪人",吴宓先生在日记中如此不明白地记录道,当日拂晓,吴宓梦见先生"将作检讨。澄工作服,面色灰暗若死,精神颓丧",吴宓有"深觉不祥"之感(《吴宓日记续编》第 3 册,第 152 页)。

---

① 《顾颉刚日记》第 8 卷,第 284 页。

30 日,《人民日报》在《四川的右派群丑》一文中[①],揭露批判了以 40 年代的著名"民主教授"、时任四川省政协副主席、民盟四川省主任委员会主任委员潘大逵(1901—1991,四川开县人)为首的"章罗联盟四川分店"所谓"群丑"的言行。

本月,先生的精神失常之病情加重,吴宓先生听闻先生"恒在家焚香,见人叩头,忽又命设筵宴客,实无一客来。中间曾自往北温泉……在楼外徘徊笑歌,至夜二时始载澄回家","此后,校方命车送西南医院精神病科诊治,已与医院商妥,而澄坚不肯往,遂止。……平日在校内独往独来,或独坐校门口,自言自语。见人能认识,然易怒"(《吴宓日记续编》第 3 册,第 184 页)。

9 月 1 日,《人民日报》文章指出,"在这一艰巨的斗争里,具有决定意义的战斗是对于章罗联盟四川分店的围攻",并用大号黑体字通报:"章罗联盟四川分店——以潘大逵为首的右派阵营,在人民群众上下夹攻、内外会攻之下,已全线瓦解。"[②]所谓"章罗联盟四川分店"便如是产生,潘大逵先生也被加上了这个"四川分店"头目的头衔,并据此被进一步追查批判。按照这一说法,先生属于"章罗联盟四川分店"在西师的为首分子。

23 日,吴宓先生晚上前往孙培良教授宅访问,孙先生说:"近日史系反右之内容,谓民盟有罪之人方互相斫杀,良亦已讦发……至若澄者,实一诚实之人,并无大罪,仅以其所居职位,为以上诸民盟之人牵率而陷于罪戾,无法自白。党内领导亦尽知,而弗能为之开脱,故近日刘又辛为大字报痛斥,而未有明文责澄者,职是故也。"似乎先生的处境有所改善(《吴宓日记续编》第 3 册,第 180 页)。

29 日,吴宓先生在宿舍,先生之弟李源委先生来,"详述其兄澄之疯疾情形",吴宓先生得知先生的胞弟即使"奉校中当局命,伴视其兄,且遭人攻诟",近一个月未敢前往探视;吴宓先生感慨,作为多年深知的老友,吴宓先生也有深深的自责(《吴宓日记续编》第 3 册,第 184 页):

> 按昔 1951 雪之疯也(指西师女职员张宗芬在镇反运动中被疑为"特务"而致疯),宓犹能挺身而出,为求医,治之愈,且护其儿,多方援助,不恤人言,不畏嫌疑(雪为反革命之妻)。

---

① 《四川的右派群丑》,见《人民日报》1957 年 8 月 30 日第 2 版。

② 《四川省右派阵营已全线瓦解》,见《人民日报》1957 年 9 月 1 日第 2 版。

今于交久谊深之澄, 宓乃不敢至其家一探视, 亦不能延蔡医为之诊治, 足见今日法网之密, 禁令之严, 亦可见宓之衰老畏怯, 见义无勇, 自视实毫无人格, 有生如死者矣。

10 月 1 日, 吴宓先生请假未参加上午的国庆节集会游行, 打算前来探视先生, "复惧祸及, 而止"; 乃决定先去见校方领导西南师范学院副院长王逐萍、教务长方敬先生, "求准宓往劝说澄, 一以探其病之真情, 一以速其悔罪输诚云云"(《吴宓日记续编》第 3 册, 第 185 页)。

6 日, 吴宓先生晚上拜访"右派分子"曹慕樊先生, 商谈是否可以前往探视先生病情, 曹慕樊认为, 吴宓先生去见校方领导时, "必须站稳立场, 只说宓此行之目的, 为(1)察知澄疯病之真伪, (2)劝诱澄速交代一切, 俾学校早日了结澄案云云"; 若得准往访先生, 先生见了吴宓先生, "必感慰, 且得知外间情形, 诸右派分子实况, 其心可安, 其气得舒, 病必随之轻减"。此行后未果(《吴宓日记续编》第 3 册, 第 187 页)。

公元 1958 年(戊戌)   四十九岁

1 月 8 日, 源委先生访吴宓先生, 吴宓先生问先生近况, 源委先生告以先生"发多白", 吴先生打算请医生前往诊治, "以详询澄在医院之病况"(《吴宓日记续编》第 3 册, 第 225 页)。

2 月 15 日, 吴宓先生在拂晓梦见先生: "将晓, 梦澄。面容肥圆而红润, 修饰整洁, 已留须, 发光可鉴物, 自言'思想已改近, 一切今皆明白'云云。宓疑此梦不祥"(《吴宓日记续编》第 3 册, 第 244 页)。

本月中旬, 梁漱溟先生从北京致函先生, "关心澄病", 即询问先生的病情(《吴宓日记续编》第 3 册, 第 245 页)。

3 月, 西师继续开展批斗"右派"。

先生为人刚直正派, "反右"后遭受打击而精神一度失常, 曾被送往精神病院诊治, 养病, 坚持不去; 约在本年春季 3、4 月间, 吴宓先生听闻: "学校由歌乐山市立精神病院召澄归, 将作处理。此时, 澄已甚清醒, 曾函上张院长认罪, 并愿改造, 勉为历史教师。在家扫地, 劳动, 读史书及新教本"(《吴宓日记续编》第 3 册, 第 281 页)。

4 月 30 日, 吴宓先生听说先生已经回校, 在西师家中, 校园传先生之"罪则甚重云"(《吴宓日记续编》第 3 册, 第 278 页)。

5 月 2 日, 先生病情突然恶化, 急请市里中医来校诊治。

3 日，先生病症加重，卧床不起，送至"本校卫生科就诊，立即舆送（市）九医院，断为肝脏僵缩（已小如拳）之症，且谓其发已久。歌乐山病院只治疯疾，未作全部检查，是以致误，今只有 1/10 之生望，云云"（《吴宓日记续编》第 3 册，第 281 页）。

4 日下午 25 分，在自己家中，因患肝癌、肝硬化等多种疾病，先生在家郁郁而终，时年 50 岁（《吴宓日记续编》第 3 册，第 281 页）。

　　先生在弥留之际，对老友吴宓先生甚有寄托。吴宓先生记载："其时全身虚黄，口中流出血甚多，污染衣被。殁时长女知勉侍侧。澄命知勉往见吴伯伯（宓）陈述一切。"先生去世时只有长女李知勉一人在身边，胞弟李源委"性本长厚人也"，有所"畏威久不敢往见其兄"（《吴宓日记续编》第 3 册，第 281—282 页）。

　　后来，系上有人公开以此事质疑吴宓先生，吴宓坦然说："宓觉澄能知我，知我至少是一旧式无原则之好人，勉来谒宓必能助之，他人未必能助也"（《吴宓日记续编》第 3 册，第 309 页）。

一说因先生太刚直了，"气得太狠"导致肝破裂去世。

　　石琼生先生回忆：

　　（先生）不料，反右时被打成"右派"，这突如其来约晴天霹雳是天真而古道热肠的源澄先生万万没有想到，也是万万不能接受的，当即神经分裂，送往精神病院后不久，即肝裂辞世。其长女李志勉〔案：即李知勉〕，中学毕业后在一家电厂当工人，现已年近 50。其夫人系家庭妇女，李先生不幸逝世后生活无着，雇佣无门，穷困潦倒，后来被当作"地主分子"，携其未成年之幼女，被强制遣返原籍农村，至今生死不明。

　　宽厚爱人、博学精专、不断探索进步的源澄先生及其家人遭际如此，良可哀叹，令人心戚！①

文中提到"未成年之幼女"指先生次女李知方，据告系早产儿，先天残疾（口吃、跛脚且常年溃烂），后来的确被遣返原籍农村，2009 年去世②。

---

①　石琼生：《跛磁器口纪事》，见《心香泪酒祭吴宓》，第 448—449 页。

②　据犍为县政府旅游局李才霞女士 2011 年夏季调查并告知，李知方女士成年后，婚配犍为县龙孔镇丝茅坪村 12 组（当地人俗称"左边沟"）赵家，当时赵家阶级成份为"地主家庭"，婚后生育二子。不久，丈夫去世，后事多亏娘家人送谷子、钱操办；艰难地抚育二子成人。李知方女士一生凄苦，家境极度贫困，现房屋为当地政府出钱修建。2009 年，李知方女士去世。现长子四十有余、次子三十有余，均尚未婚配，在外地务工。

5 日，先生去世后丧事的安排，吴宓先生记载道（《吴宓日记续编》第 3
　册，第 281—282 页）：

　　（先生）殁后，学校始由乡间（下放农村）召委（李源委）归，给治丧费
100 元（两月未给右派薪矣），并派二校工为助。5 日上午棺殓（棺值 60
余元）……随即葬于陈家山上北碚区公墓（100 元尚剩六七元，当即缴还
学校）。

是日傍晚 18 时，吴宓先生参加历史系整风学习会归舍，李源委夫妇"在
　舍坐候。两人泣述兄澄病殁情形"。吴宓先生方才得知，先生已经
　于昨天去世，他在《日记》中悲愤疾书，抒发了自己的感慨，可谓友人
　对于先生为人、治学、做事的全面评价，大约是盖棺定论矣（《吴宓日
　记续编》第 3 册，第 282—283 页）：

　　窃念澄之为学，夙为宓所钦佩。惟有才而不能下人，喜独树一帜。故
抗战以来，歆历各大学（浙大、川大、云南），参加或自办书院（民族文化、
灵岩、五华、勉仁），牺牲个人之薪金地位，辛苦自营，不可不谓有志之士，
特立而独行者。解放后，得为西师副教务长，并援引勉仁诸同事先后至西
师安居授课，亦极能热心助友者。

　　惟其人"才太高，迹太近"，与本院王院长过从甚密，而与方教务长争
权。宓早嫌其仕进之心太热，有为之念太重，但亦喜其在校能主张正学，
扶植善类。不图澄仍以报效共产党、报效人民中国之诚心忠悃，锐志厉
进，揽权怙位，多所主张，多所布划，多所接纳，正与其在勉仁之心与迹同。
然在勉仁不慊于漱溟先生之重用门弟子，吾侪尚可以苏轼《贾谊论》规
之；（宓未进此言），而在今共产党治下，则有如清初之贰臣，如陈之遴等，
小则获罪遣戍，大则成吴三桂及耿精忠等，叛起而终于灭族。盖皆以柳下
惠"治亦进，乱亦进"之心与行，自不免于受祸。宓固早忧之，而以年来迹
较疏，亦未能戒之也。及右派鸣放事起，澄遂被牵系，徒以身为西师民盟
主任委员，不能自明，诸罪所归，谓为阴谋欲篡夺西师而自为院长云云。
群议如此，窃意院长、党委未必信之，故始终未在校内公开"斗争"澄。而
据六日晨普君告宓，闻耿振华言，学校党委原拟处罚澄甚轻，云云。

　　惜澄之遽死也！虽然，澄刚性人，过刚则折，历届运动中，其受屈而自
杀者，如席朝杰等，无一非刚直之人。儒佛之学，未能使澄外荣辱而小天
地，身与境俱空，而更以忠心为共党之敌，有屈原、贾生之痛，宜其以怨愤
郁怒伤肝而死也。呜呼伤哉！顾以澄之性情，处今之境，早死实澄之福，
况"五十之年"，与王静安先生自沉之寿（五十一岁）略等，亦可无所惜

矣。……

　　自反右迄今,宓未敢一访澄,亦未通音问,澄遗命知勉谒宓,是知宓者。……又与委约,农假日,委来此,导宓上山祭澄墓。

　　　　吴宓对于先生"报效共产党、报效人民中国之诚心忠悃",耳闻目睹。吴宓先生目睹先生在"反右"运动期间中所遭受的不公平待遇,极为同情。回顾先生一生,吴宓先生赞赏先生有才、有志向、有为、有热心:"有才而不能下人,喜独树一帜"、"不可不谓有志之士,特立而独行者"、"仕进之心太热,有为之念太重"、"亦极能热心助友者";因而"夙为""钦佩"先生之为人、做事、治学;评价先生服务于高校,无论民国时期的勉仁、还是共和国时期的西师,"喜其在校能主张正学,扶植善类"。并惋惜先生是"刚性人,过刚则折,历届运动中,其受屈而自杀者,如席朝杰等,无一非刚直之人"。

　　　　对于先生"遗命"托付,吴宓先生自称"是知宓者"。1927 年 6月王国维自沉前,亦遗嘱托命托付吴宓先生、陈寅恪先生。吴宓先生为人之厚道,得到公认。而吴宓先生敢于在当时"处今之境,早死实澄之福"的政治环境下如此善待一个"右派分子",既可见二位先生相知之深,又可说明吴宓先生为人之忠厚。此后,吴宓先生积极为先生遗孀、诸女(长女知勉、次女知方)、遗族(如先生二弟源委等人)出谋出力之举,可以他称赞先生"亦极能热心助友者"之语来评价,令人感动。

　　　　对于先生罹祸之缘由,赖高翔《李源澄传》评价道:

　　君本怀济世之志,时时欲有所为……均勇于任事,伉直敢言,深为忌者所嫉恶。及反右派之风起,嫉君者乃得造作言语,深文罗织,以为渝中诸大专院校正直讪上者,皆出君指挥,冤苦痛酷,告愬无门。遂发狂易之疾以死。[①]

5 月 26 日,历史学全体教职工开会,吴宓先生参加。"下午全系会","然后小组会",晚餐后晚上 20 时到 22 时继续开"世界史小组会",针对"向党交心"小组会上同事就李源澄先生与自己关系提出的指责:"澄之死,由于澄不肯放下右派包袱,不早认罪以求自脱,而宓犹为之惜也——如其临终命知勉谒宓云云,宓所感如何?"吴宓先生回

----

① 《赖高翔文史杂论》下册,第 357—358 页。

答:"宓觉澄能知我,知我至少是一旧式无原则之好人,勉来谒宓必能助之,他人未必能助也。"(《吴宓日记续编》第 3 册,第 307—309页)。

在先生去世后 5 年,吴宓先生在读史时,仍然坚持认为先生为了国家而遭祸:"近年右派之遭惩,与澄等锐志立功,引贤图治,为党为国为校,而不免于死也。"(《吴宓日记续编》第 6 册,第 87 页)。

先生去世后 7 年,吴宓先生仍梦见先生:"梦旅居某地,星期晨,澄来,似别仅一年,握手。宓曰,我们之社教运动,亦同公在反右中所遭受者耳。"(《吴宓日记续编》第 7 册,第 191 页)

6 月 12 日,先生遗孀周观成女士携长女知勉拜访吴宓先生,告杂事,"又议售澄遗书事",吴宓先生应允代为出售(《吴宓日记续编》第 3 册,第 286 页)。

7 月,先生的章门师兄刘文典先生,亦以 1957 年被打成右派"心情极为郁愤",在昆明去世(《吴宓日记续编》第 3 册,第 464 页)。

10 月,先生遗孀周观成女士为先生立墓碑(《吴宓日记续编》第 3 册,第 500 页)。

11 月 9 日,先生劝告李知勉若干事,有毋外卖先生遗物等内容(《吴宓日记续编》第 3 册,第 515 页)。

12 月 18 日,吴宓先生表示"澄夫人回乡后,宓愿负责供给李知勉之全部费用"云云,古道热肠风范,令人感动(《吴宓日记续编》第 3 册,第 541 页)。

21 日,知勉被就读的西师"附中师生"指责为"右派分子之女"而被"时加讥辱","欲效某某同学私走兰州,改入技术学校,宓力言其不可。知勉又欲此寒假即往辽宁鞍钢其姑(多子女)处(转学初中三年级)。宓命其先禀姑商定各事,尤其转学已允收乃去。至到姑处后,宓年助学费若干,亦应函商议定云云。知勉又畏鬼,不敢上其父澄坟山,宓责其幼稚。"(《吴宓日记续编》第 3 册,第 543—544 页)

先生去世后,在犍为县的家乡——龙孔公社三大队,尚有先生叔父、堂弟李源善先生等亲人。因此,西南师范学院拟将先生夫人周观成女士、次女李知方送回龙孔公社三大队,投奔先生亲人,在农村务农,吴宓先生亦曾劝告过(《吴宓日记续编》第 5 册,第 94 页);受到先生被打成右派的牵连,先生夫人也受到了冲击,身体、精神两憔悴,以至于行走得倚靠"拄杖"(《吴宓日记续编》第 5 册,第 94页)。到了 1962 年 8 月,先生夫人、次女仍留在重庆西师校园,不久,先生夫人携次女带着吴宓先生资助的 40 元和先生另一友人西师中文系副教授谈壮飞捐助的 10 元(《吴宓日记续编》第 5 册,第 410页),回到先生在犍为县的家乡,先生夫人旋于当年 12 月底去世(《吴宓日记续编》第 5 册,第 402 页;第 10 册,第 238 页)。

　　先生长女李知勉则仍留西南师范学院附属中学就读初三,吴宓先生"谓以后量力,月助十元或五元","仍有意外,不足之数,由宓担付给",一直"资助到知勉毕业得职"(《吴宓日记续编》第 3 册,第500、515 页;第 5 册,第 94 页)。经常与先生胞弟源委先生"商知勉事"(《吴宓日记续编》第 4 册,第 41 页);又"函致附中党委,保证知勉费用,请命知勉投考普通高中升学"(《吴宓日记续编》第 4 册,第127—128 页);指导李知勉甚至于命令李知勉不要报考高中,且"教以必首附中"(《吴宓日记续编》第 4 册,第 134 页);1959 年夏,李知勉初中毕业,"述投考高中升学,未获录取,实由家庭成分之故。其同学中,凡右派之子女皆未取,盖阶级革命,为工农开门,已成公开,必须如斯进退取舍也"(《吴宓日记续编》第 4 册,第 151 页);李知勉未准报考高中后为重庆电力技术工人学校录取,并于 1961 年毕业,参加工作,随单位曾到邻水、荣昌等县工地工作(《吴宓日记续编》第5 册,第 134 页),在重庆大溪发电厂工作到退休(《吴宓日记续编》第 4 册,第 411 页)。

　　先生长弟源委先生(字端深),民国时期曾任宪兵、警察一二年,与夫人熊家璧女士时仍在西南师范学院图书馆工作(《吴宓日记续编》第 7 册,第 242、251 页);

　　先生胞妹忍兰(字培华)、王自杭夫妇(皆中共党员,《吴宓日记续编》第 4 册,第 199 页)则还在东北工作。

　　先生堂弟源善先生则仍在"犍为县龙孔公社三大队",60 年代初成为"民办中学教师"(《吴宓日记续编》第 5 册,第 433 页),后为政协委员,可撰文章,亦能诗词。有《"寒婆岭"的传说》等文、《安乐窝》、《诗三首》等诗词传世①(参见附录(五)《李源澄家族主要人物简历》)。

　　在中华人民共和国时期后,先生只公开发表过一篇论文、一篇文章,工作之余,曾将自己研究中国魏晋南北朝史的成果编为《魏晋

────────────

① 如李源善先生之文如《"寒婆岭"的传说》(犍为县政协学习文史委员会:《犍为县文史资料》,第 3 辑,"乐内印(1992)字第 191 号",1992 年版,第 123—125 页)等。

南北朝史》一书,而且清缮完毕,后不知所终;先生未刊之遗稿,亦皆散失。

蒙默先生说:

> 师母不知学,未就业;二师妹,长十余,幼仅数岁。先生逝世后,院方将师母及师妹送返犍为农村,故先生遗稿无人收拾,遂皆散失。闻先生有《魏晋南北朝史》一编,已清缮完稿,先生自知不起,以付挚友吴宓先生。吴先生于"十年浩劫"中亦未免于难,遭遣返故里,不久仙逝。此稿不审仍在人间否?[①]

蒙默先生所谓"此稿",在《吴宓日记》中有记载。至 1969 年尚存吴宓先生处者。该年 1 月 17 日下午,吴宓先生从"方板箱中,取出(1)李源澄研究魏晋南北朝史所抄之笔记若干册(1967 年整理,拟寄与缪钺者);又取出蒙文通先生之《中国经济史稿本》及《杂著》稿数件(亦 1967 六月整理,将以归还蒙文通者)"(《吴宓日记续编》第 9 册,第 20 页)。看来,先生的确是托付得人;吴宓先生的确是王国维、先生等均可以信赖者,在先生去世后整理过先生遗稿。

先生去世后,吴宓先生作为多年知交,在资助、监护先生就读初中的长女李知勉(按月支付费用)、处理先生遗物——一只大箱,内盛"澄所遗字贴及画册"(即先生所书之字及文稿、先生师友所做的字画多幅)、部分藏书("澄遗书")等事务上(详情参见本年谱"附录四"《〈吴宓日记续编〉所载李源澄遗物处理简况》),有过比较重要的作用。尤其是在监护李知勉上,作用更大。

---

① 蒙默先生:《蜀学后劲——李源澄先生》,《蜀学》特刊第 2 辑,第 51—52 页。

李源澄先生年谱长编
（1909—1958）

篇后余编

公元 1959 年

1 月 1 日,新年元旦,先生长女李知勉前往吴宓先生宿舍拜年(《吴宓日记续编》第 4 册,第 3 页)。

4 月 4 日,吴宓先生应邀与来重庆视察的老友、全国政协委员梁漱溟先生晤面时,专门为梁漱溟细述先生"获罪右派及病殁情事"(《吴宓日记续编》第 4 册,第 65 页)。

7 月 25 日,《吴宓日记续编》记载:"早饭后钟博约(先生灵岩书院的弟子,时西师附中语文教师兼教研组主任,昔勉仁教员)果至"。共谈"澄之病殁及知勉读书问题",钟君谓"宓论澄事极是",又言"知勉为右派分子之女,若坚持上进,恐遭歧视而有不利","澄夫人早应回乡入公社劳动,若逗留此间,人将责疑我辈","今后应由诸友组织一委员会,订立公约,监护知勉,凡宓及他人所赐给知勉之费用,及澄书画出售所得之款,并存入银行,立专折,知勉随时支取,而由该委员会审核其出入,俾澄夫人不得挪用",以上所说,吴宓先生"均赞同"(《吴宓日记续编》第 4 册,第 134 页)。

公元 1960 年

5 月 27 日,吴宓先生在成都,与先生故友韩文畦遇,"宓欲以澄殁及身后事告"(《吴宓日记续编》第 4 册,第 350 页)。

6 月底,吴宓先生到成都参加四川省第二届人民代表大会,缪钺先生来访,吴宓先生"重述澄病殁详情"(《吴宓日记续编》第 4 册,第 105 页)。

公元 1961 年

8 月 19 日上午,先生夫人周观成访吴宓先生,"谓必须八月底到乡(犍为县),现正售卖粗重之物还债云云。宓告以回乡全数旅费,当由宓筹给,似乘轮舟行较便,并告以昨晚宓对端深所谈"(《吴宓日记续编》第 5 册,第 403 页)。

公元 1962 年

7 月 28 日,"下午,重读李源澄遗著《秦汉史》,以政治之眼光读史,持论明通,极佩"(《吴宓日记续编》第 5 册,第 385 页)。

8 月 5 日,"晚,读《秦汉史》"(《吴宓日记续编》第 5 册,第 392 页)。

8 月 18 日,"上下午,读李源澄《秦汉史》,深佩其论政理及史事之明达"(《吴宓日记续编》第 5 册,第 402 页)。

公元 1963 年

1 月 27 日,上午"李端深率知勉来拜年。知勉丰美真纯,是好女子;勤劳勇毅,是好工人,惜澄之不及见矣"(《吴宓日记续编》第 6 册,第 14 页)。

11 月 2 日,蒙文通先生在北京往访顾颉刚先生,告诉先生已经去世,而且信息不甚详细。《顾颉刚日记》载:

> 文通告我,李源澄已于前数年以神经病死于重庆师院,是与之同在成都文庙读书者也。年不过五十,惜哉。[1]

公元 1964 年

"社会主义教育运动"(即"四清运动")开始,源委先生惧祸,乃"将家中所存澄之照像、信札、著述等,全部焚毁无余",以至后来先生长女知勉"并其父之生年月日皆不知云"(《吴宓日记续编》第 7 册,第 334 页)。

12 月 28 日,有人言:"其在西师,则以中文、历史、教育甚至生物系为巢穴,吴宓、郑思虞、谭优学而外,则有中文系之钟稚琚(以故)、赖以庄、赵德勋(以故)、孙铭勋(以故)及吴则虞,历史系则有李源澄(以

---

[1] 《顾颉刚日记》第 9 卷,第 760 页。

故)、杜钢百,教育系则有罗容梓,而生物系之戴蕃瑨尤为翘楚。"
(《吴宓日记续编》第6册,第458页)

公元1973年

1月15日,先生长女知勉拜谒吴宓先生(《吴宓日记续编》第10册,第282—190页)。

5月19日,吴宓先生在西师宿舍,整理自己所收藏的先生著述及与先生的往来信函。"以李源澄、蒙文通之学术论著及书函,各编成一包。王恩洋之学术论著(已引、未印),昔已编成一大包。皆置架上。"(《吴宓日记续编》第10册,第391页)。

先生资助过的晚生、勉仁毕业生饶绪道先生,"力劝宓增助知勉(有三女一子)之家用,谓10元太少,应增为每月20元或15元,宓决即增为20元云云"(《吴宓日记续编》第10册,第440页)。

已经公开出版的吴宓先生《吴宓日记续编》在本年12月31日结束,直到本年结束,吴宓先生仍定期资助先生的儿女(最后一次的记载为1973年12月9日,参见《吴宓日记续编》第10册,第554—545页)、不定期资助先生的胞弟(最后一次的记载为1973年12月23日,参见《吴宓日记续编》第10册,第556页)等亲属,有理由相信,直到1978年1月17日去世吴宓先生没有停止对先生亲属的资助。先生亲属对吴宓先生也视为亲人,如逢年过节、祝寿时日,亦常邀吴宓先生参加(《吴宓日记续编》第10册,第298页等)。

吴宓先生对先生亲属的资助可谓惠及三代。如知勉"第三女红渝患病,求宓助给医药费",吴宓先生即允付(《吴宓日记续编》第10册,第384页)。其中传承的中华文化精神,令人感动。

公元1980年

6月11日,随着拨乱反正的展开,中共中央下发60号档,即中共中央批转中央统战部《关于爱国人士中的右派复查问题的请示报告》的通知,宣告:经复查,22名上层爱国人士的右派问题得到改正,潘大逵是其中之一。文件指出,"章罗同盟"(后称"章罗联盟")在组织上并不存在,在批判"章罗同盟"时提的"军师"、"谋士"、"代理人"、"骨干"、"分店"等组织性的帽子应予取消,当年所谓"章罗联盟四川分店"的组织性帽子,赵一明"提出了章罗联盟的反动纲领在雅安具体实施的方案"问题,也就一风吹了。赵一明的右派问题,也在本年也改正①。潘大逵先生的职务恢复了,新任了四川省文史研究馆馆长等职。

　　根据上述文件,是年平反落实政策,先生的冤案得以昭雪,恢复了名誉,重还清白,并补发工资给先生长女李知勉等家人②。

公元 1987 年

本年,蒙文通先生论文论著,经蒙默先生整理为《蒙文通文集》,由巴蜀书社开始正式出版,《文集》共 6 卷。

公元 1991 年

8 月,陈立金总编、四川省犍为县志编纂委员会编纂的《犍为县志》出版,该书之《李源澄传》,篇幅为五六千字,为最早的一篇先生个人传记③。

公元 1994 年

本年,适逢蒙先生百年诞辰,四川联合大学(即四川大学)举行了"蒙文通教授诞辰百周年学术座谈会",会后印制了《蒙文通教授诞辰百周年学术座谈会纪念册》,收录了四川大学胡昭曦教授的《谆谆教导,受用终生——缅怀文通师》等文章。

公元 2004 年

6 月,胡昭曦先生的论文《蜀学与蜀学研究刍议》发表④。该文指出:作为源远流长、特色突出并具有全国影响的地域文化,蜀学是中华文化的重要组成部分,而传统的蜀学是以儒学为主的学术文化。今日所说的蜀学,是指四川地区的学术,其重点在文、史、哲,其核心是思

---

① 根据民盟盟员、民盟四川省委会机关专职干部、1957 年任宣传部副部长的赵锡骅先生的回忆,参见赵锡骅《"章罗联盟四川分店"真相》一文。

② 据犍为县政府旅游局李才霞女士 2011 年夏季调查并告知,李知勉现居重庆市,具体情况不详。据李知勉说,她们家解放前住在北温泉山花石花房子,解放后才搬到磁器口川教院。其父李源澄平反后,她接受了补发的工资及补助。

③ 陈立金总编,四川省犍为县志编纂委员会编纂:《犍为县志》之《李源澄传》,四川人民出版社,1991 年版,第 717—718 页。

④ 胡昭曦:《蜀学与蜀学研究刍议》,《天府新论》2004 年 3 期,第 114—117 页。

想、理论,它是中国重要的地域学术文化。蜀学研究是以具有蜀学学术特色和与四川学者有学术联系为范围,其时间上限为古蜀文化和巴文化,其下限及于当今。加强蜀学研究,可以丰富和加深对我国历史文化的认识,有助于培育民族精神,促进我国经济文化的发展。

8 月,栗品孝先生发表《大师已去 风范何存——略议蒙文通先生学术成就的宣传和探讨的问题》一文,认为:"蒙先生许多精粹的著作没有得到广泛流传","对蒙先生学术成就的评介和研讨很不充分"[1],因而相关研究,大有可为。

公元 2006 年

4 月,胡昭曦先生的专著《四川书院史》由四川大学出版社出版,该书的"附录(三)《李源澄与灌县灵岩书院》",系节选《犍为县志》之《李源澄传》(第 717 页)[2]。

7 月 28 日与 7 月 29 日,四川大学古籍研究所舒大刚教授为执行"儒藏研究"、台湾中央研究院文哲研究所林庆彰研究员为执行"晚清经学研究计划"第五年分支计划"晚清四川地区的经学研究",双方商议在近代"蜀学"的策源地之——四川大学举办"海峡两岸晚清蜀学"座谈会。座谈会由四川大学舒大刚教授与台湾中央研究院林庆彰研究员共同主持,邀请了相关专业的学人和晚清蜀学先贤的哲嗣,安排了 30 余位学者正式发言,共收到交流论文 40 余篇。围绕"晚清蜀学"这一主题,海峡两岸学者进行了广泛而深入的探索和讨论。

　　会上,蒙默教授发言时,"谈蒙文通,也谈向宗鲁,更多谈李源澄,让我们对这几位快被世人遗忘的经学家有了初步的印象"。林庆彰先生回台后,开始收集李源澄的著作资料,已编成《李源澄著作目录》,收专著条目 7 条,论文条目 111 条,该目录后附有李源澄的相关数据 8 种。这都是受蒙默先生发言所启发的结果[3]。

7 月 29 日至 8 月 3 日,由台湾学者林庆彰、蒋秋华两位教授带领的"晚清蜀学"考察团在川进行了为期一周的考察访问。学者们不辞辛劳,

---

① 栗品孝:《大师已去 风范何存——略议蒙文通先生学术成就的宣传和探讨的问题》,载《中华文化研究通讯》2004 年第 4 期,第 17—19 页。

② 胡昭曦:《四川书院史》,四川大学出版社,2006 年版,第 388—389 页。

③ 林庆彰:《研究民国时期经学的检索困难及应对之道》,《河南社会科学》2007 年第 1 期,第 23 页。

冒着酷暑,对锦江书院、尊经书院的旧址,"三苏"、杨慎、刘沅、刘咸炘、廖平、宋育仁、吴之英、吴虞等蜀学先贤的故居和冢墓,进行了凭吊和踏勘。

11 月,蒙默先生主编《蒙文通学记》(增补本),由三联书店出版,全书 319 页。收录了蒙文通《治学杂语》、《诗、曲遗草》,以及汤用彤、钱穆、杨向奎、郦家驹、王家佑、童恩正、李一氓、朱瑞熙、吴天墀、杨正苞、柯建中、隗瀛涛、胡昭曦、张勋燎、张邦炜、罗志田、王汎森等先生的回忆文章及研究论文,并附录有蒙文通先生生平和学术,即,龚谨述《蒙文通先生传略》、邵恭录《蒙文通先生已刊著作目录系年》。

在《后记》中,蒙默先生说明了该书编撰缘起,以及文章与论文的由来:"1994 年先君百年诞辰纪念会及 2004 年先君 110 年诞辰纪念会两纪念文集,选录其中回忆录及学术评论九篇,及李一氓同志《读〈越史丛考〉》一文;并据赵灿鹏先生所提资料补充改订先君已刊著作目录系年;竭周月之力乃得完成",云云。

公元 2007 年

1 月,林庆彰先生的论文《研究民国时期经学的检索困难及应对之道》发表,指出:我国民国时期的"大多数经学家,不但传记数据阙如,也从来没有人为他们编辑较完整的著作目录,更遑论有文集或著作集等。例如吴闿生、吴承仕(1884—1939)、张寿林、张西堂(1901—1960)、李源澄(1907—1958)、李镜池(1902—1975)、蒋伯潜等,他们研究经学都有相当的成就,可惜都未受到应有的注意"①。

3 月 30 日,蒙默先生在四川大学"儒藏学术系列讲座"第二十八讲,主讲《廖季平的经学传承》②。演讲的主要内容有三个部分。蒙教授先在"缘起"部分中,指出"经学"为普通民众乃至有一定学识的出版编辑等所不识,近几十年经学几无传人。某些经学名家也被知识界遗忘,李源澄便是其一。李源澄是蒙文通先生得意弟子,川大毕业后曾游学全国各地,自己少年时曾师从李源澄先生,对其学问人品十分了解。第一部分,蒙教授讲李源澄对廖季平与蒙文通先生的经学

---

①　林庆彰:《研究民国时期经学的检索困难及应对之道》,《河南社会科学》2007 年第 1 期,第 21—24 页。

②　龙成鹏:《我院举办"廖季平的经学传承"学术讲座》,见四川大学历史文化学院网站的报导,网页(http://historytourism. scu. edu. cn/history/news/news2007/news20070331. htm)。

思想的传承,旁及廖、蒙对近代经学的开拓性贡献。第二部分,主要涉及李源澄先生对解释经学的种种解释。首先他认为经学讲的就是经义,义是思想、理想。先秦儒家思想写在历史中,以古史为经,所以才有从历史中读出大义经学。经学与儒家为一体。经学别汉宋,汉为外王之学,通经致用,似近之所谓社会科学,宋明义理,内圣之学,似近之所谓哲学。蒙教授曾见过李源澄《经学通论》一书的手稿,并听其讲授过。第三部分,李先生在史学方面,有《秦汉史》一书,钱穆先生作序,评价极高。

6月,舒大刚先生发表论文《晚清"蜀学"的影响与地位》[①],从构成"蜀学"的学人、学校、学术三大要素,考察了古代以来到晚清的"蜀学",全面地评估了巴蜀地区学术之地位与价值。

10月,罗志田先生导读,徐亮工先生编校的《中国近三百年学术史论》由上海古籍出版社作为《蓬莱阁丛书》之一出版,是书辑取章太炎先生《论中国近三百年学术史》、章太炎先生《与李源澄论戴东原书》等垂范后世的经典之作,集大家之言,便于读者了解道咸"新学"与清代学术史发展脉络。

11月,蒙默先生的论文《蜀学后劲——李源澄先生》在《蜀学》特刊第2辑发表[②]。

12月,台湾中央研究院中国文哲研究所林庆彰先生发表《李源澄著作目录》[③],在讲述先生"小传"后,该文将先生的著作分为"专著"、"论文"(又分为经学、哲学思想、政治与法律、社会、经济、传记、文学、序跋、时评等九类)、"编辑"等三个部分,进行了总结。该文为目前见刊的先生著述目录最详尽的辑录。

公元2008年

3月,专访蒙默先生的文章《贯通四部,圆融三教——蒙默先生谈蒙文通先生的学术思想》发表,其中涉及到对先生的评价[④]。

11月,中央研究院中国文哲研究所研究员林庆彰、蒋秋华先生主编,黄智

---

① 舒大刚:《晚清"蜀学"的影响与地位》,四川《社会科学研究》2007年第3期,第165—170页。

② 蒙默:《蜀学后劲——李源澄先生》,《蜀学》特刊第2辑,第42—52页。

③ 林庆彰:《李源澄著作目录》,刊台湾《中国文哲研究通讯》第17卷第4期,第61—74页。

④ 蒙默口述,吴铭能专访,黄博整理:《贯通四部,圆融三教——蒙默先生谈蒙文通先生的学术思想》,载《经学研究论丛》第15辑,台北:学生书局,2008年版,第325—332页。

明、袁明嵘先生编辑的《李源澄著作集》出版,全书凡四册,共 1920
页。是书系"中央研究院中国文哲研究所古籍整理丛刊之 16",《出
版说明》指出"自从 1958 年李源澄先生去世后"近数十年来,李氏著
作几乎湮没不彰","有感于李氏的学术贡献,乃着手编辑李氏著作
集。全书收录李氏专著四种,已知之学术论文几已全部收录。为方
便读者研究所需,书后附有李氏相关研究资料,是研究李氏最完备
的著作集"。这一迄今所见李源澄先生著作的最完整的集子,必将
推动李源澄及蜀学、经学及近代学术史的研究。

公元 2010 年

4 月,桑兵先生主编《国学的历史》出版,根据《前言》,是书系"编者在历
时五年网罗各类资料以备编辑近代国学系年的基础上,挑选近代国
学出现以来,各种各样主张和反对国学的代表性文献 100 余篇",除
收入了黄遵宪、黄节、刘师培、潘博、邓实、王国维、蔡元培、毛子水、
梁启超、郑振铎、宋育仁、罗运贤、钱基博、吴承仕、章太炎、马一浮、
许地山、陈柱等人的多篇文献,也收入了先生所撰《〈论学〉发刊辞》
全文,以及先生与友人唐君毅等先生苦心经营的《重光月刊》所收
集、整理并发表的叶秉诚先生遗著《复宋芸子论国学学校书》①。

---

① 　桑兵:《国学的历史》,国家图书馆出版社,2010 年版,第 549—550 页、第 554—556 页。

李源澄著述目录

说明:关于李源澄先生著述的目录,台湾"中央研究院"中国文哲研究所研究员林庆彰先生编有《李源澄著作目录》①,这是目前学界所见公开出版的李源澄先生著述的唯一目录。该目录基本尽可能地收录了先生撰述之主要著述。根据该目录,李源澄先生著有学术专著6种,文章则被林庆彰研究员分为"经学"(共27篇)、"哲学思想"(共51篇)、"政治、法律"(共21篇)、"社会"(共8篇)、"经济"(共8篇)、"传记"(共1篇)、"文学"(共1篇)、"序跋"(共2篇)、"时评"(共5篇)等9类,共124篇,与传统的经、史、子、集分类有所不同。该目录在2007年底的问世,颇便学界以后之深化研究。

本目录将李源澄先生的著述分为"学术专著"、"论文与文章"两类,分别收录了李源澄先生的专著已出版者4种,论文与文章136篇。本目录为了与林庆彰先生所编目录有所不同,也为了给读者多提供一种阅读李源澄先生著述的选择,故目录以李源澄先生学术专著、论文与文章初次发表年代先后为序;同时,对于一篇连载的论文(文章),则系该文正、续诸篇于初次公开出版之时。

一 学术专著

(一)《诸子概论》上海:开明书店,1936年2月,共130页(书前有伍非百和卢前序)

(二)《李源澄学术论著初编》,成都:路明书店,1944年2月出版于成

---

① 林庆彰:《李源澄著作目录》,第61—74页。

都,《路明文史丛书》之一种,共 156 页。

《李源澄学术论著初编》一书收录论文 26 篇,分别是:

　　1《先秦诸子是非之准则及对历史文献之态度》,第 1—13 页;

　　2《论儒学之统类》,原出处待考,第 13—17 页;

　　3《读吕氏春秋》,原出处待考,第 17—21 页;

　　4《西汉思想之发展》,第 22—40 页;

　　5《读论衡》,原出处待考,第 40—50 页;

　　6《汉魏两晋之论师及其名论》,第 51—62 页;

　　7《列子与张湛注》,第 62—68 页;

　　8《春秋崩薨卒葬释例》,第 69—79 页;

　　9《先配后祖申杜说并论庙见致女反马诸义》,第 79—81 页;

　　10《春秋战国之转变》,第 81—87 页;

　　11《汉官考》,第 87—94 页;

　　12《汉代茂才孝廉考》,原出处待考,第 94—95 页;

　　13《汉代更赋考》,原出处待考,第 95—97 页;

　　14《汉代法史与法律》,第 98—101 页;

　　15《魏武帝之政治与汉代士风之关系》,第 102—105 页;

　　16《东晋南朝之学风》,第 105—109 页;

　　17《两晋南北朝兵家及补兵》,第 109—114 页;

　　18《元魏前期之制度及其旧俗》,第 115—118 页;

　　19《南北朝之百工》,原出处待考,第 118—121 页;

　　20《论元魏之大家庭》,第 121—128 页;

　　21《元魏之统治诸夏与诸夷》,第 129—136 页;

　　22《魏末北齐之清谈名理》,第 137—140 页;

　　23《北朝商贾在政治上之地位》,原出处待考,第 140—143 页;

　　24《北周职官考》,第 143—148 页;

　　25《唐代贡奴考》,原出处待考,第 149—151 页;

　　26《论宋初免除僭伪诸国无名杂税诏令》,第 151—156 页;

(三)《经学通论》,成都:路明书店,1944 年 4 月出版于成都,共 47 页。

(四)《秦汉史》,北京:商务印书馆,1947 年 4 月第 1 版,系《复兴丛书》之一种,32 开本,共 207 页;台湾商务印书馆 1966 年、1977 年版。

李源澄先生编撰的专著,除了上述四种之外,可能还有以下数种出版物或者书稿,录此备考。

根据《论学》第 5 期广告:"本社丛书第一集"有李源澄的《公羊传通释》和《丧服经传补注》二书,因此,或许还可能出版过李氏的上述二种专著,只是,至今尚未见此二种著作。

根据台湾中央研究院文哲研究所研究员林庆彰先生编写的《李源澄著作目录》考证,李源澄先生可能还著有《诸子论文集》,因有唐君毅先生所撰的该书的序(唐序见林庆彰文"附录一《经部与子部》")。

《诸子论文集》,据唐君毅《李源澄诸子论文集序》,"至于本书,乃李先生继其十年前已印行之《诸子概论》而著",故是书系先生收集自己在1936年《诸子概论》专著出版后的论文而成,大约完成于1946年或稍后,只是未见公开出版。

此外,根据资料,先生还有编撰一部《魏晋南北朝史》的计划,如1947年9月10日的《东南日报》"文史"专栏第45期"文史消息"报道:"史学家李源澄氏……正埋头著作《魏晋南北朝史》,闻年内全书可望脱稿。"只是,该书并未见出版。但是,该书作为书稿,的确出现,如在《吴宓日记续编》中多次出现。蒙默先生也多次言及此书稿。

二　论文与文章

李源澄先生著述甚富,除了单册的论著外,发表于《学术世界》、《论学》、《学艺》(上海)、《国风半月刊》(南京)、《文史杂志》、《东方杂志》、《图书集刊》(四川成都)、《灵岩学报》(四川灌县)等学术刊物存世的论文亦为数不少。林庆彰先生专门编著的《李源澄著作目录》,共收录了论文124篇,其"政治、法律"的最后一篇为《略论九品中正》,"注明为手稿本,约作于1946年",本目录亦采入。本目录统计先生论文与文章共135篇,与林庆彰先生《李源澄著作目录》收录论文124篇略有区别的原因,在于本目录将先生发表的连载论文,遵照原始发表报刊的单篇文章形式,分别计算。

1. 《戴记余论》,《河南民国日报》之《庠声》副刊第7期,1932年12月14日,第25页。

2. 《戴记余论》(续),《河南民国日报》之《庠声》副刊第8期,1932年12月21日,第30页。

3. 《孝经出于阴阳家说》,《河南民国日报》之《庠声》副刊第20期,1933年3月22日。

4. 《毛诗征文》,《河南图书馆馆刊》第2期,1933年4月,第37—69页。

5. 《古文大师刘师培先生与两汉古文学质疑》,上海《学艺杂志》第12卷第6期,1933年7月,第57—68页。

6. 《公羊穀梁微序例》,南京《国风半月刊》第3卷第8期,1933年10

月,第15—18页。

7.《荀子余论》,《国风半月刊》第5卷第10、11期合刊,1934年12月,第63—68页。

8.《阐孟》,《国风半月刊》第6卷第1、2期合刊,1935年1月,第60—67页。

9.《评胡适〈说儒〉》,《国风半月刊》第6卷第3、4期合刊,1935年2月,第24—35页。

10.《明堂制度论》,《学艺杂志》第14卷第2期,1935年3月,第13—19页。

11.《读丧服经传旧说后记》,《学术世界》第1卷第1期,1935年6月,第86—90页。

12.《论经学书三通》(与章太炎合著),《学术世界》第1卷第2期,1935年7月,第111—115页。

13.《读明堂位校记》,《学艺杂志》第14卷第6期,1935年8月,第11—13页。

14.《尊孔论》,《新亚细亚月刊》第10卷第2期,1935年8月,第95—98页。

15.《读易志疑》,《学术世界》第1卷第3期,1935年8月,第24—29页。

16.《儒道墨法四家学术之比较》,《学术世界》第1卷第5期,1935年10月,第10—13页。

17.《章太炎先生答李源澄书【附李来书】》,《制言》第5期,1935年11月16日,第2—4页。

18.《伍非百先生名学丛著序》,《学术世界》第1卷第6期,1935年11月,第98—99页。

19.《与陈柱尊教授论学书》,《学术世界》第1卷第7期,1935年12月,第90—92页。

20.《白虎通义五经异义辩证》,《学术世界》第1卷第7期,1935年12月,第12—18页。

21.《与陈柱尊教授论诸子书》,《学术世界》第1卷第8期,1936年1月,第91—93页。

22.《论〈老子〉非晚出书——并质钱宾四先生》,《制言》半月刊第8期,1936年1月,第1—12页。

23.《姓氏余论》,《制言》半月刊第12期,1936年3月1日,第1—2页。

24.《先配后祖申杜说并论庙见致女反马诸义》,《制言》半月刊第12

期,1936 年 3 月 1 日,第 1—4 页;收录于《李源澄学术论著初编》,第79—81 页。

25.《白虎通义五经异义辩证》(续二),《学术世界》第 1 卷第 9 期,1936年 3 月,第 44—47 页。

26.《白虎通义五经异义辩证》(续三),《学术世界》第 1 卷第 11 期,1936 年 5 月,第 65—69 页。

27.《与陈柱尊教授论公羊学书》,《学术世界》第 1 卷第 11 期,1936 年 5月,第 101—102 页。

28.《戴东原〈原善〉〈孟子字义疏证〉述评》,《艺文杂志》第 1 卷第 3 期,1936 年 6 月,第 1—6 页。

29.《白虎通义五经异义辩证》(续四),《学术世界》第 1 卷第 12 期,1936 年 7 月,第 32—36 页。

30.《戴东原〈原善〉〈孟子字义疏证〉述评》,《艺文杂志》第 1 卷第 4 期,1936 年 7 月,第 7—15 页。

31.《章太炎先生学术述要》,《中心评论》第 17 期,1936 年 7 月,第 20—23 页。

32.《小戴礼记补注叙录》,《学术世界》第 2 卷第 1 期,1936 年 10 月,第49—53 页。

33.《理学略论》,《国风》月刊第 8 卷第 12 期,1936 年 12 月,第 7—13 页。

34.《箴膏肓后评》,《学术世界》第 2 卷第 3 期,1937 年 1 月,第 46—50 页。

35.《张氏姑墓志铭》,《学术世界》第 2 卷第 3 期,1937 年 1 月,第104 页。

36.《论学》杂志的《发刊辞》,《论学》第 1 期(创刊号),1937 年 1 月,第1—4 页。

37.《周秦儒学史论》,《论学》第 1 期,第 26—34 页。

38.《新儒学派发微》,《论学》第 1 期,第 35—49 页。

39.《儒家德名释义》,《论学》第 2 期,1937 年 2 月,第 51—58 页。

40.《南宋政论家叶水心先生》,《论学》第 3 期,1937 年 3 月,第 36—58 页。

41.《老子余义》,《国专月刊》第 5 卷第 3 期,1937 年 4 月,第 39—41 页。

42.《宗法》,《论学》第 4 期,1937 年 4 月,第 106—115 页。

43.《申吕》,《论学》第 4 期,1937 年 4 月,第 96—105 页。

44.《介绍东方学术研究社》,《论学》第 4 期,1937 年 4 月,最后第 1 到 2 页。

45.《〈大小取章句〉书后》,《论学》第 4 期,1937 年 4 月,第 25—26 页。

46.《箴膏肓后评》(续一),《学术世界》第 2 卷第 4 期,1937 年 4 月,第 80—83 页。

47.《箴膏肓后评》(续二),《学术世界》第 2 卷第 5 期,1937 年 6 月,第 44—46 页。

48.《亭林学术论》,《论学》第 5 期,1937 年 5 月 1 日,第 5—19 页。

49.《读经杂感并评胡适〈读经平议〉》,《论学》第 5 期,1937 年 5 月,第 62—67 页。

50.《春秋修辞学崩薨卒葬篇》,《论学》第 6、7 期合刊,1937 年 6 月,第 1—19 页。

51.《春秋崩薨卒葬释例》,原出处待查,收录于《李源澄学术论著初编》,第 69—79 页,暂附于此。

52.《明法》,《论学》第 8 期,1937 年 7 月,第 59—67 页。

53.《汉学、宋学之异同》,《论学》第 8 期,1937 年 7 月,第 67—72 页。

54.《全面抗战之根本问题》,《重光月刊》第 1 期,1937 年 12 月,第 8—10 页。

55.《淮南子发微〈下〉》,《重光月刊》第 1 期,1937 年 12 月,第 33—39 页。

56.《淮南子发微〈上〉》,《重光月刊》第 2 期,1938 年 1 月,第 34—36 页。

57.《所望于全国同胞者》,《重光月刊》第 2 期,1938 年 1 月,第 4—5 页。

58.《如何应付国难》,《重光月刊》第 3 期,1938 年 2 月 15 日,第 3—4 页。

59.《张横渠学术论》,《重光月刊》第 3 期,1938 年 2 月 15 日,第 31—34 页。

60.《称心而谈》,《重光月刊》第 4、5 期合刊,1938 年 4 月 15 日,第 22—23 页。

61.《陆学质疑》,《重光月刊》第 4、5 期合刊,1938 年 4 月 15 日,第 81—82 页。

62.《高中国文刍议》,《重光月刊》第 6 期,1938 年 6 月 15 日,第 13—15 页。

63.《老子政治哲学》,《重光月刊》第 6 期,1938 年 6 月 15 日,第 28—

30 页。

64.《评陈独秀的〈孔子与中国〉》,《新西北月刊》第 1 卷第 4 期,1939 年 5 月 10 日,第 24—29 页。

65.《中国文学批评史上明道与言志的问题》,《新西北月刊》第 2 卷第 3、4 期合刊,1940 年 4 月,第 20—23 页。

66.《与陈独秀论〈孔子与中国〉》,《国是公论》第 35 期,1940 年 5 月 1 日,第 6—13 页。

67.《儒墨关系考》(正),《责善半月刊》第 1 卷第 4 期,1940 年 5 月 1 日,第 19—21 页。

68.《儒墨关系考》(续),《责善半月刊》第 1 卷第 5 期,1940 年 5 月 16 日,第 12—13 页。

69.《浙东史学之远源》,国立浙江大学史地学系编辑:《史地杂志》(1937 年创刊)第 1 卷第 3 期,约 1940 年 9 月,第 3—23 页。

70.《论茂才孝廉》,《责善半月刊》第 1 卷第 15 期,1940 年 10 月 16 日,第 11—13 页。

71.《尚书中书之起源及其升降》,《责善半月刊》第 1 卷第 17 期,1940 年 11 月 16 日,第 13—15 页。

72.《浙大教授李源澄覆巨赞法师书》,《狮子吼》月刊第 1 卷第 2 期,1941 年 1 月,第 30 页。

73.《东晋南朝之学风》,《史学季刊》第 1 卷第 2 期,1941 年 3 月,第 44—48 页;收录于《李源澄学术论著初编》,第 105—109 页。

74.《两晋南朝之兵家及补兵》,《史学季刊》第 1 卷第 2 期,1941 年 3 月,第 126—129 页;收录于《李源澄学术论著初编》,第 109—114 页。

75.《汉代赋役考》,郭斌龢主编的《国立浙江大学文学院集刊》第 1 辑(即创刊号,年刊),1941 年 6 月,第 25—36 页。

76.《论元魏之大家庭》,上海:《文史杂志》第 1 卷第 11 期,1941 年 11 月,第 18—24 页;收录于《李源澄学术论著初编》,第 121—128 页。

77.《元魏之统制诸夏与诸夷》,《责善半月刊》,第 2 卷第 17 期,1941 年 11 月 1 日,第 9—15 页;收录于《李源澄学术论著初编》,第 129—136 页。

78.《魏末北齐之清谈名理》,《责善半月刊》,第 2 卷第 19 期,1941 年 12 月 16 日,第 16—18 页;收录于《李源澄学术论著初编》,第 137—140 页。

79.《汉魏两晋之论师及其名论》,上海:《文史杂志》,第 2 卷第 1 期,

1942 年 1 月,第 19—29 页;收录于《李源澄学术论著初编》,第 51—62 页。

80.《魏武帝之政治与汉代士风之关系》,《华文月刊》第 1 卷第 3 期,1942 年 4 月 15 日,第 15—20 页;又见《李源澄学术论著初编》第 102—105 页。

81.《西汉思想之发展》,《图书集刊》第 2 期,1942 年 6 月,第 53—76 页;收录于《李源澄学术论著初编》,第 22—40 页。

82.《周末养士与周末学术》,《学思》第 2 卷 11 期,1942 年 11 月,第 9—15 页。

83.《北周职官考》,《图书集刊》第 3 期,1942 年 11 月,第 41—68 页;收录于《李源澄学术论著初编》,第 143—148 页。

84.《北朝之富商大贾》,《责善半月刊》,第 2 卷第 24 期,1942 年 11 月 10 日,第 9—11 页。

85.《论春秋战国之转变》,《理想与文化》月刊第 1 期(创刊号),1942 年 12 月,第 31—36 页,收录于《李源澄学术论著初编》,第 81—87 页。

86.《两汉宾客盛衰考》,《学思》第 3 卷第 3 期,1943 年 2 月,第 10—13 页。

87.《汉代法吏与法律》,《图书集刊》第 4 期,1943 年 3 月,第 77—82 页;收录于《李源澄学术论著初编》,第 98—101 页。

88.《元魏前期之制度及其旧俗》,《华文月刊》第 2 卷第 2、3 期合刊,1943 年 7 月,第 37—39 页;收录于《李源澄学术论著初编》,第 115—118 页。

89.《先秦诸子是非之准则及对历史文献之态度》,《文学集刊》(四川大学)第 1 集,1943 年秋季,第 1—22 页;收录于《李源澄学术论著初编》,第 1—13 页。

90.《论宋初免除僭伪无名杂税诸诏》(《论宋初免除僭伪诸国无名杂税诏令》),四川大学《文学集刊》第 1 集,1943 年秋季,第 1—8 页;收录于《李源澄学术论著初编》,第 151—156 页。

91.《霍光辅政与霍氏族诛考实》,上海:《文史杂志》第 2 卷第 9、10 期合刊,1943 年 10 月,第 71—75 页。

92.《六朝之奢风》,《理想与文化》第 3、4 期合刊,1943 年 11 月,第 1—12 页。

93.《郑注周礼易字举例》,《图书集刊》第 5 期,1943 年 12 月,第 49—52 页。

94.《汉官考》,《图书集刊》第 5 期,1943 年 12 月,第 53—61 页;收录于

《李源澄学术论著初编》,第87—94页。

95.《列子与张湛注》,《图书集刊》第5期,1943年12月,第63—71页;收录于《李源澄学术论著初编》,第62—68页。

96.《论经学之范围性质及治经之途径》,《理想与文化》第5期,1944年1月,第26—28页。

97.《汉朝大一统政治下之政治学说》,《真理杂志》第1卷第1期,1944年1、2月,第33—47页。

98.《六朝文士之声乐与技艺》,《真理杂志》第1卷第2期,1944年3、4月,第167—172页。

99.《汉末魏晋政治思想之转变》,《真理杂志》第1卷第3期,1944年5、6月,第321—326页。

100.《元魏前期之制度及其习俗》(续),《华文月刊》第4卷,1944年6月,缺页码。

101.《论中庸、中正、中和及易传中庸之成书》,《理想与文化》第7期,1944年11月,第25—27页。

102.《法家思想之演变》,《文教丛刊》第1卷第1期,1945年2月,第27—32页。

103.《从儒学史上言孝弟义》,《文教丛刊》第1卷第2期,1945年5月,第47—51页。

104.《两晋南朝社会阶级考》,上海:《文史杂志》第5卷第5、6期合刊,1945年6月,第70—81页。

106.《儒学对中国学术政治社会之影响》,《东方杂志》第42卷第7期,1946年4月1日,第33-38页。

106.《中国社会之特性》(与上文为姊妹篇),华西大学中国社会史研究室期刊《中国社会》第9期,1946年。

107.《儒道两家之论身心情欲》,《东方杂志》第42卷14期,1946年7月15日,第14-20页。

108.《略论中国社会》,上海《东南日报》副刊《文史》第3期,1946年7月18日第6版。

109.《墨学新论》,《新中华》复刊第4卷15期,1946年8月,第34—36页。

110.《张萝谷先生学术思想之特色——读张萝谷先生文集》,《东南日报》"文史"第6期,1946年8月8日第6版。

111.《天人合一说探源》,《灵岩学报》第1卷(创刊号),1946年10月,第13-17页。

112.《礼之衍变》,《文教丛刊》第 1 卷第 5、6 期合刊,1946 年 11 月,第 29-37 页,又见于《中央日报》1946 年 9 月 3 日第 8 版《文史周刊》第十六期、《中央日报》9 月 10 日第 12 版《文史周刊》第十七期。

113.《论宗法政治(即家长制之政治)》,《新中华》复刊第 5 卷第 1 期,1947 年 1 月,第 66—67 页。

114.《论管子〈心术〉〈内业〉》,《东南日报》副刊《文史》第 42 期,1947 年 5 月 12 日第 7 版。

115.《租布考》,《东南日报》副刊《文史》第 46 期,1947 年 6 月 16 日第 14 版。

116.《崔敦礼之政治思想》,《东方杂志》第 43 卷第 12 号,1947 年 6 月 30 日,第 45—46 页。

117.《葛洪论〈老子〉与神仙》,《东南日报》副刊《文史》第 48 期,1947 年 7 月 2 日第 7 版。

118.《两晋南朝租调制度史实疏证》,《东南日报》副刊《文史》第 52 期,1947 年 8 月 6 日第 7 版。

119.《申孟子难告子义》,《东南日报》副刊《文史》第 55 期,1947 年 9 月 2 日第 2 版。

120.《孟荀言性释义》,《东南日报》副刊《文史》第 65 期,1947 年 11 月 12 日第 7 版。

121.《论管子中之法家思想》,《东南日报》副刊《文史》第 70 期,1947 年 12 月 17 日第 7 版。

122.《易象初义》,《东南日报》副刊《文史》第 80 期,1948 年 3 月 3 日第 7 版。

123.《释清谈与名理》,《东南日报》副刊《文史》第 84 期,1948 年 3 月 31 日第 7 版。

124.《孟子通释》,《理想历史文化》第 1 期,1948 年 3 月,第 52—55 页。

125.《晋元帝与庾亮》,《东南日报》副刊《文史》第 86 期,1948 年 4 月 14 日第 7 版。

126.《孔学述要》,《云南论坛》第 1 卷,第 4 期,1948 年 4 月 15 日,第 1—2 页。

127.《中正制度之意义》,《云南论坛》第 1 卷第 5 期,1948 年 5 月 15 日,第 1—2 页。四川大学蒙默先生尚存是文的手稿本,题目为《略论九品中正》,正文与见刊本比较,有数十字的差异(参阅台湾中央研究院中国文哲研究所研究员林庆彰、蒋秋华先生主编,黄智明、袁明嵘先生编辑的《李源澄著作集》之第三册,2008 年 11 月出版,第 1605 页)。

128.《庄子天学论》,南京:《学原》(COMPUS SCIENTIAE)第 2 卷第 3 期(学原社编辑,商务印书馆总经售),1948 年 7 月,第 9—11 页(近有《学原》上海书店 1980 年 9 月 影印本,全三册)。

129.《管子中之法家言》,《理想历史文化》第 2 期,1948 年 7 月,第 35—37 页。

130.《北史上之蜀》,《东南日报》副刊《文史》第 112 期,1948 年 11 月 8 日第 7 版。(是文又改名《北史上所谓蜀》,见刊于《狂飙月刊》第 3 卷第 1 期,1949 年 1 月 1 日,第 17—18 页。二篇论文的内容,则完全相同。)

131.《奉祀祖先先后意义之不同》,《狂飙月刊》第 3 卷第 1 期,1949 年 1 月 1 日,第 18—20 页。

132.《章实斋之学术思想》,《勉仁文学院院刊》,第 1 期,1949 年 5 月,第 1—6 页。

133.《北周之文化与政治》,《勉仁文学院院刊》,第 1 期,1949 年 5 月,第 1—7 页。

134.《北朝南化考》,《学原》第 3 卷第 1 期,1950 年 1 月,第 78—79 页。

135.《学习〈实践论〉后对历史学的体会》,《成都工商导报》的增刊《学林》(两周刊)第 16 期,1951 年 8 月 26 日第 6 版。

李源澄　学习《实践论》后对历史学的体会

　　毛主席的《实践论》，是马列哲学的结晶，革命经验的总结，放之四海而皆准的真理标准，可以用之于一切的社会实践，学习《实践论》所以成为人们迫切的需要。对于治历史学的人来说，不仅是不能例外，尤其感觉亲切，不是它把历史唯物主义的道理简明扼要地说出来，更说明了治史的重要方法。当前历史学上的重要问题，除史观而外，还有史观和史料的关系问题，治史应不应当先有史观的问题，普遍的历史法则和具体的历史事实相结合的问题。除唯物史观的真理已经普遍为人接受而外，都未能好好的解决。《实践论》对这一系列的问题，都解决了。不过毛主席这篇文章用的是哲学名辞，用在历史上，还须解释说明。至于唯物史观的理论，《实践论》开头一节已有明文，就从略了。

史料和史观的关系

　　《实践论》对认识过程作了全面分析，这是毛主席的哲学方法，也是毛主席的历史方法。《实践论》认识上的两个阶段——感性阶段与理性阶段，用在史学上，相当于整理史料和史观，而史料则相当于《实践论》中的实践。整理史料和史观本来是紧密地结合着，可是治历史的人往往把史观和整理史料对立起来，甚或看成是冲突的，我们学习实践论。对这个问题就有了很好的解决。《实践论》说：

　　　　原来人在实践过程中，开始只是看到过程中各个事物的现象方面，看到了（按：今本《毛选》无"了"而有"各个"二字）事物的片面，看到各个事物之间的外部联系。例如有些外面的人们到延安来考察，头一二天，他们看到了延安的地形街道屋宇，接触了许多的人，参加了宴会晚会和群众大

会,听到了各种说话,看到了各种文件,这些就是事物的现象,事物的各个
片面以及这些事物的外部联系。这叫做认识的感性阶段,就是感觉和印
象的阶段。

这也是治史的一阶段,治史的人开始与史料接触,必然有许多感觉,但
是这些感觉只是片面的现象,印象不深,杂乱而无条理的,如其不经过思索
考虑提高一步,在脑中是会与时俱逝的。假如经过思索考虑再提高他就成
了最根本的知识。《实践论》说:

> 社会实践的继续,使人们在实践中引起感觉和印象的东西,反复了多
> 次,于是在人们的脑子里,生起了一个认识过程中的突变,产生了概念。
> 概念这种东西已经不是事物的现象,不是事物的各个片断,不是它们的外
> 部联系,而是抓着了事物的本质,事物的全体,事物的内部联系了。概念
> 同感觉不但是数量上的差别,而且有了性质上的差别。循此继进使用判
> 断和推理的方法,就可产生出合乎论理的结论来。

这是说明了由整理史料到建立史观的方法,治史的人与史料相接触,必
然引起感觉和印象,感觉和印象的结果,在人们的脑中翻来覆去,就会对这
个事情有了初步的认识。继续不断地前进,就会不断地增加,继续不断地修
正,史学上的理论就出来了。凡是这一阶段和另一阶段,都是突变,不过这
种突变也要经历中间过程,如感觉印象到概念,必定要经过在脑子反复多次
一样。一切学问,都是由无到有,由少到多,主观的能动作用就把他化具体
为抽象,化复杂为简单,这一个阶段就算完成了。从这一阶段到另一阶段的
过程,也是如此。第二阶段不同于第一阶段的,是更复杂更提高更全面了。
《实践论》说:

> 认识的真正任务,在于经过感觉而到达于思维,到达于逐步了解客观
> 事物的内部矛盾,了解它的规律性,了解这一过程和那一过程间的内部联
> 系,即到达于论理的认识。重复地说,论理认识所以和感性认识不同,是
> 因为感性的认识,是属于事物的片面的现象的外部联系的东西,论理的认
> 识,则推进了一大步,到达了事物的全体的本质的内部联系的东西。到达
> 了暴露周围世界的内在的矛盾,因而能在周围世界的总体上,在周围世界
> 一切方面的内部联系上,去把握周围世界的发展。

这说明感性认识和论理认识两个境界的不同,并且说明感性认识必须
达到论理认识才有意义。在历史学上,即是从整理史料达到建立史观两个
阶段,这也就是史学的任务。局限于整理史料工作,对于史实的了解,只能

是片面的现象的,所以必须一步一步的推进到周围世界的总体,对于一切史实都能认识他的本质,了解他的规律,才算尽了史学的能事(当然还是继续发展的)。从整理史料,到达建立史观,是由量变到质变的过程,史观自然不能凭空杜撰,要从史料中抽绎出来,但是不一定整理史料的积累,就会得出史观(如实践主义的史学),积累只是量变,由量地变化引起质的变化,才能飞跃到另一阶段,所以毛主席特别指明要经过突变的过程。这两个阶段尽管辨证地结合着,究竟还是两个阶段,所以容易发生偏差。哲学上有经验论与推理论,史学上亦有实验主义与方法主义,《实践论》批评经验论和推理论的文字,拿来批评实验主义和方法主义,也是完全相合的。《实践论》批评经验论道:"这种理论的错误,在于不知道感觉材料固然是客观外界某些真实性的反映,但他们仅是片面的表面的东西,这种反映是不完全的,没有反映事物本质的。"《实践论》又批评惟理论道:"这一派的错误,在于颠倒了事实,理性的东西所以靠得住,正是他来源于感性,否则理性的东西,就成了无源之水无本之木,而只是主观自生的靠不住的东西了。"治历史的人,对于毛主席这两种批评,实在是随时应当惊醒的。

今天治历史应不应当先有史观

我们要解决这个问题,是要说明史观是史学的最高阶段。《实践论》说:

> 在低级阶段,认识表现为感性的,在高级阶段,认识表现为论理的,但任何阶段都是统一的认识过程中的阶段。感性与理性二者的性质不同,但又不是互相分离的,它们在实践的基础上统一起来了。我们的实践证明:感觉到了的东西,我们不能立刻理解它,只有理解了的东西,我们才更深刻地感觉它。感觉只解决现象问题,理论才解决本质问题。

在史学上亦复如是,我们对于历史如其没有科学的理论指导,在史料中间,也可以组织成片段的实事,外部的联系。可是历史是完整的,不可分割的,是活的,不是机械的,如不能把他当成(完?)整的活的看,那这史实的本身,即不是完全正确的反映,而只是零碎的印象,不清楚的印象。因为实事不是孤立的,必先了解与它相关的一切事实,而后事实的真相才容易明白。并且认识某一事实,不是收辑有关于某一事实的材料就算了事,中间必须加以如毛主席所说的:去粗取精,去伪存真,由此及彼,由表及里的思考工作,才能认识他的本质,而不为现象所迷惑。所以不提高到史观,不但是片面的,而且还是现象的。若果我们无史观来指导,我们对于所已经整理的事实,仍然不能深刻地理解它,因为所见不够全面,又不能抓着本质的原故。

第二,是史观之正确与否,有一定的标准来衡量他。《实践论》说:

> 理论的基础是实践,又转过来为实践服务。判定认识或理论之是否真理,不是依主观上觉得如何而定,而是依客观上社会实践的结果如何而定。

> 辩证唯物论之所以为普遍真理,在于经过无论什么人的实践都不能逃出它的范围。

《实践论》衡以理论之是否真理,是依于客观上社会实践的结果而定,史学上的实践有二义,一是用之于史料,二是用之于社会实践,历史唯物论之为普遍真理,不是有社会实践的证明么?

第三,正确的史观也是从史料中绎出来的,再为史料服务,不是主观主义者杜撰得出来的。《实践论》说:

> 一切真知,都是从直接经验发源的,但人不能事事直接经验,事实上多数的知识都是间接经验的东西……在古人外人直接经验时,是符合于列宁所说的条件:"科学的抽象",是科学地反映了客观的事物,那麽,这些知识是可靠的,否则就是不可靠的。

从史观的产生说,固然史观在后,但是人们治学多数是依间接经验的东西,如必事事依照直接经验,不仅是不可能,也是不必须的,何况史观正确与否,有衡量的办法在,正如毛主席所说:"辩证唯物论之所以为普遍真理,在于经过无论什么人的实践都不能出它的范围",今天治史还用得着一切从头作起吗?

普遍的真理与具体历史的结合

正因为史观是发展的,所以是真理而不是公式教条。《实践论》说:

> 马克思主义者承认在绝对的总的宇宙发展过程中,各个具体过程的发展都是相对的,因而在绝对真理的长河中,人们对于在各个一定发展阶段上的具体过程的认识只具有相对的真理性,无数相对的真理之总和,就是绝对的真理。客观过程的发展,是充满着矛盾和斗争的发展,人的认识运动的发展,也是充满着矛盾和斗争的发展。(中略)客观现实世界的变化运动,永远没有完结,人们在实践中对于真理的认识,也就永远没有完

结。马克思列宁主义并没有结束真理，而是在实践中不断地开辟认识真理的道路。我们的结论是主观和客观、理论和实践、知和行的具体的历史的统一，反对一切离开具体历史的"左"的或右的错误思想。

历史唯物论是绝对真理的长河，具体的史料实践，则是相对的真理。无数相对的真理的总和，便是绝对的真理。今天以马列主义来论中国历史，不是求各个具体事实之完全一致，而是要以普遍真理与各个具体历史相结合。革命导师斯大林在关于中国这篇文献里说："公式与个别国家革命运动之间的永久纠纷"，今天史学上亦正有公式与个别历史之间的永久纠纷的危险。

翦伯赞先生也说旧的历史学，直到现在还是一种外来的科学，便依然当着一种制成品，原封原样的引入中国。因此在过去若干年间这种外来的历史学，一到中国便成了若干教条的集成。近来已有不少的历史家在运用新的方法来研究中国史，但一接触中国具体历史事实的时候，便不能正确的运用方法论了。因此我以为新的历史家在现在的任务，不是高谈方法论，而是应该运用他们已经知道了的方法走进中国历史资料的宝库，去用历史资料来考验方法论。确实，在今天大家已经接受马列主义历史方法的时候，停滞在方法论上，是大可不必的。为使马列主义的普遍真理不变为教条公式，必须与具体的历史结合才行，毛主席的英明指示，是我们治中国史的正确方向。

上面几条观点，在史学上，确实很可实践的指示。我所领会到的是如此，如有错误，希望大家指正。

李源澄《秦汉史》钱穆序

昔章实斋《文史通义·论史》法，有记注撰述之分，谓撰述欲其圆而神，记注欲其方以智，智以藏往，神以知来，记注欲往事之不忘，撰述欲来者之兴起，故记注似智，撰述似神也，藏往欲其赅备无遗，故体有一定而其德为方，知来欲其抉择去取，故例不拘常而其德为圆。斯言也，可谓已尽史举之功能矣。

今代西方史家有现实史观(Present Mindedness)与历史史观(Historical Mindedness)之争，主现实观者，谓历史贵能为吾人了解现实之助，此所谓新史学家者率主之，共较笃旧者，则谓历史记载应重当时，不为后代，此即所谓历史观也。窃谓此二者，在中国殆已不成争点。历史观即略当于章氏之所谓记注，藏往似智，现实观即略当于章氏之所谓撰述，知来似神。记有之曰：疏通知远书教也，夫使徒知有古而不能通于今，此王仲任之所谓陆沉，彼人与事，皆已往矣，徒事记诵，又何贵乎有此史学乎！然使记载既不足以藏往，复何资以知来，苟使今之撰史者，其意徒为供今日一时之用，则年驰月骋，事运而迁，今日之记载，转瞬将成他日之废纸，史态已失，渺不再得，后之人将何从而复藉以为了解其现实之助，故知无藏往之智，斯不能有知来之神，而苟非能有知来之神，亦不贵有此藏往之智，二义互成，固无烦乎分派而争也。

论国史体裁者，率分编年、纪传、记事本末三类。纪事本末原本《尚书》，编年远祖《春秋》，纪传则自《史记》、《汉书》以下，所谓历代正史是也。本章氏之意，则编年、纪传二体，皆有例可循，近于记注之方以智，而书体因事命篇，初无定法，近于撰注之圆而神，故自《尚书》之变而为《春秋》，《春秋》之再变而为史、汉，正史学之逐步谨严，亦史法之逐步完成也。何以言之？夫史以记事，则书体自其太璞，然事变错综，不可方物，使一事而十人记载之，可以十异其面目矣，惟加之以年经月纬，斯其事之始末变演，差易客观，故编年者，实记事本末之记注化，亦即纪事本末之方形化也。若更进而求之，则事由人造，一事之兴，参预其曲折者，常十百其人焉，仅就年月先后为之排比,犹恐不足以尽其事变之真态,故进而就其事变中之人物而逐一记述之,夫而后一事之首尾表里正反纵横,乃始更臻于客观。故纪传者,又编年与纪事本末之记注化,亦即编年与纪事本末之方形化也。凡所以不惮烦劳,必人人而传之,亦惟以期其更能善述乎事变之真态,与夫善尽乎藏往之职能而已。藏往之职能既尽,斯史家之功效已毕,而后之人亦可凭藉以得其知来之用,此中国史学方圆兼尽之极深妙意之所在也。故尼山《春秋》,龙门《史记》,若绳之以章氏之论,皆撰述之至圆而神者也,而其用心之所重,则转不在圆而在方,亦惟曰我仅求其更能尽夫记注藏往之职能而已矣,斯固史学家所不可或背之宗旨也。

夫史家间世而一出,而记载则不可一日缺,故惟例愈严,体愈方,凡其愈足以资中人之取法,而可为藏往之具者,而后其书乃愈足以行远,而为后世之所师效。故自史、汉以还,纪传一体,独为中国历代之正史,后人蹱而勿易者,良有以也。今若以西国史书较之,则彼所盛行者,阙惟纪事本末一体,若编年、纪传,则殊未足与中土相拟,彼亦未尝无编年、纪传也。然要以记事本末为之主,而特融二体以副之,反之中国,则融记事本末于编年与纪传之二体中,一尚圆神,一尊方智,其演进之异轨,有确然不可混者。

故西方虽亦有编年史书,然以较中国自《春秋》以来历二千载,年分月系,勿缺勿乱,则彼固瞠乎其后矣。又况中国史官,有日录、起居注之类,方事变之未兆,彼固已按日而笔之矣,其为藏往之密,凡以求其近客观而为方以智者有如此,以言传记,西方颇有长篇巨制,又率以一人而包综一时,此亦变相之纪事本末也。若欲为客观藏往,则以一人传一时,固不如分以众人传一时之为胜。今人喜追步西方,乃亦效为秦皇汉武作长传,然秦皇汉武之事绩,其功罪是非得失之所在,史、汉成书,固已虽罗著靡遗矣,惟不专系之于秦皇汉武之身,乃分而见之于秦皇汉武并世之诸人,群山万壑,旁见侧出,骤视若博望侯之初入西域,不易得其要领,然此正史家谨严,力求客观之深意所寄也。故自东汉以下,虽私家碑传盛行,及于唐代如李邺侯,宋世如韩魏公,皆为一人作长传,积书数卷,积书数万,用力至勤矣,顾后之史家,卒不循以为准则,宋后代家传而起者,乃有年谱一体,此反以传记寓诸编年,仍是侧重藏往方智之意也,苟不明此,将何以衡量我先民历古相传之史业哉!

然事有不可以一端尽者,抑尝论之,中国之最可夸耀于并世者,固莫史学若矣,然而积至于今,藏往愈富,知来愈惑,物极必反,道究则变,章氏先瞩,彼已教人曰:盍不求《尚书》未入《春秋》之初意,自西学东渐,世变日亟,人事日繁,编年、纪传浩瀚不可猝究,于是人自负以撰述,家相鄙为记注,治史者竞趋新轨,皆务望为疏通而知远,惟求其圆而神,而不悟知来之必基于藏往,圆神之必本于方智,若由今之道,无变今之俗,窃恐他日史学将绝,而往古史迹,亦且日废,矫枉而过其正,轻侮前人而不深究其底里,其势则未有不至于是者。

今试变通章氏之意而说之,夫撰述之圆而神,固非尽人所冀,抑欲为鉴古知今,则亦诚读史者之所有事也。夫史之藏往,历千古而不变,而读史者则与时而俱新,故宋明人读汉史,其所见已异于唐人,清人读之,又异于宋明,今之人复将异于清人,抑且同时之人,亦不妨其互异,斯其所以为圆而神也。昔苏东坡教人读《汉书》,分数番读之,先读其典章制度,次读其文章风采,读之久且熟,必悦然有所见矣。今若以一代之人,分工合作,以效苏氏之所为,则圆神知来,读史者固撰史者之先驱也,使今之人肯稍谦以自处,自居为读史者,曰,我以为撰史者之先驱焉,则于昔人藏往之史,必不汗漫忽视若不屑,则庶乎有深知其意者出乎其间,而后乃有当于撰述之圆而神者也。

余学无途辙,中岁以往,始稍稍知治史,于迁、固之书,幸而薄有所窥见,往者谬膺北京清华诸校讲席,授《秦汉史》,草为讲义,及新莽而止,其下未遑续稿,阅之箧内,逾十余岁矣。今年春,李君浚清自灌县山中来,出示其新著《秦汉史》一编,读之有幸与鄙见相合者,有鄙见所未及者,私自忖之,浚清其殆今之所谓善读史者耶,其书则亦章氏之所谓圆而神之类也。浚清将以行世,而索余为之序。余谓读浚清书者,姑亦如苏东坡之所谓,聊当又是一番读迁、固书可也。若汗漫忽视迁、固书若不屑,则亦不足以读浚清之书,因拈章氏论史之意而序以归之。

民国三十五年二月,钱穆序于成都之华西大学。

《吴宓日记续编》所载李源澄遗物处理简况

在《吴宓日记续编》的记载中,记载李源澄先生之处甚多。其中,主要的部分已经收入《年谱》的相关部分,此外,《吴宓日记续编》对于李源澄先生遗物的处理,记述亦多。本书不忍舍弃,暂摘录于此,供有意者参考。

从《吴宓日记续编》的记载,可以看到李源澄先生生前,收藏有"百衲本"二十四史、铜版《四书五经》、《刘申叔遗书》等典籍,以及法尊法师《西藏民族政教史》、杨宽《中国古代冶铁术》等时贤著作,还有"两卷本《马克思恩格斯文选》一部"等马列经典著作,以及自己的专著"《秦汉史》及《经学通论》有二部",从中可以看到先生治学的某些侧面。

此外,先生的私人物品中,有来往函件、烟管、墨盒、笔筒(磁)墨水池等。值得一提的是,先生遗物中有名人字画若干,如名家题字折扇二把、字画几十件、古玩(砚、壶、墨盒等),其中"欧阳大师书联及陶器彩花盘、宜兴壶各一件"等,较为珍贵。可惜均已往事如烟矣。

从此记载,既可以窥见先生生前师友交游之一角,读书、收藏之一斑,也可以看到吴宓先生处理先生后事的尽心尽责。

时间	吴宓记载处理先生遗物简况	售价情况	出处(册/页)
1958.5.17	重庆古旧书店彭时雍卖旧书,价甚廉,约其来舍看澄书		《吴宓日记续编》第3册,第291页,简记为"3/291",下同。
1958.5.18	彭时雍来,翻看澄书,择定其所要者,开示肯给价目(约共得350—400元之间)。问澄夫人作主,俟后复。		3/292
1958.5.19	只得110元。须请示澄家人		3/293
1958.6.12	重庆古旧书店彭时雍来,售澄遗书百衲本二十四史(270元)以及其他书籍共值305.8元;又照该店给价,售澄书三种(百数十册)与豫,得值14.5元		3/328

续表

时间	吴宓记载处理先生遗物简况	售价情况	出处(册/页)
1958.6.13	重庆古旧书店彭时雍来,取运澄书1050册去,付给30.58元,尚欠270元	30.58元	3/328
1958.6.30		吴宓代付手续费3‰,即1.85元	3/364
1958.7.13	令人取回重庆古旧书店购买澄书百衲本二十四史之270元,扣税0.93元	270元	3/405
1958.10.7	在舍读杨宽《中国古代冶铁术》(此书为澄之遗书,未发还,该书定价四角余)		3/493
1958.10.24	李一丁处长来,开箱观澄所遗画,选取十五件,……留单待决购云云		3/503
1958.10.26	李一丁来,送还澄画十五件,各由图画系教师评定售价,共值约二十八元,现征求澄家人同意乃购云云		3/504
1958.11.9	劝知勉勿卖其父之表,并教若干事		3/515
1958.11.16	赵庆祥来,购澄遗书铜版《四书五经》,一部三册,特廉价二元	2元	3/515
1958.12.15	澄所遗画,十月二十四晚由李一丁携去者,由王逐萍院长购二件,退还一件	10.5元	3/538
1958.12.18	李儒门购澄遗书《西藏民族政教史》(上下二册),1940年缙云山汉藏教理院木刻本	1元	3/533、541
1959.1.11	吴宓先生自己购买了两卷本《马克思恩格斯文选》一部	5元(作价2元)	4/13
	吴宓先生帮忙处理先生的一部分藏书,"分类整理",及时将变买所得人民币连同具体的"帐条",于本日交付先生长女李知勉。		4/13
1.30	《刘申叔遗书》等158册,售重庆古旧书店彭君等二人	21.3元	4/25
4.18	王院长、姚院长"合购澄字画四件","王院长购去澄所遗字画三件,姚院长购一件"	8元	4/70、83
7.19	折扇二把,其一为朱乐之绘(1960死,77岁,第454页);女贵礼(第499页)	知勉送给漆宗棠	4/131

时间	吴宓记载处理先生遗物简况	售价情况	出处(册/页)
12.10	访委,面付五十元,明日委以澄夫人处藉据来,澄遗书借款清		4/243
1960.11.20	小桃红洋锁	赐内侄女邹名珏	4/472
1961.5.27	得悉澄夫人将求宓助		5/94
1961.5.28	澄夫人又追问澄所遗之字画,宓答以不能再售出,不日连木箱送还		5/94
1961.7.20	下午,……澄夫人来,云:顷见方公,方公谓澄所遗字画,尚可设法售出得钱,方公亦愿来此选购云云。……晚饭后,往谒敬,……与敬谈约一小时。(1)详述宓所办澄身后事。敬谓澄夫人居此,学校未收房租,但不知澄三弟1958曾函电催招澄夫人回乡居住之事。敬自任邀图画科来选购字画。		5/119—120
1961.7.21	上午,取澄大木箱中之书籍、函件、字画、古玩(砚、壶、墨盒等)一一分类编置,陈列于内室之空床上,备展览。下午寝息后续为之,至夕乃毕。腾出之空木箱(似系樟木,云。可值15至20元)于二十二日夕由开桂与温业彬抬往自由村交付澄夫人,由其自售出。遗书中澄自著之《秦汉史》及《经学通论》有二部,乃以其一部代赠慰存读。宓得读澄成右派后,自撰作而未完之检讨书,乃得悉澄少年之生活及读书、寻师、著作、访友、任教之详细经历。		5/120
1961.7.22	上下午,范太前来,欲购澄之砚及文具,终未购。夕,琪等亦来看过,亦未购。樊亦同。独谈壮飞,取去欧阳大师书联及陶器彩花盘、宜兴壶各一件,愿共出十四元,付清。奇取去白铜长方墨盒,宓索四元,奇退回不购。		5/120-121
1961.8.3	回舍,敬来,商示……阅看澄遗之书画文具,坐谈顷之。		5/127

时间	吴宓记载处理先生遗物简况	售价情况	出处(册/页)
1961.8.17	回舍,偕同开桂将澄遗书画、古玩、文稿、信函等,分类用纸整包,或分入木箱中,腾出展览之空床,供朱仁高住宿。		5/140
1961.8.18	约11:00出,以澄所遗文件有关副教务长者一包,亲送至教务处收存,备敬检阅,分别收归公档或销毁云。		5/140
1961.8.27	力劝开桂勿代澄夫人售烟管		5/410
1961.11.19	李知勉来谒,在银行取5元付给知勉;又以澄遗物墨盒、笔筒(磁)墨水池等共七件命知勉携交澄夫人收,俾在市中自己售出度用。		5/224

李源澄家族亲属树状图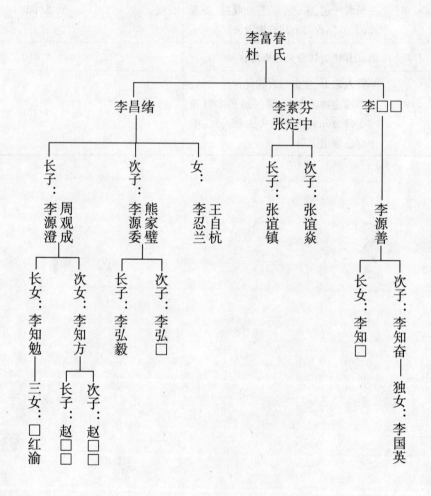

① 本图系根据李才霞女士(四川省犍为县旅游局)2011年夏季在龙孔镇的实地调查所得、蓝勇教授(西南大学历史文化学院)提供的西南大学图书馆等情况,结合相关资料而绘制。李源澄先生家族人名中的不详之处,以"□"代。笔者在此感谢李女士、蓝教授的调研及告知。

李源澄家族主要人物简历

1. 周观成(1904—1962)[①],先生夫人,长先生 5 岁,亦先生之同乡。最迟不应在 1941 年初之后与先生结褵,或可能在此前某一年。先生去世后,在犍为县的家乡——龙孔公社三大队,尚有先生叔父李□□(李源善之父)、堂弟李源善先生等亲人。因此,西南师范学院拟将周观成女士、次女李知方送回龙孔公社三大队,投奔先生亲人。直到 1962 年 8 月,观成女士、次女李知方仍留在西师校园,不久,先被遣送回乡,最终于 1962 年 12 月在家乡去世。

2. 李源委(1917—1990),字端深,四川犍为人,出生于龙孔镇(今茂盛村 15 组),先生二弟。随兄长到四川灵岩书院、云南五华文理学院,曾任宪兵、警察一二年。1949 年,随兄长在四川教育学院工作时,进入四川教育学院图书馆工作,后随该校合并,在西南师范学院图书馆工作。1955 年与熊家璧女士结婚,育二子。1990 年病卒于重庆。

3. 李素芬(约出生于 1904 年—1935),先生的姑母。婚于同乡张定中,生二子,夏历七月五日病卒于犍为县龙孔场故宅。

4. 李源善(字待考,—2003):先生的堂弟。20 世纪 50 年代在犍为县龙孔公社三大队务农。60 年代初成为"民办中学教师",后任县政协委员,可撰文章,亦能诗词。文章有《"寒婆岭"的传说》等[②],挥赋有《安乐窝》(1995年 3 月)、《诗三首》(1997 年)等诗词[③]。其妻罗氏,系龙孔罗家祠堂修建者罗昌旭(现居台湾)的姐姐,2011 年已经是 90 高龄(此次接受访谈)。

---

① 先生夫人周观成女士的生卒年,吴学昭女士在《吴宓日记续编》中注释为 1905—1969 年,参见第 3 册,第 283 页注释。但是,根据《吴宓日记续编》的记载,先生夫人的生卒年应为 1904—1962 年。详见正文 1962 年年末条;或参考《吴宓日记续编》第 5 册,第 94、402、410 页;第 10 册,第 238 页。

② 李源善先生之文,如《"寒婆岭"的传说》(犍为县政协学习文史委员会:《犍为县文史资料》,第 3 辑,"乐内印(1992)字第 191 号",1992 年版,第 123—125 页。

③ 李源善先生之诗词,则有《安乐窝》诗云(1995 年 3 月 7 日撰写):窝称安乐越千年,名实相符始今天。问暖嘘寒有大士,扶伤救死有华扁。安乐窝人添安乐,漱玉泉变救命泉。敢问当年邵夫子,可曾安乐过一天。参见犍为县政协学习文史委员会:《犍为县文史资料》第 5 辑,"乐内印(1996)字第 246 号",1996 年版,第 59 页。又李源善《诗三首》云:其一《庆祝中(转下页注)

5. 李知勉(1941—　)①:先生长女,现定居重庆市,具体情况不详。在西南师范学院附属中学毕业后,报考高中未准。后为重庆电力技术工人学校录取,并于1961年毕业,参加工作,随单位曾到邻水、荣昌等县工地工作,最后在重庆"大溪发电厂"工作到退休。从吴宓先生资助李知勉"第三女红渝患病,求宓助给医药费"可知,李知勉生育有三个女儿,第三女名红渝(《吴宓日记续编》第10册,第384页)。据李知勉说,她们家解放前住在北温泉山花石花房子,重庆解放后才搬到磁器口的四川教育学院。李源澄平反后,她接收了补发的工资及补助,现与犍为县家人联系不多。

6. 李知方(　 —2009):先生次女。早产儿,先天残疾(口吃、跛脚且常年溃烂),婚配龙孔镇丝茅坪村12组(当地人称"左边沟")赵家(时为地主家庭)。丈夫去世较早,后事还有赖娘家人送谷子、钱操办;艰难地抚育二子成人,于2009年去世,一生凄苦。家境极度贫困,现房屋为政府出钱修建,长子40有余、次子30有余,均尚未成婚,在外地务工。

7. 李知□、李知奋姐弟:先生的侄女、侄子。均在龙孔镇茂盛村务农。李知奋婚后得女李国英(大学毕业生)。李知□婚配于同县大兴乡。2011年夏季调查,得知李知奋、李国英父女在四川西昌务工。

(续上页注)国共产党成立七十六周年》:昆明湖映摩天楼,七十六年未尝休。改革风兴人人醉,"特色"冉冉覆神州。其二《庆祝香港回归缅怀小平同志》:一国两制初见功,惜公未遂香港游。值此普天同庆日、盛况传真达九重。其三《示警·双调水仙子》:香港回归"九七"年,澳门"九九"紧跟踪,和平一浪千重。震台北撼高雄。李登辉何去何从? 兴灭国一场幻梦,继绝世水尽山穷,香港路柳绿桃红。参见《犍为县文史资料》第6辑,第191—192页。其四《水调歌头·读〈海峡两岸〉1991.1"李登辉与九十年代的台湾政局"以后致台湾当局书》云:得道恒多助,失道致分崩。北伐抗日戡乱,得失是非清。钟山土崩瓦解,金陵一场春梦,海岛了余生。筑巢槐树窖,犹夸大国君。五大洲,四大洋,向北京。"中华民国",当今世界一象征。抛出"一国两府"抗拒"一国两制",越陷越沉沦。炎黄若无恙,羞见阋墙孙。载《犍为县文史资料》第3辑,第126页。

① 案:《吴宓日记》记载,1958年夏,李知勉初中毕业,准备报考高中;1972年11月,李知勉拜谒吴宓先生,吴宓先生记载道:"知勉今32岁矣",则知勉出生于本年(《吴宓日记续编》第6册,第173页;《吴宓日记续编》第10册,第238页)。

李守之访谈录

访谈时间:2009 年 8 月 28 日上午 8:30—10:40

访问对象:李守之先生(1930 年生,重庆市人,李源澄先生 40 年代的学生之一。在 40 年代中期跟随李源澄先生到昆明,再回四川,1949 年后成为泸州二中教员,1952 年任二中教导主任,以后历任副校长、校长、党委书记至退休。)李守之先生在博客《追思往事,缅怀恩师李源澄先生》(一,2011-08-08 16:07:11),见新浪博客(http://blog. sina. com. cn/s/blog_86cd776a0100syzv. html)自述:"我随侍先生达四年之久,1946 年初,我去灌县(今都江堰市)灵岩书院师从先生,1947 年夏,书院因经费困难停办,先生受聘于云南大学和五华学院,随赴昆明的有先生二弟李源委(后名端深),学生廖定芳、钱松伟、蓝见龙、张正恺和我。五华学院给我们五人各办了文学系的学生证,作为学院学生。1948 年夏,梁漱溟先生聘先生任勉仁文学院教务长兼教授,随去的有李源委,学生廖定芳、蓝见龙和我,钱松伟留昆明就业,张正恺返家。我们作为勉仁书院的学生留住学院,直至 1949 年底,重庆解放后,先生去四川教育学院任教,我才离开了先生"。

访问人员:王川

邹敏(1985 年生,重庆市秀水人,四川师范大学历史学 2008 级硕士研究生),

陈鹤(1990 年生,四川省成都市人,四川师范大学历史学 2005 级本科生,北京师范大学历史学 2009 级硕士研究生,现在四川文理学院校办工作)。

访谈地点:李守之老师在四川师范大学本部(即狮子山校区)的住处

访谈整理:邹敏

访谈修改:王川、陈鹤

李源澄先生逝世后,很久了,四川《泸州市志》曾经找过我们,表示想为李先生立传(希望我来写),后来该书也正式出版,李先生传因故未写成。最近几年,我经常萌动一种思想,想通过回忆把那几年的经历写下来,但因年纪大,精力不济,身边又没有任何资料,一直没有开始做。赖高翔先生写过李先生的传,但是很简单,语焉不详。十年前,张紫葛的《心香泪酒祭吴宓》一书中,写到李先生,但是不真实。如他说李先生很能喝酒,其实,李先生喝一点酒就脸红,而且全身都发红。现你们收集整理李先生的资料,很好。

李先生的学生,现还能联系的有蒙默(四川大学)、钱松伟(昆明)、李绍修(浙江)和李志红(西南大学)。李先生的老师很多,有蒙文通、廖季平、欧阳竟无和章太炎等先生,章太炎先生很器重李先生。

我1946年开始跟随李先生,在灵岩书院学习。之后我又跟随李先生到昆明云南大学,1948年,昆明动荡,梁漱溟先生请李先生到重庆北碚的勉仁书院,我又跟随先生到了北碚。1949年,我离开李先生到泸州。

李先生的朋友,有曹慕樊(曾任西南大学图书馆馆长,其女儿名曹威凤,曾任川外俄语系系主任,现已退休)先生,是泸州人,很尊敬李先生,李先生也很喜欢他。曹先生做文学,李先生做历史,两人交往甚密。1949年曹先生回泸州,时泸州名流甚多,他被安排到泸州一中当校长。曹先生回泸州时,将我、王德忠(灵岩学院同学,妹夫)和王哲修〔案:《泸州语文一百年》有此君行事之记述〕(曹先生在勉仁文学院的学生)三人,一起带到泸州,我们三人到泸州之后,在泸州一中当老师。当时我爱人(陈老师)在军管委工作,没有一同前往。以后,我爱人、妹妹也都到泸州了。

1949年解放后,毛泽东和周恩来邀请梁漱溟到北京,并允许带一位照顾人员。梁漱溟到北京后,就问毛泽东"勉仁书院是否办?"即是否继续办学?毛泽东回答说"不办",还说要共研国事。之后,勉仁书院合并到四川省立教育学院,1950年10月,四川省立教育学院又与原国立女子师范学院合并建立西南师范学院。合并后,李先生先是到教育学院工作,教育学院完全合并为西南师范学院后,李先生便到西南师范学院工作,并任副教务长。

后来我到重庆去看李先生,先生问我是否愿意到西南师范学院给他当助教,我当时没有回答,沉默。李先生脾气较暴躁,他说:"你怕我管你吗?我还不算凶,熊先生比我还凶,他还打人。"熊先生指熊十力先生。记得后来还有一次跟李先生见面,他问我:"有人动员我加入民主党,是参加好还是不参加好?"我说:"你参加啥子民主党哦,要参加就参加共产党。"后来得知先生早就加入了民盟,可能是方敬先生介绍,先生后来担任了民盟副主委,后来又参加了中国共产党。而曹慕樊先生则加入了民革。我们是学中文的,一般都比较鄙薄政治。李先生研究历史,著有《秦汉史》,后来又研究魏晋南北朝史,当时他还征询过我的意见,我说:"你哪有时间哦?"后来到重庆,又看过先生几次。

从1946年到1949年,我和李先生在一起,对先生很熟悉。在灵岩书院的时候,先生请了很多名家为我们上课,有朱自清、钱穆、蒙文通、唐君毅、傅平骧等先生。傅平骧和李先生关系很好,在灵岩书院讲过学后,又到勉仁,最后到了南充(指南充师范学院,即现今西华师范大学)。后来,傅平骧和郑临川(南充师范学院中文系知名教授)给我们写信,说:"李先生逝世很久了,但著作散乱,想把李先生的著作整理出版,但没有时间,同时年纪也大了,没有精力,希望你来完成。"当时我在泸州高中,但我身边什么都没有,先生以前写给我的信以及先生的著作《秦汉史》,我都没有;加上我忙于行政工作,也没有时间。所以,傅先生写信给我,我很为难。便给王德忠写信,但他也很忙,也没得时间。我们便一致写信给李绍修先生(现名李树凡),希望他能来完成。李绍修也是灵岩的学生,后在勉仁读书,时为浙江建德县文化馆馆长,民盟事务委员。他后来收集了一些资料,如李先生的论文和著作目录,但是也没有成功,主要是因为出版太困难。

我一辈子,如何做人,如何处世,都受先生的影响。李先生爱学生,不爱钱。他发表的论文,出版的册子,稿费都是我保管。所以,他常问我,"我还有没有?"钟博约是李先生最喜欢的学生之一,因为家庭困难,李先生一直资助他,并给他介绍工作。重庆解放时,李先生介绍他到金岗小学教书,后又介绍到西南师范学院附属中学。他教语文,后来被评为一级教师(中学职称评定,原为七级到一级,无特级教师)。

钱松伟,是李先生的另一个学生,我们一起跟随先生到昆明。后我们离开昆明到重庆时,他很困难,我们坐飞机到重庆,他没有钱买机票。同时因为四川没有亲人,他也不愿意回来。李先生就在昆明帮他找了一个学校教书,后来听说他参加了游击队。解放后他参加了政协,退休时是云南政协委员。

李先生办灵岩书院的时候,规定学费交大米,具体规定交几担大米,现在记不清了。多数人都是慕名而来,有些交不起学费,则有多少交多少;完全没有的,就不交;有些学生吃不起饭,李先生就给钱给他们吃饭。李先生的师德很好,这些对我们的影响很大。

在我的印象中,李先生到逝世前,他的学问还在铺垫工作,如先生多有几年的时间,成就肯定会更大。李先生研究魏晋南北朝史时,他是先写单篇文章,再汇成书。李先生完成《秦汉史》后,很自负,说:"我这是用哲学的观点写的。"

1957年反右开始后,我们听到一些关于李先生的传说,有的说先生被划成右派了,有的说没有划成右派;另外听说,在民房写李先生大字报的人较多。看到大字报之后,李先生很生气,进而导致精神失常,后来住院之后,有所好转。实际上李先生就是因为太气了。

曹先生家原来是地主,到泸州后,有人攻击他,说他"减租退押,隐瞒财产",《川南日报》也攻击他,校长一职因此被撤。曹先生被撤职后,时川南行署文教厅厅长唐厚来,是个老革命,中师毕业,在当时中国共产党内,算是高级知识分子了。他请曹先生到文教厅,安排他任中教科科长。后来,西南师范学院聘请曹先生,曹先生便离开泸州到西师。临走时,曹先生对我们说:"我把你们带到泸州,我走了。"我则一直留在泸州,以后在很多学校工作过,有一中、二中、五中,泸中,直到退休。退休的时候我是泸中党委书记,副校长。反右开始之后,曹先生又被划为"极右派",当时因为反右大串联,人人自危。但曹先生修养很好,比李先生好,他被划为"极右派"后,毅然和我们断绝联系,以免我们受到牵连。

1980年平反后,曹先生马上写了一封信给我们。信中给我们说,他在"右派"期间读了很多书,问问我们读了什么书。看过之后,我很感动,也很惭愧,觉得愧对师长,因为我没读什么书。一方面是因为做行政工作;1952年,我在二中当教导主任,当时才二十二三岁,不懂事,当不来教导主任。但是从那时起,我就一直做行政工作,以后又当了副校长、校长、党委书记;另一方面是因为当时运动太多。以后先生写信给我们(我、王德忠、王哲修),说他要到昆明去参加一个会,已记不清具体是什么会议了,计划回来的时候绕道泸州来看我们。以后我们到重庆去,也都要去看他。

王德忠也当过教导主任,在泸州一直教中学。他性情直率,书教得很好,因此在"文化大革命"中,被打成"反动学术权威"、"牛鬼蛇神",并被关牛棚。"文化大革命"后期,他离开泸州,前往宜宾高等师范专科学校(今宜宾学院)任教,退休时是宜宾学院副教授。

王哲修很聪明,反应敏锐,诗也写得很好,喜欢交朋友,他写了很多诗。他以前曾是地下党,反右的时候,被打成右派。打成右派后,他很灰心,什么都不写。文革后平反,落实政策,他在泸州师范学校以离休干部的身份教书。退休时,他是高级讲师。他很聪明,可惜没有留下文稿,前年去世。

后 记

本书付梓之前，有必要回顾一下笔者对于李源澄先生及其学术成就整理的因缘以及简要历程。

笔者 20 世纪 80 年代攻读历史学本科时，初步接触到四川先贤蒙文通先生的著述，时业师姚政教授在堂上动辄徐中舒这么说，蒙文通又如何如何的讲授，让我感到老师对于蒙文通如此尊重，除了蒙先生是老师邑人之外，此先生必非凡人。及至 90 年代初在广州康乐园攻读硕士时代，复在课堂、讲座等场合，聆听业师蔡鸿生先生、姜伯勤先生、胡守为先生、张荣芳教授、陈春声先生、刘志伟先生等，多次讲到蒙文通先生的多方面学术贡献；翻看了一些资料、拜读一些蒙先生论著后，既为蒙先生的学术思想所折服，又为蒙先生卓立不苟的风范、率真不群的个性所吸引。

1995 年，陆键东先生《陈寅恪最后二十年》出版，世人尽知陈寅恪先生、吴宓先生之孤怀卓荦、高风亮节；随后张紫葛先生《心香泪酒祭吴宓》出版，该书引起了争论，书中对于吴宓先生、川籍学者李源澄先生事迹的"轶事"式描写，极具故事性，引起了笔者的思考。后来，《中山大学学报》主编吴定宇教授出版《学人魂：陈寅恪传》一书，在中山大学演讲陈寅恪治学，以及笔者造访吴教授寓所时，多次提到了他在西南师范大学读书时所见到的吴宓先生，这一切，反复强化着笔者对于"民国西南学者群"卓而不群的鲜明个性的认识。及读程千帆先生晚年口述《劳生志略》，见他如是认为："四川这个地方，一方面是外面的人根本不晓得四川的学者有多大能耐，另一方面，四川的学者还很看不起外面这些人。他看不起自有他值得骄傲的地方"，似有所悟。

2004 年 10 月，在从四川大学专门史博士后流动站出站前夕，笔者有幸出席了四川大学历史文化学院主办的"蒙文通先生诞辰 110 周年纪念暨学术讨论会"，见证了四川大学历史文化学院蒙默教授向中国国家图书馆捐赠蒙文通先生手稿的庄严仪式，并得以聆听王家佑、张邦炜等老辈学者的追怀，以及卿希泰、罗志田、刘复生、王邦维、邹重华等先生的高见，加深了笔者对蒙文通先生及其弟子李源澄先生的了解。同时，"近代蜀学"这一主题引起了笔者的极大兴趣。

2006年7月下旬,笔者出席了四川大学古籍研究所与台湾中央研究院文哲研究所举办的"海峡两岸晚清蜀学座谈会"座谈会,再次聆听了舒大刚、林庆彰、蒙默等海峡两岸学者的发言,并协助安排了两岸经学家对于故乡井研县廖平先生遗迹的探访,"近代蜀学"的重要性又一次引起了与会代表的高度关注。在拜读舒大刚先生论文《晚清"蜀学"的影响与地位》的同时,笔者有幸参与了大刚先生领衔的四川大学"儒藏工程"的一部,并于2008年秋季完成《李源澄儒学论集》的编辑工作,此书由四川大学出版社在2010年4月出版。

2008年3月27日,在陪同中国社会科学院李学勤先生返回"科华苑"宾馆的途中,笔者就研究李源澄先生学术成就之事告知李学勤先生,得到了学勤先生的热情鼓励,并指出李源澄先生的经学乃至于国学成就整理,大有可为,若四川一地召开总结李源澄先生学术成就的学术研讨会,他将一定前来出席;学勤先生还愉快地回忆上世纪50年代他在中国社会科学院历史研究所与蒙文通先生为邻居的旧事,言谈之间,学勤先生对蒙先生的崇敬之情,表露无遗。9月10日,林庆彰、蒋秋华、蔡长林等先生来四川宜宾李庄、成都等地考察,笔者陪同舒大刚教授前往拜访,得到了林庆彰、蒋秋华等先生的勉励。几位先生语重心长的勉励,鼓舞笔者为完成李源澄先生的集子而抖擞精神,继续前进。

9月11日,前辈蒙默先生应邀为笔者题下了一段文字:"好学深思,心知其意";并特别注明:"自廖季平先生、先君子以及李源澄先生,都用太史公这句话勉励学子,谨录此相赠王川先生"。蒙默先生的殷切鼓励,激发笔者努力向着"好学深思,心知其意"的理想读书目标,不断奋进。

2011年3月,笔者在云南省档案馆查阅李源澄先生之档案史料,与《私立五华文理学院档案资料汇编》的参与编辑人员及统稿人夏强疆先生不期而遇,与他交谈中,表露出对于李源澄先生经学的深深钦佩,使我亦受感动。夏先生并赠送我他编的云南省档案史料若干。他乡遇同道,共话学术史,亦人生一大乐趣。笔者在此特对夏先生的帮助表示谢意。

9月30日,中华书局对于拙稿的审读意见发出,笔者收到后,马上根据这一意见,思考深化修改。2012年寒假,笔者遵书局修改建议,对原稿进行修改,在那基础上又结合李守之先生(1930年生,四川师范大学文学院院长李诚先生之尊人)的新浪博客文章《追思往事,缅怀恩师李源澄先生》,以及中央研究院中国文哲研究所研究员林庆彰、蒋秋华先生主编的《李源澄著作集》等资料,最终得以完成本书。

在笔者涉猎、研究李源澄先生及其学术成就过程中,多位老师、学长,或是朋友、同事,都曾经真诚地给予帮助、指导,使笔者承受了太多的恩泽。他们是:蔡鸿生教授(中山大学),杨天宏教授(四川大学),陈谦平教授(南京大学),谢放教授、林中泽教授(华南师范大学),赵利栋博士(中国社科院近代史研究所),李帆教授(北京师范大学),蔡方鹿教授,李诚教授,黄修明教授,李大明教授,凌兴珍研究员,许晓光教授(西南师范大学孙培良先生之弟子),吴达德教授,邓绍辉教授,田利军副教授,汪洪亮副教授,黄天华副教授,刘开军博士,张晓川博士(均四川师范大学),任羽中博士(北京大学),赵心宪教授(重庆教育学院),杨永明教授(宜宾学院),赵心愚教授,秦和平教授,徐希平教授,吴建国教授(西南民族大学),陈勇教授(上海大学),龙显昭教授,蔡东洲教授,康大寿教授,陈国勇研究员,李健教授,吴佩林教授,朱华副教授,苟德仪副教授(西华师范大学),潘殊闲教授(西华大学),张敏主任(成都市锦江区政府方志办),郭德炎博士(广州市委宣传部),朱万章研究员(广东省博物馆),李建教授(曲阜师范大学),陈文豪教授(台湾彰化师范大学),黄兆强教授(台湾东吴大学)。在此,笔者表达发自由衷的敬意与谢忱。

笔者要感谢四川师范大学副校长张健教授,感谢人事处长柏成华研究员、科研处处长李树勇教授、副处长庚光蓉研究员,以及科研处万光义科长、徐燕刚博士,他们对笔者进行科研的关注与鼓励,促使笔者不断继续前进;笔者还要感谢中华书局的柳宪先生、青年友人罗丹妮女士,她们细致的工作,不仅减少了本书的差错,而且更为本书增色良多;尤其是资深编辑柳宪先生的精心审读,以及提出的专业修改意见,是笔者得以再一次审视拙稿,并据以完成修改,相当于本书的"新生"。

笔者尤其要感谢蒙默先生、陈国勇研究员、李守之先生,他们欣然接受了笔者的采访要求,为笔者提供了不少有价值的细节,通过他们等李源澄学生辈、或者有关系者亲身体会的勾勒,学者李源澄先生的形象在笔者心目中除了庄严外,又增添了民国时期这一时代感,以及先生丰富情感与生活情趣,古道热肠……

陈鹤(北京师范大学)、陈海鸿(南开大学历史学院)、江伟涛(复旦大学历史系)、徐文渊、黎建军、王超(四川师范大学历史文化学院)、赵勋(成都市公安局高新区公安分局)、何文华同学(四川大学历史文化学院)等八位青年友人,他们在北京、天津、上海、成都等地各大图书馆,通过复印、摄影、抄录等方式,为笔者收集李源澄先生发表在民国时期的论著,查证本年谱长编所涉及的史料,做了繁杂而有效的工作。同时,笔者还感谢四川师范大学历史文化学院的邹敏、成飞、左茜、廖华西、汪霞、王雨巧、史风、何芳芳、吴宇博、颜信、任东兴、靳希勤、谭递梅、王超、朱晓舟、周天文、张冉等同学,他们为校对书稿做了细心而繁琐的工作。对于他们为笔者付出的辛劳,笔者将永远铭记于心。

王国平先生转赠李源澄先生及灵岩寺等照片,在此特表谢忱。

此外,家人对笔者开展此书撰写的支持,也是笔者应该表达感谢之意的。没有他们为笔者营造的温暖、便利环境,或许没有本书的完成。

本书也是四川省哲学社会科学重点研究基地"四川思想家研究中心"2008 年度重点项目《民国学者李源澄编年事辑》(编号 SXJZX2008—003)的结题成果。虽说是研究课题的研究成果,本书更多的是史料辑佚性质,若能便于相关研究并有所促进,则达到本书编撰的目的了。

王　川

2012 年 2 月

作者简介:

　　王川,四川师范大学教授,中国近现代区域经济社会研究中心主任,四川大学博士生导师。